国家自然科学基金资助项目

U0499587

时变参数模型在宏观经济高质量发展中的应用

张 博 著

中国财经出版传媒集团

经济科学出版社
Economic Science Press
·北 京·

图书在版编目（CIP）数据

时变参数模型在宏观经济高质量发展中的应用／张
博著 . -- 北京 ： 经济科学出版社，2024. 11. -- ISBN
978 - 7 - 5218 - 6491 - 5

Ⅰ. F123. 16

中国国家版本馆 CIP 数据核字第 20241FA489 号

责任编辑：李一心
责任校对：李　建
责任印制：范　艳

时变参数模型在宏观经济高质量发展中的应用

张　博　著

经济科学出版社出版、发行　新华书店经销

社址：北京市海淀区阜成路甲 28 号　邮编：100142

总编部电话：010 - 88191217　发行部电话：010 - 88191522

网址：www. esp. com. cn

电子邮箱：esp@ esp. com. cn

天猫网店：经济科学出版社旗舰店

网址：http：//jjkxcbs. tmall. com

北京季蜂印刷有限公司印装

710 × 1000　16 开　14. 25 印张　216000 字

2024 年 11 月第 1 版　2024 年 11 月第 1 次印刷

ISBN 978 - 7 - 5218 - 6491 - 5　定价：62. 00 元

（图书出现印装问题，本社负责调换。电话：010 - 88191545）

（版权所有　侵权必究　打击盗版　举报热线：010 - 88191661

QQ：2242791300　营销中心电话：010 - 88191537

电子邮箱：dbts@ esp. com. cn）

目　录

第 1 章
概　　述

　　本书以宏观经济大数据为背景，通过建立一系列新型宏观计量时变参数模型，结合灵活的随机波动误差项，对部分发达国家的宏观经济高质量发展进行了模型测度；并对重要宏观经济变量，包括通货膨胀、国内生产总值（GDP）和失业率等进行了后验参数估计与向前多期的预测；进而对如何防范系统性风险进行了动态分析，并得出相关结论，以期为宏观经济高质量发展特别是我国宏观经济的高质量发展，提供有益的参考。

　　随着中国经济与全球经济联系日益紧密，我国经济金融系统不但面临国内外经济政策的影响，也面临外部突发事件的不断冲击，如何实现我国经济平稳发展显得尤为重要。例如，如何提高对重要经济变量（如国内生产总值、通货膨胀、失业率、利率等）的预测水平、如何准确快速评估外部事件对系统各变量的冲击传导机制等，并对未来发展趋势做出准确预测。本书通过一系列扩展的新模型对世界各重要经济体的经济金融问题进行了实证分析与检验，包括对研究对象的重要变量进行短期、中期和长期预测，分析研究了各种宏观经济政策及外部突发事件对宏观经济金融系统的冲击，并通过模型参数来分析相关冲击对整体经济的影响与作用。本书希望通过对计量模型的扩展与创新，为保障我国宏观经济增长与经济稳定以及金融系统稳定做出应有的贡献，并在防范经济金融风险上提供新的学术观察视角。

　　近几年，随着信息与网络技术的发展，数据成本大幅降低，可得数据量成几何基数增加，经济金融学研究也不可避免地迈入大数据时代。与传统的计量经济学相比，贝叶斯计量经济学可灵活准确地处理大数据与复杂模型设定。通过近几十年的飞速发展，贝叶斯计量方法发展已日益完善，并广泛运用于各科研领域。不过，基于贝叶斯计量方法的大数据分析在我国计量经济学实证研究中仍有待发展。本书通过运用贝叶斯计量法，结合宏观经济金融大数据，研究经济高质量发展的最优路径；并希望通过发展贝叶斯计量经济学在我国实证研究中的应用，推动其在大数据时代研究的拓展和创新。

在宏观经济实证研究中，宏观经济变量的周期性变动与模型参数随时间变动的特性，持续引起了科研人员浓厚的研究兴趣。为了揭示这些宏观经济时间序列的演变，本书分章节，分别探讨了多种最新时变参数模型的模型测度、预测能力和动态分析能力，建立了相应的单变量或多变量时变参数模型框架，结合宏观经济与能源与新能源经济领域大数据，应用到宏观经济重要经济变量与能源经济变量的研究中。在具体的建模过程中，本书采用贝叶斯计量经济学方法对模型进行拟合，并对经验参数估计采用了块带状的稀疏矩阵和基于精度的算法相结合的方法，从而实现了对参数估计与预测快速而有效的计算。希望通过对这些具有时变特征的重要宏观经济变量进行建模，能为宏观经济大数据应用与计算的相关前沿文献做出贡献，并为实现宏观经济高质量发展带来更多的思考与启示。

接下来的章节内容主要为：

第2章首先从含有随机波动率的单变量模型出发，创新性地提出了在模型中将自回归与移动平均相结合，来考察单变量模型对宏观经济变量，特别是七国集团（Group of Seven，G7）的通胀率的模型拟合和预测分析能力。该部分研究将自回归移动平均的模型创新引入包含随机波动率的模型，从而形成了一类新型模型。这类模型的条件均值过程均具有灵活的表达形式，可以同时容纳状态空间表达式和传统的动态回归方程。自回归移动平均会将时间序列的相关性引入模型，这使得标准 Kalman 滤波技术无法直接使用。为了解决这一实际应用问题，本章研究参考张等（Zhang et al.，2020b）介绍了一种高效的后验概率抽样法，该抽样法是基于已开发的精度抽样算法。在应用部分，主要是运用七国集团七个经济体的通胀率进行模型拟合和预测分析，以评估这类新模型的应用性。预测结果表明，与基准模型相比，新模型可以为各国通胀率提供更具竞争力的点预测和密度预测结果，相关结果对加拿大、法国、意大利和美国等国尤为有用。①

第3章主要分析了包含时变系数模型在研究通货膨胀潜在运行趋势和波动性方面的有效性，在具体的模型估计和预测中，为了更细致地探讨通胀率与其他变量之间在时间上的关系，本章特别使用了当期的实时数据，并与往期数据得到的实证结果进行了讨论与比较。在实证研究中，具体使用了实时宏观经济变量，通过时变权重与等权重组合方式来预测美国的通货膨胀变化趋势。组合预测比较了三组常用的时变系数自回归模型：包括高斯分布误差、随机波动误差和移动平均随机波动误差。点预测和密度预测均表明，等权重组合的模型不会产生比时变权重模型更差的预测。分析进一步发现，谨慎地选择预测变量、时变滞后长度和随机波动率均可以显著提高预测性能，其预测结果显著优于基准模型。另外，与专业预测者调查问卷结果相比，最佳组合模型的预测结果在2007~2008年金融危机期间具有很强的竞争力。

第4章重点运用趋势模型对澳大利亚通胀率进行预测的具体应用。本章通过对比以往研究中具有竞争力的单变量自回归模型和菲利普斯曲线模型，证实了趋势模型在中长期预测范围内提供的点预测和密度预测具有更好的表现。实证部分具体研究了一类趋势模型，该模型将时间序列分解为基本趋势和暂时性成分，并结合各种误差期限结构，以考察模型是否可以在预测澳大利亚居民消费价格指数（CPI）通胀率时提高预测性能。全样本研究表明，趋势模型可以捕捉对澳大利亚经济具有重要意义的时期内的各种动态，而传统模型则无法做到这一点。这些动态包括澳大利亚储备银行采用通胀目标制时通胀的大幅下降、2000年一次性的10%商品及服务税通胀事件，以及自2014年以来通胀的逐步下降。实证研究通过综合运用平均时变权重和等量权重的方法，可依据几大前沿模型进一步对得到的通货膨胀率预测结果进行灵活整合，以考察各模型加权平均方法的有效性。研究结果证实，与传统的自回归和菲利普斯曲线模型相比，趋势模型往往能在中长期预测期内提供更准确的点和密度预测。最好的中期点预测

---

① *Copyright* 2020，*Elsevier.*

来自具有暂时性成分随机波动性和移动平均成分的趋势模型，而长期点预测则更适合具有随机波动性和移动平均成分的趋势模型。

第5章具体运用了包含随机波动成分的不可观测模型对宏观经济重要变量统一进行了参数拟合和预测分析，这主要考虑到各宏观经济变量序列具有显著的序列相关性，而本章所涉及的模型可以很好地对时间序列这一特性进行表征和分析。通过对两种广泛使用的单变量模型（即自回归和未观测分量模型）中使用灵活的误差结构规范，实证部分使用建立的模型对20个重要的美国宏观经济变量进行了参数分析、样本内估计和预测。样本内估计表明，具有灵活误差结构的模型比具有同方差误差的单变量模型提供更好的样本内拟合。此外，密度预测分析表明，在误差结构中容纳重尾、随机波动和序列相关性可显著改善短期预测。对于大多数宏观经济变量，单变量模型在点预测和密度预测方面往往比多元（向量自回归）模型产生更准确的一步预测。

第6章主要运用了灵活的贝叶斯向量自回归模型（Bayesian vector autoregressive，BVAR）对澳大利亚重要宏观经济变量进行了实时预测。实证结果显示，在替换了先验概率分布以及扩展数据到包括新冠疫情的早期阶段后，相关预测结论仍然稳健。本章考察了几种BVAR模型对澳大利亚宏观经济的实时预测效果。为了便于实时数据的运用，研究参照侯等（Hou et al.，2023）使用了专门更新了原有的实时数据库，并对具有不同协方差结构的几个模型范式分别进行了模型参数估计。实证结果表明，包含20个变量的大型BVAR模型在预测GDP增长、CPI通胀率和失业率时，其预测效果要优于小型BVAR模型。所有实证结果也一致表明，含有更为灵活的误差协方差结构的模型比标准BVAR模型能够更好地预测GDP增长和通胀率，而标准BVAR模型则在预测失业率方面表现得更有优势。以上实证结果在替换了先验概率分布以及扩展数据到包括COVID – 19的早期阶段的情况下仍然稳健。①

第7章首先探讨了可再生能源对实现可持续能源系统的重要战略意

---

① *Copyright 2022，John Wiley and Sons.*

义，指出准确预测可再生能源行业的增长态势有很大的难度。本章具体运用了时变参数 BVAR 模型，通过聚焦可再生能源的使用、国内生产总值（GDP）和 CO_2 排放之间的相互影响和动态相互作用关系，以期为碳中和政策的顺利实施提供借鉴作用。实证研究部分，具体开发了包含时变参数和随机波动率的 BVAR 模型，结合了 GDP、CO_2 排放和可再生能源发电的时间序列来预测可再生能源的增长。结果表明，具有包含时变参数和随机波动率的 BVAR 适合研究可再生能源发电、GDP 和 CO_2 排放之间的关系，相应的预测结果与其他模型相比，预测表现也更好。

第 8 章主要介绍了大型 BVAR 模型。这一模型一直是金融经济预测文献中的成功工具，相关的大部分研究工作主要集中在宏观经济变量的研究上。本章是大型时变参数 BVAR 模型在原油市场领域的一个重要应用。实证分析主要参考张等（Zhang et al.，2024），运用各经济体原油价格和原油产量的数据，使用了一个包含 100 多个变量的大型数据集来研究大型 BVAR 模型预测原油实际价格的能力。实证研究得出的一致性结果是，大型 BVAR 模型在短期预测范围内并不比小型和中型 BVAR 模型更有优势，但在长期预测方面能够提供更好的预测；与其他预测宏观经济变量的文献结论相一致，本章发现大型模型如果包含了灵活误差的结构特征，其预测能力会在标准 BVAR 模型之上，使预测准确性得到进一步的提高。研究结果表明：大型 BVAR 模型不仅是宏观经济变量的重要预测模型，也是预测原油价格的有力工具。

第 9 章为总结与研究展望部分。以上章节的研究深入细致地阐明了新型时变参数模型在研究宏观经济高质量发展中日益重要的学术研究价值。在未来的研究中，可考虑结合实证主题背景，选取适当的贝叶斯计量经济学方法，采用最新开发的建模计量法，以实现模型中随时间变化的参数估计的具体要求，满足宏观经济发展建模与预测的实际需要。

需要注意的是，各章中的具体模型范式英文缩写均做加粗显示，某一类模型或模型某一组成部分的英文缩写不做加粗显示；在模型表达式中，重点矩阵和向量均做加粗显示。

第 2 章
具有自回归移动平均（ARMA）创新的随机波动率模型：七国集团通胀率预测

2.1 本章概述

继鲍克斯和詹金斯（Box and Jenkins，1970）的开创性研究之后，自回归移动平均（ARMA）模型已成为宏观经济与金融计量建模和预测宏观经济单变量时间序列的标准工具。近年来，宏观经济时间序列模型中的系数不稳定性已得到广泛认同（Ludbergh et al.，2003；Marcellino，2004；Stock and Watson，2007；Stock and Watson，1996；Cross and Poon，2016）。斯托克和沃森（Stock and Watson，2007）的研究表明，对美国 CPI 通胀率进行预测时，最好先通过不可观察成分（unobserved components model，UC）模型进行建模，其中状态方程和趋势方程的参数都假设为可以随时间变化而波动。因此，通过在模型中包含异方差来扩展自回归移动平均的模型框架也具有了一定的必要性。

目前，有两种常用的方法可以实现包含异方差的假设：一是恩格尔（Engle，1982）的自回归条件异方差模型，或波勒斯勒夫（Bollerslev，1986）的更为广义的自回归条件模型（通常被称为 GARCH 模型）；二是含有随机波动率（stochastic volatility，SV）的模型（Taylor，1994）。克拉克和拉瓦佐洛（Clark and Ravazzolo，2015）在对美国几个关键宏观经济时间序列的预测论文中，将这两类模型进行了全面对比，他们发现，随机波动率模型通常可以为模型的所有变量在考察的时间段里提供更为准确的点预测和密度预测，因此，随机波动率是时间序列研究中更为合适的模型范式，对宏观经济预测的研究尤为明显。此外，鉴于自回归移动平均模型在运用历史数据进行预测时的优异表现，以及后来模型在时变参数上的扩展改进，学者们更多地开始考虑具有自回归移动平均和随机波动率误差的、更为灵活的、具有其他形式的动态模型可以进一步提高预测表现。陈（Chan，2013）就这一研究方向进行了深入探讨，他的研究表明，移动平均与随机波动率（MA - SV）相结合的误差可能更适合用于预测美国通胀率。因此，本书重点考察更一般的、含有 ARMA - SV 误差的模型范式是否可以进一步提高预测的准确性。[①] 具体而言，本书的主要研究目标是研究一类新的包含 ARMA - SV 模型的预测表现。通过允许条件均值过程具有灵活的状态空间表示，本章介绍的通用模型框架能够概括许多在预测研究中常见而有效的模型范式，例如，不可观测成分和时变参数模型就是其中的特别例子。因此，从方法论的角度来看，本章的模型可以看作是斯托克和沃森（2007）中不可观测成分模型的扩展，并可以考察自回归移动平均误差。此外，本章还扩展了陈（2013）的最新工作，以允许更灵活的误差结构。

本章的第二个学术贡献是开发了一种高效的后验概率抽样方法来估计这类新模型。一个主要的计算障碍是自回归移动平均分量将序列相关性引入观测方程，这使得标准 Kalman 滤波抽样技术无法直接应用。为了克服这个问题，需要寻求一种合适的数据变换，使误差的时间序列独立（Chib and Greenberg，1994）。本研究在模型拟合参数抽样中采取了不同的路线，即使用了基于状态空间模型的精度算法，这一算法比基于 Kalman 滤波的抽样方法在计算上更为高效（Chan and Jeliazkov，2009；McCausl et al.，2011）。而计算效率提高的关键在于，尽管自回归移动平均结构隐含了一个完整的协方差矩阵，但当使用精度算法时，只需使用带状矩阵，从而可以大大加快计算速度。通过这种计算方式上的转变，即可以将协方差矩阵

---

　　① Nakatsuma（2000）开发了一个用于估计 ARMA - GARCH 模型的后验抽样方法。因此，本章的内容也可以被视为填补了完成计量经济学家可能的自回归移动平均误差模型工具箱的重要空白。

转换成与陈（2013）一致的可以使用精度算法相一致的矩阵形式，从而避免需要计算完整协方差矩阵的计算难度。

第三个贡献是本章的实证预测研究涉及两个常用通胀率指标：即 G7 经济体的 CPI 通胀率和 GDP 平减指数。由于通胀水平在现代货币政策中发挥着关键作用，任何超过标准基准模型的预测精度的提高都具有实质性的重大经济活动指导现实意义。本研究的主要结论是，包含 ARMA – SV 的模型可以为 G7 经济体提供更为有效且准确的样本外点预测和密度预测，并且对加拿大、法国、意大利和美国尤其有用。从实证角度来看，由于本章的研究还包括 UC – SV① 和 UC – MA – SV 等前沿的模型，因此，本书的研究分析可以看作是斯托克和沃森（2007）和陈（2013）结论的进一步扩展。

本书的其余部分结构如下：第二小节介绍了通用的 ARMA – SV 模型框架，讨论了各种流行的模型范式如何嵌入该框架，并介绍了一个有效的后验概率抽样方法来估计这一新模型范式；第三小节讨论了在 G7 国家预测 CPI 和 GDP 平减指数通胀指标的应用；第四小节中进一步与美国数据的专业预测者调查进行了比较；第五小节得出结论。

2.2 具有自回归移动平均误差的
随机波动率模型

本小节先介绍一类具有自回归移动平均误差的随机波动率模型，并提供相应的理论依据。然后，概述了相关计算方法，以及如何使用基于精度算法的最新进展对这类模型进行有效地估计。首先 y_t 代表在时点 t 时研究所感兴趣的变量，其中 t = 1，…，T；其次，ARMA（p，q）– SV 框架的一般状态空间表达式可由以下公式给出：

$$y_t = \mu_t + \varepsilon_t^y \tag{2.1}$$

---

① 本书的具体模型缩写做加粗处理，下同。

$$\varepsilon_t^y = \phi_1 \varepsilon_{t-1}^y + \cdots + \phi_p \varepsilon_{t-p}^y + u_t + \psi_1 u_{t-1} + \cdots + \psi_q u_{t-q}, \ u_t \sim \mathcal{N}(0, \ e^{h_t})$$

$$(2.2)$$

$$h_t = h_{t-1} + \varepsilon_t^h, \ \varepsilon_t^h \sim \mathcal{N}(0, \ \sigma_h^2) \tag{2.3}$$

其中，误差项在所有向前期和滞后期上都是独立的。为简单起见，本章假设初始条件 $\varepsilon_0 = \cdots = \varepsilon_{-p} = u_0 = \cdots = u_{-q} = 0$。这些参数的初始值也可以设定为需要估计的参数，在估计步骤上直接进行相应地扩展，即可完成相关参数设置。对于 T 的数值远大于 p 和 q 的通常情况，这些参数的初始条件是否明确，在实际模型拟合的结果中差别不大。

在观测方程（2.1）中，并没有指定随时间变化的条件平均值 μ_t。通过为 μ_t 选择合适的随时间变化的迭代过程，该模型框架可以具体写为各种流行的模型范式，例如：

（1）自回归模型：

$$\mu_t = \rho_0 + \sum_{i=1}^m \rho_i y_{t-i} \tag{2.4}$$

（2）不可观测成分模型：

$$\tau_t = \tau_{t-1} + \varepsilon_t^\tau, \ \varepsilon_t^\tau \sim \mathcal{N}(0, \ \sigma_\tau^2) \tag{2.5}$$

除了以上两类模型，也可以考虑其他模型范式，例如，具有常数或时变系数的标准线性回归模型。

由于方程（2.2）为 ARMA(p, q) 误差结构，其中，方差 $\exp(h_t)$ 遵循随机波动过程，即对数波动率 h_t 根据方程（2.3）中的随机游走过程。在实际应用中，可以假设 ARMA(p, q) 过程是平稳且可逆的。具体来说，可以用两个多项式的等式来重写方程（2.2）：

$$\phi(L) \varepsilon_t^y = \psi(L) u_t$$

其中，$\phi(L) = 1 - \phi_1 L - \cdots - \phi_p L^p$，$\psi(L) = 1 + \psi_1 L + \cdots + \psi_q L^q$，L 是滞后算子。本书进一步假设 $\phi(L)$ 和 $\psi(L)$ 的所有根都在单位圆之外，且分别表示平稳性和可逆性（Chib and Greenberg，1994）。

在本章的研究框架下，y_t 被分解为常见的非平稳过程 μ_t 和平稳误差过程 ε_t^y，数学表达式为 ARMA(p, q)。其中，平稳误差过程所依据的理论是著名的 Wold 分解定理。该定理指出，任何零均值协方差平稳时间序列都可以用无限的移动平均来表示。该定理的另一个含义是，任何协方差平稳过程都可以用足够高阶的自回归移动平均模型进行任意地近似。

方程（2.1）~方程（2.3）中的另一个含义是，它可以包括许多最先进的通胀率预测模型作为特例。换句话说，它可以实现将许多看似不同的模型嵌入到一个统一的模型框架中。其中一个突出的例子是斯托克和沃森（2007）的 UC – SV 模型，该模型已成为预测通货膨胀的基准模型。在本章的研究框架中，UC – SV 相当于假设条件均值 μ_t 遵循具有随机波动率的随机游走过程，且不含自回归和移动平均分量。即，对于所有的 $j = 1, \cdots,$ q，假设 $\phi_i = \psi_j = 0$。UC – SV 模型中一个看似严格的假设是，通胀率的暂时性成分，或通胀率缺口，实际上是时间序列独立的。已有文献允许暂时性成分中存在某种形式的序列依赖性，并表明这些扩展可以更好地预测通胀率。例如，陈（2013）提出了一种模型的变换形式，其中暂时性成分具有移动平均结构。另外，Clark and Doh（2014）考虑了另一种模型范式，假设模型中通胀缺口遵循 AR(1) 演化过程。UC – SV 模型的这两个模型变体都可以很自然地纳入模型所提出的模型框架中。

本章使用贝叶斯计量经济法对模型参数进行估计，并通过基于精度算法这一前沿算法而建立的高效 Metropolis – within – Gibbs 抽样方法来抽样拟合出参数的联合分布。具体抽样过程中的主要挑战是如何很好地解析模型的自回归移动平均误差结构，因为，$y = (y_1, \cdots, y_T)'$ 的联合分布的协方差矩阵，是一个满秩矩阵。因此，为了使用传统的 Kalman 滤波抽样方法，需要对原始数据先进行变换，使得变换后的误差时间序列连续独立。

本研究具体扩展了陈（2013）中的研究成果，采用了基于精度算法这一直接方法。对于移动平均误差，陈（2013）利用了以下假设：模型所隐含的逆协方差矩阵或精度矩阵是带状矩阵（即矩阵的主对角线上，非零元素呈带状排列）。因此，可以使用带状矩阵的特点来进行便利而快捷的计算。不过，对于一般的自回归移动平均过程，协方差和精度矩阵都是满秩矩阵，不能直接使用前人的研究成果。不过，通过仔细推演，可以将自回归移动平均误差模型矩阵表达式进行转换，仍然可以利用带状矩阵，提高计算效率，以下小节将对推演步骤作详细说明。

2.2.1　模型似然值的评估

本章首先研究模型的似然函数，并介绍快速而简便的方法来计算贝叶斯估计和最大似然估计。由于似然函数是变量的联合分布，矩阵形式需要在 $t = 1$，$\cdots$，T 上对方程（2.1）~ 方程（2.3）的方程进行堆叠。其中，方程（2.2）可以写为：

$$\mathbf{H}_\phi \boldsymbol{\varepsilon}^y = \mathbf{H}_\psi \mathbf{u}, \quad \mathbf{u} \sim \mathcal{N}(\mathbf{0}, \ \Omega_u)^{①} \tag{2.6}$$

其中，$\boldsymbol{\varepsilon}^y = (\varepsilon_1^y, \ \cdots, \ \varepsilon_T^y)'$，$\mathbf{u} = (u_1, \ \cdots, \ u_T)'$，$\Omega_u = \mathrm{diag}(e^{h_1}, \ \cdots, \ e^{h_T})$，$\mathbf{H}_\phi$ 是 $T \times T$ 差分矩阵，$\mathbf{H}_\phi$ 是 $T \times T$ 的下三角矩阵，其中沿主对角线的元素均为 1，ψ_j 在第 j 个下对角线上，j = 1，$\cdots$，q。例如，如果本章有一个 ARMA(2, 2) 误差结构，则 $\mathbf{H}_\phi$ 和 $\mathbf{H}_\psi$ 的矩阵表达式为：

$$\mathbf{H}_\phi = \begin{pmatrix} 1 & 0 & 0 & 0 & \cdots & 0 \\ -\phi_1 & 1 & 0 & 0 & \cdots & 0 \\ -\phi_2 & -\phi_1 & 1 & 0 & \cdots & 0 \\ 0 & -\phi_2 & -\phi_1 & 1 & \cdots & 0 \\ \vdots & \vdots & \ddots & \ddots & \ddots & \vdots \\ 0 & 0 & \cdots & -\phi_2 & -\phi_1 & 1 \end{pmatrix}$$

$$\mathbf{H}_\psi = \begin{pmatrix} 1 & 0 & 0 & 0 & \cdots & 0 \\ \psi_1 & 1 & 0 & 0 & \cdots & 0 \\ \psi_2 & \psi_1 & 1 & 0 & \cdots & 0 \\ 0 & \psi_2 & \psi_1 & 1 & \cdots & 0 \\ \vdots & \vdots & \ddots & \ddots & \ddots & \vdots \\ 0 & 0 & \cdots & \psi_2 & \psi_1 & 1 \end{pmatrix}$$

由于 $\mathbf{H}_\phi$ 是一个沿主对角线为 1 的下三角矩阵，$|\mathbf{H}_\phi| = 1$，对于任何 $\boldsymbol{\phi} = (\phi_1, \ \cdots, \ \phi_p)'$。因此，$\mathbf{H}_\phi$ 是可逆的，并且方程（2.6）可以写成：

---

① 模型表达式中的重点矩阵和向量做加粗显示。

$$\varepsilon^y = H_\phi^{-1} H_\psi u \tag{2.7}$$

最后，将方程（2.1）按所有时间点叠加，并代入方程（2.7）可得到：

$$\mathbf{y} = \boldsymbol{\mu} + \mathbf{H}_\phi^{-1} \mathbf{H}_\psi \mathbf{u} \tag{2.8}$$

其中，$\boldsymbol{\mu} = (\mu_1, \cdots, \mu_T)'$。通过变量变换，可得出：

$$(\mathbf{y} \mid \boldsymbol{\phi}, \boldsymbol{\psi}, \boldsymbol{\mu}, \mathbf{h}) \sim \mathcal{N}(\boldsymbol{\mu}, \boldsymbol{\Omega}_y)$$

其中，$\boldsymbol{\psi} = (\psi_1, \cdots, \psi_p)'$，$\mathbf{h} = (h_1, \cdots, h_T)'$ 和 $\boldsymbol{\Omega}_y = \mathbf{H}_\phi^{-1} \mathbf{H}_\psi \boldsymbol{\Omega}_u (\mathbf{H}_\phi^{-1} \mathbf{H}_\psi)'$。从而，对数似然函数可以由以下公式给出：

$$\log p(\mathbf{y} \mid \boldsymbol{\phi}, \boldsymbol{\psi}, \boldsymbol{\mu}, \mathbf{h}) = -\frac{T}{2}\log(2\pi) - \frac{1}{2}\sum_{t=1}^{T} h_t - \frac{1}{2}(\mathbf{y} - \boldsymbol{\mu})' \boldsymbol{\Omega}_y^{-1}(\mathbf{y} - \boldsymbol{\mu})$$

$$\tag{2.9}$$

对数似然函数的评估需要计算矩阵大小为 $T \times T$ 的 $\boldsymbol{\Omega}_y$ 的逆矩阵。一般而言，这需要密集计算，即需要 $\mathcal{O}(T^3)$ 次运算。对于只有移动平均误差的情况，陈（2013）意识到 $\boldsymbol{\Omega}_y^{-1}$ 是一个带状矩阵，而涉及带状矩阵的计算速度要快得多。例如，$T \times T$ 带状矩阵的 Cholesky 分解需要 $\mathcal{O}(T)$ 次运算，这比对相同大小的全矩阵进行相同操作所需的 $\mathcal{O}(T^3)$ 次运算要少得多。

不过，对于本章的一般的自回归移动平均表达式，$\boldsymbol{\Omega}_y^{-1}$ 和 $\boldsymbol{\Omega}_y$ 都是满秩矩阵。为克服计算障碍，可证明矩阵 $\mathbf{H}_\phi^{-1}$ 和 $\mathbf{H}_\psi$ 是可以交换的，即 $\mathbf{H}_\phi^{-1} \mathbf{H}_\psi = \mathbf{H}_\psi \mathbf{H}_\phi^{-1}$，附录中给出了证明。在实际计算中，可以使用带状矩阵运算来评估方程（2.9）中的对数似然值，从而保证计算效率。更具体地说，方程（2.8）可重写为：

$$\tilde{\mathbf{y}} = \tilde{\boldsymbol{\mu}} + \mathbf{H}_\phi^{-1} \mathbf{u} \tag{2.10}$$

其中，$\tilde{\mathbf{y}} = \mathbf{H}_\psi^{-1} \mathbf{y}$ 和 $\tilde{\boldsymbol{\mu}} = \mathbf{H}_\psi^{-1} \boldsymbol{\mu}$。因此，通过转换后的新变量有以下分布：

$$(\tilde{\mathbf{y}} \mid \boldsymbol{\phi}, \boldsymbol{\psi}, \boldsymbol{\mu}, \mathbf{h}) \sim \mathcal{N}(\boldsymbol{\mu}, \mathbf{S}_{\tilde{\mathbf{y}}})$$

其中，$\mathbf{S}_{\tilde{\mathbf{y}}}^{-1} = \mathbf{H}_\phi' \boldsymbol{\Omega}_u^{-1} \mathbf{H}_\phi$，$\tilde{\mathbf{y}}$ 的对数似然值为：

$$\log p(\tilde{\mathbf{y}} \mid \tilde{\boldsymbol{\mu}}, \mathbf{h}, \boldsymbol{\phi}, \boldsymbol{\psi}) \propto -\frac{1}{2}\sum_{t=1}^{T} h_t - \frac{1}{2}(\tilde{\mathbf{y}} - \tilde{\boldsymbol{\mu}})' \mathbf{S}_{\tilde{\mathbf{y}}}^{-1}(\tilde{\mathbf{y}} - \tilde{\boldsymbol{\mu}})$$

$$\tag{2.11}$$

$\mathbf{S}_{\tilde{\mathbf{y}}}$ 可逆是由于对任意向量 ϕ 有 $|\mathbf{H}_\phi| = 1$，且 $|\boldsymbol{\Omega}_u| = e^{\sum_{t=1}^{T} h_t} > 0$，$\boldsymbol{\Omega}_u$

的逆矩阵只需取对角线元素的倒数即可给出，即 $\Omega_u^{-1} = \mathrm{diag}(\mathrm{e}^{-h_1}, \cdots, \mathrm{e}^{-h_T})$。总而言之，可以使用方程（2.11）中的等价表示，并采用简单的三步程序来评估（2.9）中的对数似然。第一步，先获得带状矩阵 $\mathbf{S}_{\tilde{\mathbf{y}}}$ 的 Cholesky 分解得到 $\mathbf{C}_{\tilde{\mathbf{y}}}$，这涉及 $\mathcal{O}(T)$ 运算。第二步，进行正向代换和反向代换，即可得到：

$$\mathbf{A} = \mathbf{C}_{\tilde{\mathbf{y}}}' \backslash (\mathbf{C}_{\tilde{\mathbf{y}}}(\tilde{\mathbf{y}} - \tilde{\boldsymbol{\mu}}))$$

根据定义，上式等同于 $\mathbf{A} = \mathbf{C}_{\tilde{\mathbf{y}}}^{-1'}(\mathbf{C}_{\tilde{\mathbf{y}}}^{-1}(\tilde{\mathbf{y}} - \tilde{\boldsymbol{\mu}})) = \mathbf{S}_{\tilde{\mathbf{y}}}^{-1}(\tilde{\mathbf{y}} - \tilde{\boldsymbol{\mu}})$。由于 $\mathbf{H}_{\psi}$ 是下三角带矩阵，$\tilde{\mathbf{y}}$ 可以通过 $\mathcal{O}(T)$ 运算中的前向代换获得。对 $\tilde{\boldsymbol{\mu}}$ 的计算采取类似的代换即可得到。最后一步计算，

$$\mathbf{B} = -\frac{1}{2}(\tilde{\mathbf{y}} - \tilde{\boldsymbol{\mu}})'\mathbf{A} = -\frac{1}{2}(\tilde{\mathbf{y}} - \tilde{\boldsymbol{\mu}})'\mathbf{S}_{\tilde{\mathbf{y}}}^{-1}(\tilde{\mathbf{y}} - \tilde{\boldsymbol{\mu}})$$

因此，给定 $\boldsymbol{\mu}$，$\boldsymbol{\phi}$，$\boldsymbol{\psi}$ 和 h 的条件概率分布，无须使用 Kalman 抽样方法，即可有效估计对数似然函数方程（2.11）的值。

2.2.2　参数后验概率分布的拟合

本小节以上述似然函数的有效估计方法为基础，重点介绍模型参数的后验概率分布估计方法，该方法可用来估计方程（2.1）~方程（2.3）中提出的 ARMA – SV 模型。在实证分析部分，本研究将考察各种嵌套模型范式的预测表现，其中条件均值 μ_t 遵循非平稳随机游动过程［如方程（2.5）的 UC – ARMA – SV 或平稳 AR 过程（AR – ARMA – SV）］。本小节重点介绍 UC – ARMA – SV 模型，其他嵌套模型的估计都可以用类似的方式获得。

与前述问题一样，模型的主要计算障碍是 UC – ARMA – SV 模型包含自回归移动平均结构，这意味着误差协方差矩阵 Σ_y 为满秩矩阵。类似的，在 Chan（2013）中分析的移动平均模型案例中，本研究中的精度矩阵 Σ_y^{-1} 也是满秩的。因此，对于实际序列趋势 $\boldsymbol{\tau} = (\tau_1, \cdots, \tau_T)'$ 和对数波动率 h 进行抽样非常困难。不过，通过对 ARMA 误差结构的变形，可实现对 $\boldsymbol{\tau}$ 和 h 的快速抽样。

为了实现对模型参数的抽样拟合，本章用 $\tau_1 \sim \mathcal{N}(\tau_0, \sigma_{0\tau}^2)$ 和 $h_1 \sim \mathcal{N}(h_0, \sigma_{0h}^2)$ 初始化趋势和对数波动率的转换方程，其中 τ_0，$\sigma_0\tau^2$，h_0 和 $\sigma_0 h^2$ 是已知常数。ϕ，ψ，σ_τ^2 和 σ_h^2 的先验概率分布假设是互相独立的。特别地，各参数先验概率分布表达式如下：

$$\sigma_\tau^2 \sim \mathcal{IG}(\nu_\tau, S_\tau), \quad \sigma_h^2 \sim \mathcal{IG}(\nu_h, S_h)$$

$$\phi \sim \mathcal{N}(\phi_0, \mathbf{V}_\phi)\mathbf{1}(\phi \in \mathbf{A}_\phi), \quad \psi \sim \mathcal{N}(\psi_0, \mathbf{V}_\psi)\mathbf{1}(\psi \in \mathbf{A}_\psi)$$

其中，$\mathcal{IG}$ 表示逆伽马分布，$\mathbf{1}(\cdot)$ 是指示函数，即如果参数为真则取值为 1，否则取值为 0，$\mathbf{A}_\phi$ 和 $\mathbf{A}_\psi$ 分别是平稳取值区域和可逆取值区域。然后，可以通过以下顺序依次进行抽样来取得参数在后验概率分布中的值：

（1）$p(\tau | \mathbf{y}, \mathbf{h}, \phi, \psi, \sigma_\tau^2, \sigma_h^2)$；

（2）$p(\mathbf{h} | \mathbf{y}, \tau, \phi, \psi, \sigma_\tau^2, \sigma_h^2)$；

（3）$p(\sigma_\tau^2, \sigma_h^2 | \mathbf{y}, \mathbf{h}, \tau, \phi, \psi) = p(\sigma_h^2 | \mathbf{h})p(\sigma_\tau^2 | \tau)$；

（4）$p(\psi | \mathbf{y}, \tau, \phi, \sigma_h^2, \sigma_\tau^2)$；

（5）$p(\phi | \mathbf{y}, \tau, \mathbf{h}, \sigma_h^2, \sigma_\tau^2)$。

步骤（1）的后验概率抽样难度如前所述，由于自回归移动平均误差结构，直接从 $p(\tau | \mathbf{y}, \mathbf{h}, \phi, \psi, \sigma_\tau^2, \sigma_h^2)$ 进行抽样非常困难。而使用 $\tilde{\tau} = \mathbf{H}_\psi^{-1}\tau$ 在计算上会更为有效；当获得 $\tilde{\tau}$ 的抽样后，即可通过简单地计算，得到时间序列隐含的趋势 $\tau = \mathbf{H}_\psi \tilde{\tau}$。具体可通过以下比例表达式推导出 $\tilde{\tau}$ 的对数后验密度：

$$\log p(\tilde{\tau} | \tilde{\mathbf{y}}, \mathbf{h}, \phi, \psi, \sigma_\tau^2) \propto \log p(\tilde{\tau} | \psi, \sigma_\tau^2) + \log p(\tilde{\mathbf{y}} | \tilde{\tau}, \mathbf{h}, \phi, \psi)$$

$$(2.12)$$

其中，$p(\tilde{\mathbf{y}} | \tilde{\tau}, \mathbf{h}, \phi, \psi)$ 是通过在方程（2.10）中有 $\mu = \tau$ 得到转换后的新时间序列 $\tilde{\mathbf{y}} = \mathbf{H}_\phi^{-1}\mathbf{y}$ 的似然值。以下为推导 $p(\tilde{\tau} | \psi, \sigma_\tau^2)$ 明确表达式的方法，即 $\tilde{\tau}$ 的先验密度。

首先，方程（2.5）可以改写为：

$$\mathbf{H}\tau = \varepsilon_\tau, \quad \varepsilon_\tau \sim \mathcal{N}(0, \Omega_{\varepsilon_\tau})$$

$$(2.13)$$

其中，$\Omega_{\varepsilon_\tau} = \mathrm{diag}(\sigma_0\tau^2, \sigma_\tau^2, \cdots, \sigma_\tau^2)$ 并且 $\mathbf{H}$ 是矩阵大小为 T 的一阶差分矩阵。由于 $|\mathbf{H}| = 1$，$\mathbf{H}$ 是可逆的，方程（2.13）可进一步写为：

$$\tau = \mathbf{H}^{-1}\varepsilon_\tau \tag{2.14}$$

因此，$(\tau \mid \sigma_\tau^2) \sim \mathcal{N}(\mathbf{0}, \mathbf{\Omega}_\tau)$。其中，$\mathbf{\Omega}_\tau^{-1} = \mathbf{H}'\mathbf{\Omega}_{\varepsilon_\tau}^{-1}\mathbf{H}$。将方程（2.14）的两边乘以矩阵 $\mathbf{H}_\psi^{-1}$ 有：

$$\tilde{\tau} = \mathbf{H}_\psi^{-1}\mathbf{H}^{-1}\varepsilon_\tau \tag{2.15}$$

进而有，$(\tilde{\tau} \mid \psi, \sigma_\tau^2) \sim \mathcal{N}(\mathbf{0}, \mathbf{\Omega}_{\tilde{\tau}})$，其中 $\mathbf{\Omega}_{\tilde{\tau}}^{-1} = \mathbf{H}_\psi'\mathbf{\Omega}_\tau^{-1}\mathbf{H}_\psi$。$\tilde{\tau}$ 的对数先验概率密度为

$$\log p(\tilde{\tau} \mid \psi, \sigma_\tau^2) \propto -\frac{T-1}{2}\log\sigma_\tau^2 - \frac{1}{2}\tilde{\tau}'\mathbf{H}_\psi'\mathbf{\Omega}_\tau^{-1}\mathbf{H}_\psi\tilde{\tau} \tag{2.16}$$

其次，将表达式（2.11）和表达式（2.16）代入表达式（2.12）有：

$$
\begin{aligned}
\log p(\tilde{\tau} \mid \tilde{\mathbf{y}}, \mathbf{h}, \phi, \psi, \sigma_\tau^2) &\propto -\frac{1}{2}\tilde{\tau}'\mathbf{H}_\psi'\mathbf{\Omega}_\tau^{-1}\mathbf{H}_\psi\tilde{\tau} - \frac{1}{2}(\tilde{\mathbf{y}} - \tilde{\tau})' \\
&\quad \mathbf{H}_\phi'\mathbf{\Omega}_u^{-1}\mathbf{H}_\phi(\tilde{\mathbf{y}} - \tilde{\tau}) \\
&\propto -\frac{1}{2}(\tilde{\tau}'(\mathbf{H}_\psi'\mathbf{\Omega}_\tau^{-1}\mathbf{H}_\psi + \mathbf{H}_\phi'\mathbf{\Omega}_u^{-1}\mathbf{H}_\phi)\tilde{\tau} \\
&\quad - 2\,\tilde{\tau}'\mathbf{H}_\phi'\mathbf{\Omega}_u^{-1}\mathbf{H}_\phi\tilde{\mathbf{y}}) \\
&\propto -\frac{1}{2}(\tilde{\tau} - \hat{\tau})'\mathbf{K}_{\tilde{\tau}}(\tilde{\tau} - \hat{\tau})
\end{aligned}
$$

其中，$\mathbf{K}_{\tilde{\tau}} = \mathbf{H}_\psi'\mathbf{\Omega}_\tau^{-1}\mathbf{H}_\psi + \mathbf{H}_\phi'\mathbf{\Omega}_u^{-1}\mathbf{H}_\phi$ 且 $\hat{\tau} = \mathbf{K}_{\tilde{\tau}}^{-1}\mathbf{H}_\phi'\mathbf{\Omega}_u^{-1}\mathbf{H}_\phi\tilde{\mathbf{y}}$。因此 $\tilde{\tau}$ 的分布为高斯分布：

$$(\tilde{\tau} \mid \tilde{\mathbf{y}}, \mathbf{h}, \phi, \psi, \sigma_\tau^2) \sim \mathcal{N}(\hat{\tau}, \mathbf{K}_{\tilde{\tau}}^{-1})$$

由于 $\mathbf{H}_\phi$，$\mathbf{H}_\phi$ 和 $\mathbf{H}$ 均为带状矩阵，因此精度矩阵 $\mathbf{K}_{\tilde{\tau}}$ 也为带状矩阵。可通过基于精度的算法高效地从该高斯分布中进行抽样（Chan and Jeliazkov, 2009）。具体而言，由于 $\mathbf{K}_{\tilde{\tau}}$ 为带状矩阵，因此可快速获得其 Cholesky 分解 $\mathbf{C}_{\tilde{\tau}}$。然后，进行正向和反向代换可得出：

$$\hat{\tau} = \mathbf{C}_{\tilde{\tau}}' \backslash (\mathbf{C}_{\tilde{\tau}} \backslash (\mathbf{H}_\phi'\mathbf{\Omega}_u^{-1}\mathbf{H}_\phi\tilde{\mathbf{y}}))$$

对 $\tilde{\tau} \sim \mathcal{N}(\hat{\tau}, \mathbf{K}_{\tilde{\tau}}^{-1})$ 的抽样可以通过以下公式获得：

$$\tilde{\tau} = \hat{\tau} + \mathbf{C}_{\tilde{\tau}}' \backslash \mathbf{Z}$$

其中，$\mathbf{Z}$ 是标准正态随机变量的 $T \times 1$ 向量，即 $\mathbf{Z} \sim \mathcal{N}(\mathbf{0}, \mathbf{I}_T)$。最后，再通过变换等式 $\tau = \mathbf{H}_\psi\tilde{\tau}$ 返回 τ 的抽样值。其余步骤的抽样方法在本章附录中有详细讨论。

2.3 对通胀率预测的实证分析

本小节主要通过运用一系列 ARMA – SV 模型，对 G7 国家的通胀率进行预测，具体是对两个常用的通货膨胀指标，即消费者物价指数 CPI 和 GDP 平减指数，进行预测。在通货膨胀预测分析中，即运用各竞争模型，为每个时点做出的预测值来计算点预测和密度预测两个预测指标，并将它们与前文所提到的前沿基准模型进行比较，以观察本书所提出的模型是否有助于提高对通胀率的预测准确度。

2.3.1 数据和初步分析

每个通货膨胀指数 z_t 都通过计算年化通胀率进行转换，即通过公式：$y_t = 400\log(z_t/z_{t-1})$ 进行转换。G7 各个经济体转换后的相关时间序列见图 2.1 和图 2.2。所有时间序列都结束于 2016 年第四季度。由于数据的可得性，各经济体的开始日期不同。大多数 CPI 指数开始于 1960 年第二季度，而加拿大的 CPI 从 1961 年第一季度开始，德国的从 1970 年第二季度开始。

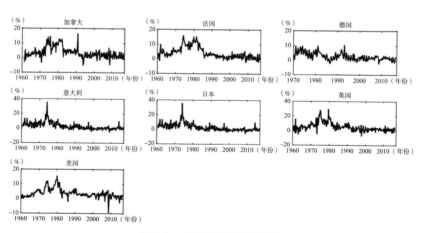

图 2.1 G7 国家 CPI 通胀率

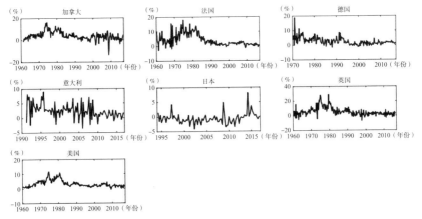

图 2.2　G7 国家 GDP 平减指数通胀率

在报告预测结果之前，本部分将先进行预测前的初步数据分析，以观察具有不同特点的模型范式会在何时预期通胀率更为有效，特别地，本研究重点关注陈（2013）中所提出的 ARMA – SV 模型和 MA – SV 模型之间的差异。由于随机波动率分量在这两类模型中都有，因此，如果前者预测表现更为优异，可归结为自回归移动平均误差结构优于仅具有移动平均误差。

了解这些差异的其中一种方法是比较两类模型下的条件自协方差。为此，设 $\boldsymbol{\mu} = (\mu_1, \cdots, \mu_T)'$，并注意 MA(q) – SV 是方程（2.1）~ 方程（2.3）中 ARMA(p, q) – SV 模型的简化版本，其中 $\phi_i = 0$，$i = 1, \cdots, p$。MA(q) – SV 模型的条件自协方差由以下公式给出：

$$\gamma(j) = \begin{cases} \sum_{k=0}^{q} \psi_k^2 e^{h_{t-k}} & \text{for } j = 0 \\ \sum_{k=0}^{q-j} \psi_{k+j} \psi_k e^{h_{t-k}} & \text{for } j = 1, \cdots, q \\ 0 & \text{for } j > q \end{cases} \tag{2.17}$$

其中，$\psi_0 = 1$。ARMA(p, q) – SV 模型的条件自协方差更为复杂，本书使用递归方法进行计算：

$$\gamma(j) - \sum_{i=1}^{p} \gamma(j-i)\phi_i = \begin{cases} \sum_{k=0}^{q} \psi_k \theta_k e^{h_{t-k}} & \text{for } j = 0 \\ \sum_{k=0}^{q-j} \psi_{k+j} \theta_k e^{h_{t-k}} & \text{for } j \in [1, \max(p, q+1)) \\ 0 & \text{for } j \geq \max(p, q+1) \end{cases}$$

$$(2.18)$$

其中，$\psi_0 = 1$，且 θ_k 表示滞后多项式 $(L) = \dfrac{\psi(L)}{\phi(L)}$ 的第 k 个元素。可以看到，如果多项式不包含自回归（AR）项，即 $\phi_i = 0$，$i = 1, \cdots, p$，则 $\theta_k = \psi_k$，且方程（2.18）中的自协方差函数与方程（2.17）中的自协方差函数等价。尽管两个模型都具有随机波动性，但这种等价关系仍然存在。因此，协方差结构中的任何差异可以认为完全是由自回归（AR）项的存在。

通过上述比较可以得知，研究每个系列的自相关函数（ACF），可以帮助理解具有 ARMA-SV 或 MA-SV 误差的模型是否可以为某些国家提供相对更为准确的通胀率预测，而对于其他国家则不然。具体而言，方程（2.18）表明，如果 ACF 表现出高度的持久性，则可以推断：具有自回归移动平均误差的模型会由于有自回归项（AR）的存在而提供相对符合实际真实情况的预测。相反，如果 ACF 相对较快地变为零，那么可以推断包含移动平均成分的模型会提供更为优越的预测。图 2.3 具体描绘了 G7 国家中每个国家 CPI 通胀率的样本自相关性。很明显，加拿大、法国、意大利和美国的 CPI 通胀率表现出非常强的持久性。这表明具有自回归移动平均误差的模型可能更有助于预测这些国家的通胀率。日本和英国的通胀率 ACF 也表现出一定的持久性，不过在程度上略低于上述国家。因此，如果具有自回归移动平均误差结构的模型也在一定程度上有助于提高这些国家的预测表现，不过预测结果提高的程度没有那么明显。最后，德国的通胀率是所有 G7 经济体中最不持久的。因此，也有经济体的通胀率预测可以使用更为简单的移动平均误差模型。

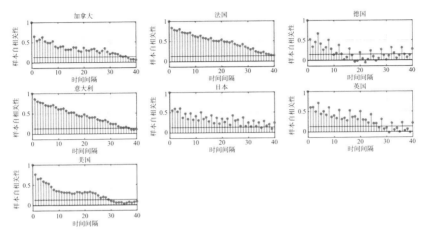

图 2.3　G7 国家 CPI 通胀率的样本 ACF

2.3.2　竞争模型

本章使用的基准模型为具有同方差的平稳 AR(m) 模型［如方程
(2.4) 所示］。使用此基准模型的原因主要有两个方面：一方面，这类
模型仍然是单变量和多变量模型中的竞争模型；另一方面，考虑到模型
的简约结构，这类模型仍然可以提供具有竞争力的预测结果就具有其实
际意义。

除了同方差 AR(m) 模型外，本章还考虑了一类更一般的异方差自回
归模型和不可观测成分模型。这两类模型均考虑是否含有 SV、MA - SV
和 ARMA - SV 误差的模型范式。每个国家或地区模型的滞后期长度都是
通过贝叶斯信息标准（BIC）选择的。这些测试的结果总结在表 2.1 中。

表 2.1　　　　　　使用 BIC 的 AR(m) 模型的滞后长度选择

国家	CPI 通胀率	GDP 平减指数
加拿大	4	5
法国	5	6
德国	4	4

国家	CPI 通胀率	GDP 平减指数
意大利	4	1
日本	8	1
英国	5	3
美国	3	2

每个国家都将 ARMA – SV 分量包含在观测方程。虽然将 ARMA – SV 误差同时扩展到状态方程也是可以实现，但只包含在观测方程中可以方便地与更为广泛的文献（Stock and Watson，2007；Chan，2013 和 Chan et al.，2013）进行直接比较。因此，竞争模型一共有 10 个模型，具体模型特征总结见表 2.2。

表 2.2　　　　　　　　　　**竞争模型列表**

模型	描述
AR(m)	自回归模型包含同方差误差
AR(m) – SV	自回归模型包含随机波动率
AR(m) – MA – SV	自回归模型移动平均与随机波动率
AR(m) – ARMA – SV	自回归模型自回归移动平均与随机波动率
AR(m) – ARMA	自回归模型自回归移动平均
UC	不可观测成分模型包含同方差误差
UC – SV	不可观测成分模型包含随机波动率
UC – MA – SV	不可观测成分模型移动平均与随机波动率
UC – ARMA – SV	不可观测成分模型自回归移动平均与随机波动率
UC – ARMA	不可观测成分模型自回归移动平均

2.3.3　参数的先验概率分布和初始条件

所有 UC 模型的 τ_t 初始值被设置为 $\tau_1 \sim \mathcal{N}(\tau_0, \sigma_0\tau^2)$，其中 τ_0，h_0，

$\sigma_0 \tau^2$。初始取值 $\tau_0 = 0$ 和 $\sigma_{0\tau}^2 = 5$。类似地，本章用随机波动率初始化 UC 模型，其中 $h_1 \sim \mathcal{N}(h_0, \sigma_{0h}^2)$，$h_0 = 0$ 和 $\sigma_0 h^2 = 5$。此外，初始值设置为 $\nu_\tau = \nu_h = 10$，$S_\tau = 0.18$ 和 $S_h = 0.45$。这些赋值意味着先验概率均值 $\mathbb{E}\sigma_\tau^2 = 0.02$ 和 $\mathbb{E}\sigma_h^2 = 0.05$。对于 AR 模型，本研究假设条件均值系数服从独立的截断先验概率分布，即先验概率分布均值为零向量，方差为 $\mathbf{V}_\rho = 5 \times \mathbf{I}_n$，其中 $\mathbf{I}_n$ 表示大小为 n 的单位矩阵。然后可根据前文讨论的方法对该模型参数的后验概率分布进行抽样拟合，其中步骤可从 $p(\boldsymbol{\rho} \mid \mathbf{y}, \mathbf{h}, \boldsymbol{\phi}, \boldsymbol{\psi}, \sigma_\tau^2, \sigma_h^2)$ 中抽取参数值，其中 $\boldsymbol{\rho} = (\rho_1, \cdots, \rho_m)'$，按照前文中具体相关抽样方法，可以得到条件后验概率分布：

$$(\boldsymbol{\rho} \mid \mathbf{y}, \mathbf{h}, \boldsymbol{\phi}, \boldsymbol{\psi}, \sigma_\tau^2, \sigma_h^2) \sim \mathcal{N}(\hat{\boldsymbol{\rho}}, \mathbf{D}_\rho) \mathbf{1}(\boldsymbol{\rho} \in \mathbf{A}_\rho) \qquad (2.19)$$

其中，$\mathbf{D}_\rho = (\mathbf{V}_\rho + \mathbf{H}_\phi' \boldsymbol{\Omega}_u^{-1} \mathbf{H}_\phi)^{-1}$，$\hat{\boldsymbol{\rho}} = \mathbf{D}_\rho \mathbf{H}_\phi' \boldsymbol{\Omega}_u^{-1} \mathbf{H}_\phi \tilde{\mathbf{y}}$，截断取值区域确保所有根都位于单位圆之外。然后，运用前文讨论的接受－拒绝方法，可以从截断密度分布 $\mathcal{N}(\hat{\boldsymbol{\rho}}, \mathbf{D}_\rho)$ 中获得样本。最后，按照陈（2013）的做法，可将 MA－SV 模型变体中的移动平均阶数设置为 1。为了保持一致性，具有 ARMA（p，q）误差的每个模型范式的滞后期都统一设置为 ARMA（1，1）。

2.3.4　模型预测的相关设置

本章具体采用假设样本以外的模型估计与预测计算，具体考虑了点预测和密度预测。在具体预测实际操作中，数据被分为三个子样本。第一个子样本包含了用于初始化 AR(m) 模型的前 m 个观测值，以此保证了所有 AR 和 UC 模型变形都具有相同的初始观测值。第二个子样本是模型参数估计期，由接下来的 40 个观测值组成。第三个子样本是保留期，包含了用于评估模型预测表现的剩余观测值，用于样本外递归模型估计与预测。

以下说明预测是如何进行的：首先，让 $\mathbf{y}_{1:t}$ 表示估计期的数据，$\mathbf{y}_{t+k}$ 表示向前 k 期预测向量，其中 $k = 1, 4, 8, 12, 16$。通胀率的密度预测是通过其密度分布抽样获得的：$f(\mathbf{y}_{t+k} \mid \mathbf{y}_{1:t})$，而点预测被视为该密度的平均值：$\hat{\mathbf{y}}_{t+k} = \mathbb{E}\left[\mathbf{y}_{t+k} \mid \mathbf{y}_{1:t}\right]$。这些预测是通过预测模型拟合来实现的。具体来说，当需要对 1975 年第一季度至 1976 年第一季度的美国 CPI 通胀率进行向前四期的预测。给定截至 1975 年第一季度根据马尔可夫链蒙特卡罗（Markov chain Monte Carlo，MCMC）的抽样结果以及相关过渡方程表达式，模型预测即可获得截至 1975 年第四季度这一未来时态的估计值。然后，可将该方程的条件期望视为点预测，并使用观察到的数据估计隐含的密度分布并得出预测用密度分布。其次，使用 1975 年第二季度至保留期结束（如 2012 年第四季度）的数据重复该步骤。在每个时间点，模型参数的估计都是基于前文所讨论的后验概率抽样方法进行 45000 次抽取，同时舍弃了前 5000 次的抽样准备期。

各模型的点预测和密度预测的准确性分别用均方预测误差（MSFE）和对数预测似然值（LPL）来进行评估。为了计算 MSFE，本章首先通过平均所有误差 $\mathbb{E}\left(y_{T0+t+k-1} \mid \mathbf{y}_{1:T_0+t}\right)$ 来评估预测 $\hat{y}_{T_0+t+k-1}$，其预测误差为 $\mathbf{e}_{T_0+t+k-1}^2 = \mathbf{y}_{T_0+t+k-1}^0 - \mathbb{E}\left(y_{T0+t+k-1} \mid \mathbf{y}_{1:T_0+t}\right)$，其中，k 表示提前 k 期预测，MSFE 定义为：

$$\text{MSFE} = \frac{1}{T - T_0 - k + 1} \sum_{t=1}^{T-T_0-k+1} \mathbf{e}_{T_0+t+k-1}^2$$

由于较小的预测误差对应于较小的 MSFE，因此，相对较小的 MSFE 表示更好的预测表现。如前文所述，平稳 AR（m）模型为预测比较用的基准模型。为了便于讨论，点预测部分将每个模型的 MSFE 标准化为 AR（m）模型的相对 MSFE。因此，AR（m）模型自身的相对 MSFE 为 1.00。因此，如果竞争模型的相对 MSFE 值小于 1，则表明该模型的预测表现优于 AR（m），反之亦然。为计算估计似然值，预测后只需将预测相关似然方程相加即可，即：

$$\text{LPL} = \sum_{t=1}^{T-T_0-k+1} \log p\left(\hat{y}_{T_0+t+k-1} = y_{T_0+t+k-1} \mid \mathbf{y}_{1:T_0+t}\right)$$

越高的似然值意味着越好的模型拟合度，因此，预测似然值越大，意味着密度预测的表现越好。为了便于讨论，密度预测部分将 LPL 标准化为 AR（m）基准。由于似然值是对数，AR（m）模型自身的相对 LPL 为 0.00。

因此，如果竞争模型产生的 LPL 为正，则表明其预测表现优于 AR（m），反之亦然。

2.3.5　实证预测结果分析

为了便于讨论，本小结对点预测和密度预测的结果结合各经济体和各竞争模型，分别进行如下讨论。

2.3.5.1　点预测

CPI 的点预测结果请见表 2.3 ~ 表 2.9。如表中结果所示，虽然难以找到一个适用于所有国家的最佳模型，但对比各国点预测的结果，仍然可以发现一些各国之间相同的结论。例如，与前人的研究结论相一致（Stock and Watson，2007；Chan，2013；Clark and Ravazzolo，2015），AR－SV 和 UC－SV 模型在 CPI 通胀率预测中往往优于不含随机波动率的模型。值得注意的是，这一结果并不适用于对 GDP 平减指数通胀率的预测（见表 2.10 ~ 表 2.17）。在这种情况下，简单的 AR 模型通常比包含随机波动率的 AR 模型有着更好的预测结果。以上结论有一个例外是美国，其随机波动率模型的预测表现优于其同方差模型的表现。

表 2.3　　　　MSFE 相对于 AR 基准模型：加拿大 CPI 通胀

模型	k = 1	k = 4	k = 8	k = 12	k = 16
AR	1.00	1.00	1.00	1.00	1.00
AR－SV	0.99	0.97 **	0.95 **	0.93 **	0.90 *
AR－ARMA	0.99	0.96	0.85	0.77	0.70 *
AR－MA－SV	0.99	0.97 **	0.95 **	0.93 **	0.89 *
AR－ARMA－SV	**0.97**	**0.95**	**0.82**	**0.73**	**0.67** *
UC	1.01	0.99	0.95 **	0.91 **	0.88 *
UC－SV	1.05 *	1.03	0.96	0.89	0.88
UC－ARMA	1.02	0.96	0.88 *	0.80 *	0.74 *

续表

模型	k = 1	k = 4	k = 8	k = 12	k = 16
UC – MA – SV	1.01	1.04	0.96	0.88	0.87*
UC – ARMA – SV	1.02	1.03	0.90	0.80*	0.74*

注：** 和 * 分别表示在戴博和马里亚诺（Diebold and Mariano，1995）中使用渐近检验时，在显著性水平 0.05 和 0.1 下拒绝与 AR(m) 相关的相等预测精度。

表 2.4   MSFE 相对于 AR 基准模型：法国 CPI 通胀

模型	k = 1	k = 4	k = 8	k = 12	k = 16
AR	1.00	1.00	1.00	1.00	1.00
AR – SV	0.95**	0.91**	0.86**	0.83**	0.83**
AR – ARMA	0.82**	0.87	0.89**	0.93*	0.95*
AR – MA – SV	0.83**	0.89**	0.85**	0.82**	0.83*
AR – ARMA – SV	**0.81****	0.88	0.90**	0.94*	0.95
UC	0.84**	0.82**	0.79*	0.81	0.82
UC – SV	0.91**	0.93	0.88	0.87	0.85
UC – ARMA	0.85**	0.77**	0.66**	0.63**	0.59*
UC – MA – SV	0.93**	1.02	0.91	0.87	0.84
UC – ARMA – SV	0.84**	**0.73****	**0.57****	**0.52****	**0.46***

注：** 和 * 分别表示在戴博和马里亚诺（Diebold and Mariano，1995）中使用渐近检验时，在显著性水平 0.05 和 0.1 下拒绝与 AR(m) 相关的相等预测精度。

表 2.5   MSFE 相对于 AR 基准模型：德国 CPI 通胀

模型	k = 1	k = 4	k = 8	k = 12	k = 16
AR	**1.00**	1.00	1.00	1.00	1.00
AR – SV	1.01	**0.98**	**0.96**	0.92	0.88
AR – ARMA	1.01	1.01	1.00	0.97	0.88
AR – MA – SV	1.01	0.99	**0.96**	0.92	0.88
AR – ARMA – SV	1.01	1.01	0.98	0.95	0.89

续表

模型	k = 1	k = 4	k = 8	k = 12	k = 16
UC	1.08*	1.10*	1.01	0.95	0.89
UC – SV	1.13**	1.14*	1.00	0.93	0.85
UC – ARMA	1.14**	1.16*	1.00	0.92	0.83
UC – MA – SV	1.14**	1.15*	0.99	**0.91**	**0.83**
UC – ARMA – SV	1.14**	1.15*	0.99	**0.91**	**0.83**

注：** 和 * 分别表示在戴博和马里亚诺（Diebold and Mariano，1995）中使用渐近检验时，在显著性水平 0.05 和 0.1 下拒绝与 AR(m) 相关的相等预测精度。

表2.6　　　　MSFEs 相对于 AR 基准模型：意大利 CPI 通胀

模型	k = 1	k = 4	k = 8	k = 12	k = 16
AR	1.00	1.00	1.00	1.00	1.00
AR – SV	**0.89**	0.67**	0.63**	0.60**	0.57**
AR – ARMA	0.93	0.65**	0.59*	0.55**	0.49
AR – MA – SV	**0.89**	0.67**	0.63**	0.61**	0.58**
AR – ARMA – SV	**0.89**	0.63	0.56	0.50**	0.43**
UC	1.00	0.77**	0.79	0.83	0.86
UC – SV	1.11*	0.89	0.87	0.86	0.84
UC – ARMA	1.04	0.67**	0.70*	0.75	0.81
UC – MA – SV	1.08**	0.95	0.86	0.81	0.75
UC – ARMA – SV	0.99	**0.60**	**0.51**	**0.47**	**0.41**

注：** 和 * 分别表示在戴博和马里亚诺（Diebold and Mariano，1995）中使用渐近检验时，在显著性水平 0.05 和 0.1 下拒绝与 AR(m) 相关的相等预测精度。

表2.7　　　　MSFEs 相对于 AR 基准模型：日本 CPI 通胀

模型	k = 1	k = 4	k = 8	k = 12	k = 16
AR	1.00	1.00	1.00	1.00	1.00
AR – SV	1.04	0.83**	**0.72**	0.76**	**0.73** *

续表

模型	k = 1	k = 4	k = 8	k = 12	k = 16
AR – ARMA	**0. 70** **	0. 79 *	0. 94	0. 95	0. 99
AR – MA – SV	1. 06 **	0. 82 **	**0. 72** **	0. 75 **	**0. 73** *
AR – ARMA – SV	**0. 70** **	0. 79	0. 94	0. 95	0. 99
UC	0. 78 **	**0. 76** **	0. 78 **	**0. 74** **	0. 75 *
UC – SV	0. 80 **	0. 81 **	0. 83 **	0. 77 **	0. 76 *
UC – ARMA	0. 83 **	0. 79 **	0. 87 **	0. 83 **	0. 84 *
UC – MA – SV	0. 80 **	0. 81 **	0. 82 **	0. 77 **	0. 75 *
UC – ARMA – SV	0. 73 **	0. 80 **	0. 84 **	0. 76 **	0. 74 *

注：** 和 * 分别表示在戴博和马里亚诺（Diebold and Mariano，1995）中使用渐近检验时，在显著性水平 0. 05 和 0. 1 下拒绝与 AR(m) 相关的相等预测精度。

表 2. 8　　　　　MSFEs 相对于 AR 基准模型：英国 CPI 通胀

模型	k = 1	k = 4	k = 8	k = 12	k = 16
AR	1. 00	1. 00	1. 00	1. 00	1. 00
AR – SV	0. 97	0. 95 **	0. 77 **	0. 77 **	0. 76 **
AR – ARMA	**0. 75**	0. 65	0. 85	0. 89	0. 94
AR – MA – SV	0. 86 **	0. 91 **	0. 78 **	0. 77 **	0. 76 **
AR – ARMA – SV	**0. 75** *	0. 65 **	0. 85 **	0. 89 **	0. 94 **
UC	0. 96	0. 74 **	0. 80	0. 79	0. 81
UC – SV	0. 99	0. 81 **	0. 81 **	0. 75 **	0. 73 *
UC – ARMA	0. 99	0. 68 **	0. 70 **	**0. 64** **	**0. 63** **
UC – MA – SV	1. 02	0. 79 **	0. 78 **	0. 72 **	0. 69 **
UC – ARMA – SV	0. 98	**0. 63** **	**0. 68** **	**0. 64** **	0. 64 **

注：** 和 * 分别表示在戴博和马里亚诺（Diebold and Mariano，1995）中使用渐近检验时，在显著性水平 0. 05 和 0. 1 下拒绝与 AR(m) 相关的相等预测精度。

表 2. 9　　　　　MSFE 相对于 AR 基准模型：美国 CPI 通胀

模型	k = 1	k = 4	k = 8	k = 12	k = 16
AR	1.00	1.00	1.00	1.00	1.00
AR – SV	0.99	0.97	0.86*	0.84	0.82
AR – ARMA	1.03	1.01	0.88	0.83	0.75
AR – MA – SV	0.99	0.97	0.86*	0.84	0.80
AR – ARMA – SV	1.00	0.97	**0.82**	**0.73**	**0.63**
UC	0.99	0.97	0.88**	0.91	0.91*
UC – SV	0.96	**0.93**	0.92	0.97	0.88*
UC – ARMA	1.00	0.97	0.83*	0.79	0.70
UC – MA – SV	**0.94**	0.94	0.90	0.92	0.81*
UC – ARMA – SV	1.00	1.07	0.86	0.79	0.70

注：** 和 * 分别表示在戴博和马里亚诺（Diebold and Mariano，1995）中使用渐近检验时，在显著性水平 0.05 和 0.1 下拒绝与 AR(m) 相关的相等预测精度。

表 2. 10　　　MSFE 相对于 AR 基准：加拿大 GDP 平减指数通胀率

模型	k = 1	k = 4	k = 8	k = 12	k = 16
AR	1.00	1.00	1.00	1.00	1.00
AR – SV	1.01	0.97**	0.93**	0.92**	0.91*
AR – ARMA	0.95**	0.96**	0.93	0.83	0.78
AR – MA – SV	0.96	0.97**	0.93**	0.92**	0.91
AR – ARMA – SV	0.96**	0.95**	**0.90**	**0.78**	**0.73**
UC	0.94	0.98	0.96	0.91	0.89
UC – SV	0.95	**0.94**	0.93	0.89	0.86
UC – ARMA	0.92	0.97	0.91	0.82**	0.78**
UC – MA – SV	**0.89****	0.95	0.93	0.89	0.86
UC – ARMA – SV	0.92	1.15	0.98	0.84**	0.81*

注：** 和 * 分别表示在戴博和马里亚诺（Diebold and Mariano，1995）中使用渐近检验时，在显著性水平 0.05 和 0.1 下拒绝与 AR(m) 相关的相等预测精度。

表2.11　　MSFE 相对于 AR 基准模型：法国 GDP 平减指数通胀率

模型	k = 1	k = 4	k = 8	k = 12	k = 16
AR	1.00	1.00	1.00	1.00	1.00
AR – SV	1.00	0.91**	0.89	0.88	0.87
AR – ARMA	0.71**	0.94*	0.96	0.98	0.99
AR – MA – SV	1.18**	0.91**	0.88	0.88	0.87
AR – ARMA – SV	**0.66****	0.82*	0.80	0.81	0.83
UC	1.18*	0.98	0.92	0.89	0.87
UC – SV	1.18**	1.02	0.95	0.90	0.88
UC – ARMA	0.70**	0.78**	0.71**	0.67*	0.64
UC – MA – SV	0.70	1.04	0.96	0.91	0.89
UC – ARMA – SV	0.67**	**0.77**	**0.66***	**0.61***	**0.55**

注：** 和 * 分别表示在戴博和马里亚诺（Diebold and Mariano，1995）中使用渐近检验时，在显著性水平 0.05 和 0.1 下拒绝与 AR(m) 相关的相等预测精度。

表2.12　　MSFE 相对于 AR 基准模型：德国 GDP 平减指数通胀率

模型	k = 1	k = 4	k = 8	k = 12	k = 16
AR	1.00	1.00	1.00	1.00	1.00
AR – SV	1.00	**0.98**	**0.95***	**0.95***	0.94
AR – ARMA	0.98	1.06**	1.18**	1.30**	1.42*
AR – MA – SV	0.98	0.99	0.96	**0.95***	0.95
AR – ARMA – SV	**0.96**	1.01	1.06*	1.13	1.15
UC	**0.96**	1.02	0.97	0.96	0.95
UC – SV	**0.96**	1.02	0.97	0.96	0.95
UC – ARMA	1.01	1.04	0.99	0.98	0.96
UC – MA – SV	1.01	1.01	**0.95**	**0.95**	0.94
UC – ARMA – SV	1.00	1.01	**0.95**	**0.95**	**0.93**

注：** 和 * 分别表示在戴博和马里亚诺（Diebold and Mariano，1995）中使用渐近检验时，在显著性水平 0.05 和 0.1 下拒绝与 AR(m) 相关的相等预测精度。

表 2.13　　MSFE 相对于 AR 基准模型：意大利 GDP 平减指数通胀率

模型	k = 1	k = 4	k = 8	k = 12	k = 16
AR	1.00	1.00	1.00	1.00	1.00
AR – SV	1.00 **	1.01 **	1.01 *	1.01	1.01
AR – ARMA	1.13 **	0.92 *	0.97	1.00	1.00
AR – MA – SV	1.13	1.01 *	1.01 *	1.01	1.01
AR – ARMA – SV	1.23 **	0.98	1.00	1.01	1.01
UC	1.23	0.75 **	0.76 *	**0.75**	**0.74**
UC – SV	1.23 *	0.78 **	0.79 *	0.81	0.81
UC – ARMA	**0.96 ****	0.75 **	0.76 *	0.76	0.75
UC – MA – SV	1.23 **	0.76 **	0.77	0.77	0.78
UC – ARMA – SV	0.97 **	**0.73 ****	**0.75 ***	0.76	0.77

注：** 和 * 分别表示在戴博和马里亚诺（Diebold and Mariano，1995）中使用渐近检验时，在显著性水平 0.05 和 0.1 下拒绝与 AR(m) 相关的相等预测精度。

表 2.14　　MSFE 相对于 AR 基准模型：日本 GDP 平减指数通胀率

模型	k = 1	k = 4	k = 8	k = 12	k = 16
AR	1.00	1.00	1.00	1.00	**1.00**
AR – SV	1.00 **	1.01	1.00	1.00	1.00
AR – ARMA	**0.93**	**0.92**	**0.93**	**0.93**	1.01
AR – MA – SV	**0.93 ****	1.01	1.00	1.00	1.00
AR – ARMA – SV	1.04 *	1.00 *	1.00	1.00	1.00
UC	1.00	0.98	1.03	1.06	1.06
UC – SV	1.00	0.98	1.02	1.04	1.04
UC – ARMA	1.00	0.99	1.04	1.08	1.08
UC – MA – SV	1.00	0.98	1.02	1.05	1.04
UC – ARMA – SV	1.00	0.98	1.02	1.05	1.04

注：** 和 * 分别表示在戴博和马里亚诺（Diebold and Mariano，1995）中使用渐近检验时，在显著性水平 0.05 和 0.1 下拒绝与 AR(m) 相关的相等预测精度。

表 2.15　MSFE 相对于 AR 基准模型：英国 GDP 平减指数通胀率

模型	k = 1	k = 4	k = 8	k = 12	k = 16
AR	**1.00**	1.00	1.00	1.00	1.00
AR – SV	1.00 **	0.96 **	0.91 **	0.87 **	0.83 **
AR – ARMA	1.04	1.03	1.00	0.97	0.93
AR – MA – SV	1.04 **	0.95 **	0.90 **	0.86 **	0.82 **
AR – ARMA – SV	1.02 *	1.03	1.01	0.98	0.94
UC	1.00	0.92	0.89	0.91	0.87
UC – SV	1.00	0.98	0.89 *	0.84 **	0.78 *
UC – ARMA	1.02	**0.90 **	**0.81 **	**0.75 *	**0.68 *
UC – MA – SV	1.02	0.98	0.88 **	0.83 **	0.77 **
UC – ARMA – SV	1.00 **	1.09	0.95	0.83 *	0.72 *

　　注：** 和 * 分别表示在戴博和马里亚诺（Diebold and Mariano，1995）中使用渐近检验时，在显著性水平 0.05 和 0.1 下拒绝与 AR(m) 相关的相等预测精度。

表 2.16　MSFE 相对于 AR 基准模型：美国 GDP 平减指数通胀率

模型	k = 1	k = 4	k = 8	k = 12	k = 16
AR	1.00	1.00	1.00	1.00	1.00
AR – SV	0.97 **	0.87 **	0.81 **	0.80 **	0.78 **
AR – ARMA	0.97 **	0.86 *	0.73 *	0.64 *	0.60 *
AR – MA – SV	0.96 **	0.87 **	0.82 **	0.82 **	0.82 *
AR – ARMA – SV	0.95 *	**0.84**	**0.67 *	**0.54 *	**0.49 *
UC	**0.93**	0.89	0.87	0.92	0.93
UC – SV	0.99 *	0.98	0.98	0.98	0.96
UC – ARMA	0.96 *	0.88 **	0.83 **	0.80 **	0.77 **
UC – MA – SV	1.05 **	1.07	1.02	0.97	0.94
UC – ARMA – SV	0.96	0.88	0.82 **	0.77 **	0.75 *

　　注：** 和 * 分别表示在戴博和马里亚诺（Diebold and Mariano，1995）中使用渐近检验时，在显著性水平 0.05 和 0.1 下拒绝与 AR(m) 相关的相等预测精度。

表 2.17　　　　LPL 相对于 AR 基准模型：加拿大 CPI 通胀率

模型	k = 1	k = 4	k = 8	k = 12	k = 16
AR	0.0	0.0	0.0	0.0	0.0
AR – SV	5.5 **	9.6 **	5.7 **	9.6	3.4 *
AR – ARMA	**8.6 ****	**17.1 ***	**30.7 ***	**46.0 ****	**49.3 ****
AR – MA – SV	5.4 **	9.5 **	5.9 **	9.6	3.6 *
AR – ARMA – SV	4.4 **	7.2 *	18.2 *	29.7	30.2 *
UC	– 2.5 **	1.7 **	5.9 *	8.6 *	9.9 **
UC – SV	– 1.5 **	7.4 **	9.4 **	15.5 *	8.4 *
UC – ARMA	– 3.3 **	4.3 **	13.8 *	21.7 *	26.4 *
UC – MA – SV	0.6 **	5.1 **	9.6 **	17.0 *	10.2 **
UC – ARMA – SV	– 0.8 **	– 11.9 **	– 4.4 **	6.5	4.9 **

注：** 和 * 分别表示在戴博和马里亚诺（Diebold and Mariano，1995）中使用渐近检验时，在显著性水平 0.05 和 0.1 下拒绝与 AR(m) 相关的相等预测精度。

　　由于本章主要介绍了 ARMA – SV 误差模型的估计，因此将这类模型的相对预测表现与其嵌套变体 ARMA、SV 和 MA – SV 模型的预测表现进行比较是十分必要的。在 CPI 通胀率预测中，具有 ARMA – SV 误差的模型在加拿大、法国和意大利的所有时间段内都做出了最好的点预测结果。在应用到英国通胀率时也表现良好，而美国数据则是在更长的预测期（即 k = 8、12、16）时表现良好。值得注意的是，日本的 CPI 通胀率没有一个模型可以从短期到中长期一直提供较好的点预测，这表明日本的 CPI 通胀率还是很难预测的。

　　在预测 GDP 平减指数通胀率时，预测结果表现得较为不明显。ARMA – SV 模型在法国仍然可以提供最佳预测，而美国数据是除了向前一期预测中略逊于简单的 UC 模型，其他各期均表现最佳。ARMA – SV 模型可为意大利提供良好的中期预测，为加拿大和德国提供较好得长期预测。最后，尽管在 CPI 预测中没有明显占主导地位的模型，但 AR – ARMA 模型在预测日本 GDP 平减指数通胀时表现得相当不错。

　　总而言之，从点预测中可以得出主要结论：ARMA – SV 误差模型可以为 CPI 和 GDP 平减指数通胀指标提供的良好得点预测。除了少数例外，它们能够提高斯托克和沃森（2007）中较为简单的随机波动率模型和陈（2013）中的 MA – SV 模型的预测表现。

2.3.5.2 密度预测

本小节主要报告和分析了对 G7 各经济体的通胀率的密度预测相关结果，预测结果主要是基于各竞争模型的预测分布抽样。结果分国别在表 2.18 ~ 表 2.30 中进行了汇总。

表 2.18　　　　　　　**LPL 相对于 AR 基准模型：法国 CPI 通胀率**

模型	k = 1	k = 4	k = 8	k = 12	k = 16
AR	0.0	0.0	0.0	0.0	0.0
AR – SV	5.0 **	15.9 **	25.0 **	27.5 **	31.2 *
AR – ARMA	15.2 **	24.1 **	9.5 **	– 13.8 **	– 33.6 *
AR – MA – SV	22.9 **	15.5 **	23.4 **	25.9 **	29.6 *
AR – ARMA – SV	**24.0 **	17.8 **	7.5 **	– 6.1 **	– 13.5 *
UC	18.4 **	22.0 **	30.4 **	28.3 **	26.5 *
UC – SV	17.3 **	27.9 **	38.6 **	37.6 **	40.1 **
UC – ARMA	18.6 **	21.3 **	34.7 *	40.9 **	47.7 **
UC – MA – SV	14.1 **	21.6 **	36.0 **	39.8 **	43.7 **
UC – ARMA – SV	21.1 **	**30.1 **	**55.2 **	**65.4 **	**77.6 **

注：** 和 * 分别表示在戴博和马里亚诺（Diebold and Mariano, 1995）中使用渐近检验时，在显著性水平 0.05 和 0.1 下拒绝与 AR(m) 相关的相等预测精度。

表 2.19　　　　　　　**LPL 相对于 AR 基准模型：德国 CPI 通胀率**

模型	k = 1	k = 4	k = 8	k = 12	k = 16
AR	0.0	0.0	0.0	0.0	0.0
AR – SV	2.0 *	– 2.4 **	– 1.4 **	4.8 **	11.4 **

续表

模型	k = 1	k = 4	k = 8	k = 12	k = 16
AR – ARMA	**3. 8** **	**0. 3** **	− 1. 2 **	− 0. 8 **	0. 5 **
AR – MA – SV	1. 6 **	− 3. 1 **	− 2. 8 **	3. 3 **	9. 7 **
AR – ARMA – SV	− 0. 1 *	− 11. 4 **	− 12. 1 **	− 8. 9 **	− 1. 7 *
UC	− 12. 0 **	− 13. 2 **	− 2. 4 **	2. 3 *	6. 6
UC – SV	− 11. 7 **	− 14. 0 **	**0. 4** **	**12. 3** **	**24. 1** **
UC – ARMA	− 17. 1 **	− 18. 4 **	− 3. 1 **	5. 0	12. 9
UC – MA – SV	− 12. 9 **	− 17. 3 **	− 1. 9 **	9. 2 **	22. 3 *
UC – ARMA – SV	− 12. 8 **	− 16. 8 **	− 2. 1 **	9. 2 **	22. 0

注：** 和 * 分别表示在戴博和马里亚诺（Diebold and Mariano，1995）中使用渐近检验时，在显著性水平 0.05 和 0.1 下拒绝与 AR(m) 相关的相等预测精度。

表 2.20　　　LPL 相对于 AR 基准模型：意大利 CPI 通胀率

模型	k = 1	k = 4	k = 8	k = 12	k = 16
AR	0. 0	0. 0	0. 0	0. 0	0. 0
AR – SV	63. 9 **	84. 7 **	90. 1 **	88. 0 **	88. 5 *
AR – ARMA	25. 0 **	57. 2 **	69. 9 **	79. 0 **	87. 3 **
AR – MA – SV	**65. 2** **	84. 7 **	89. 9 **	86. 8 **	86. 3 *
AR – ARMA – SV	59. 9 **	80. 1 **	88. 8 **	92. 8 **	100. 3 *
UC	0. 5 **	27. 0 **	29. 7 **	25. 6 **	20. 0 *
UC – SV	38. 2 **	66. 9 **	63. 6 **	56. 1 **	49. 5 **
UC – ARMA	0. 4	4. 4 **	0. 4 **	− 4. 5 **	− 9. 9 **
UC – MA – SV	48. 7 **	70. 1 **	77. 8 **	78. 4 **	78. 6 **
UC – ARMA – SV	46. 9 **	**87. 5** **	**102. 0** **	**105. 9** **	**110. 9** *

注：** 和 * 分别表示在戴博和马里亚诺（Diebold and Mariano，1995）中使用渐近检验时，在显著性水平 0.05 和 0.1 下拒绝与 AR(m) 相关的相等预测精度。

表 2.21　　　　LPL 相对于 AR 基准模型：日本 CPI 通胀率

模型	k = 1	k = 4	k = 8	k = 12	k = 16
AR	0.0	0.0	0.0	0.0	0.0
AR – SV	– 26.4 **	50.1 **	**68.7 **	60.6 **	63.2 **
AR – ARMA	47.1 **	53.1 **	39.1 **	33.3 **	24.2 **
AR – MA – SV	– 27.5 **	51.4 **	67.1 **	60.6 **	62.0 **
AR – ARMA – SV	**47.8 **	50.1 **	32.3 **	19.0 *	5.1
UC	11.5 **	29.8 **	31.5 **	35.9 **	35.6 **
UC – SV	33.4 **	55.8 **	57.7 **	66.2 **	**68.9 *
UC – ARMA	11.3 **	25.4 **	22.3 **	25.9 **	26.1 **
UC – MA – SV	32.9 **	**56.5 **	57.0 **	**64.5 **	66.8 *
UC – ARMA – SV	46.8 **	52.2 **	41.2 **	40.7 **	37.4 **

注：** 和 * 分别表示在戴博和马里亚诺（Diebold and Mariano，1995）中使用渐近检验时，在显著性水平 0.05 和 0.1 下拒绝与 AR（m）相关的相等预测精度。

表 2.22　　　　LPL 相对于 AR 基准模型：英国 CPI 通胀率

模型	k = 1	k = 4	k = 8	k = 12	k = 16
AR	0.0	0.0	0.0	0.0	0.0
AR – SV	21.1 **	17.3 **	60.8 **	51.7 **	51.9 *
AR – ARMA	45.3 **	69.7 **	48.3 **	37.9 **	26.2 **
AR – MA – SV	41.8 **	21.1 **	59.2 **	50.9 **	51.3 *
AR – ARMA – SV	**57.7 **	**72.3 **	34.4 **	15.0 **	– 0.9 *
UC	– 7.6 **	29.3 **	34.2 **	34.8 **	31.3 **
UC – SV	20.9 **	63.0 **	**68.7 **	**71.2 **	**70.7 *
UC – ARMA	– 4.7 **	31.6 **	36.0 **	39.8 **	40.4 **
UC – MA – SV	17.4 **	62.6 **	68.3 **	70.3 **	69.3 *
UC – ARMA – SV	31.2 **	59.7 **	53.5 **	50.5 **	46.3 *

注：** 和 * 分别表示在戴博和马里亚诺（Diebold and Mariano，1995）中使用渐近检验时，在显著性水平 0.05 和 0.1 下拒绝与 AR（m）相关的相等预测精度。

表 2.23　　　　　LPL 相对于 AR 基准模型：美国 CPI 通胀率

模型	k = 1	k = 4	k = 8	k = 12	k = 16
AR	0.0	0.0	0.0	0.0	0.0
AR – SV	30.8	18.5	19.4	22.5	35.4
AR – ARMA	11.1	5.1**	27.3**	39.0*	55.0
AR – MA – SV	30.6	17.0	17.8	20.0	34.4
AR – ARMA – SV	28.6	22.6	30.6*	**40.9**	**61.2**
UC	– 0.6**	– 0.3**	11.5	2.9	9.3
UC – SV	**32.3**	25.9	26.2	25.2	36.9
UC – ARMA	– 0.2**	2.8**	17.5*	18.7*	37.8
UC – MA – SV	30.5	**27.4**	**31.7***	34.6	50.8
UC – ARMA – SV	26.3	13.6	26.8	37.4	55.7

　　注：** 和 * 分别表示在戴博和马里亚诺（Diebold and Mariano，1995）中使用渐近检验时，在显著性水平 0.05 和 0.1 下拒绝与 AR(m) 相关的相等预测精度。

表 2.24　　　LPL 相对于 AR 基准模型：加拿大 GDP 平减指数通胀率

模型	k = 1	k = 4	k = 8	k = 12	k = 16
AR	0.0	0.0	0.0	0.0	0.0
AR – SV	28.5	6.8	1.3*	3.7*	4.0
AR – ARMA	11.9**	3.4**	– 2.6**	25.8**	33.0**
AR – MA – SV	33.7	6.1	0.8*	2.9*	3.1
AR – ARMA – SV	35.5**	**15.1***	**13.9***	**28.7***	**35.4***
UC	– 67.2**	– 68.4**	– 60.3**	– 57.1**	– 46.1**
UC – SV	33.0	14.4	6.9**	9.8**	11.1*
UC – ARMA	14.0**	– 0.3**	13.8**	26.6	31.7*
UC – MA – SV	35.5	12.1	6.5**	11.4**	11.2*
UC – ARMA – SV	**37.2**	0.1	2.3**	10.7**	15.1*

　　注：** 和 * 分别表示在戴博和马里亚诺（Diebold and Mariano，1995）中使用渐近检验时，在显著性水平 0.05 和 0.1 下拒绝与 AR(m) 相关的相等预测精度。

表 2.25　　　LPL 相对于 AR 基准模型：法国 GDP 平减指数通胀率

模型	k = 1	k = 4	k = 8	k = 12	k = 16
AR	0.0	0.0	0.0	0.0	0.0
AR – SV	66.7 **	60.0 **	65.1 **	57.7 **	58.2 *
AR – ARMA	19.7 **	– 2.8 **	2.3 **	8.2 **	14.3 **
AR – MA – SV	68.3 **	59.8 **	64.6 **	57.4 **	58.4 *
AR – ARMA – SV	74.0 **	57.6 **	**66.2 ****	**69.4 ***	**72.3**
UC	– 3.8 **	4.6 **	17.4 **	23.1 **	25.5 **
UC – SV	69.7 **	**59.9 ****	64.3 **	59.9 **	56.5 **
UC – ARMA	3.1 **	9.6 **	23.5 **	31.9 **	37.8 *
UC – MA – SV	**70.6 ****	58.0 **	62.4 **	58.8 **	56.1 **
UC – ARMA – SV	3.1 **	9.6 **	23.5 **	31.9 **	37.8 **

注：** 和 * 分别表示在戴博和马里亚诺（Diebold and Mariano, 1995）中使用渐近检验时，在显著性水平 0.05 和 0.1 下拒绝与 AR(m) 相关的相等预测精度。

表 2.26　　　LPL 相对于 AR 基准模型：德国 GDP 平减指数通胀率

模型	k = 1	k = 4	k = 8	k = 12	k = 16
AR	0.0	0.0	0.0	0.0	0.0
AR – SV	**15.5 ****	**15.0 ****	19.5 **	17.3 *	16.8 *
AR – ARMA	4.3 **	– 12.1 **	– 20.9 **	– 29.4 **	– 36.0 **
AR – MA – SV	15.4 **	14.2 **	18.0 **	15.6 **	15.3 *
AR – ARMA – SV	11.2 **	2.3 **	1.8 **	– 2.8 **	– 3.7 *
UC	– 5.2 **	– 3.0 **	4.3 **	4.2 **	4.5 *
UC – SV	13.4 **	13.7 **	**21.6 ****	**20.3 ***	**21.4**
UC – ARMA	– 3.1 **	– 3.2 **	4.5 **	6.1 *	7.9 *
UC – MA – SV	13.4 **	14.0 **	20.9 **	19.3 **	20.3
UC – ARMA – SV	13.9 **	13.9 **	19.8 **	18.0 **	19.1 *

注：** 和 * 分别表示在戴博和马里亚诺（Diebold and Mariano, 1995）中使用渐近检验时，在显著性水平 0.05 和 0.1 下拒绝与 AR(m) 相关的相等预测精度。

表 2.27　　LPL 相对于 AR 基准模型：意大利 GDP 平减指数通胀率

模型	k = 1	k = 4	k = 8	k = 12	k = 16
AR	0.0	0.0	0.0	0.0	0.0
AR – SV	– 1.8 **	– 1.6 *	– 2.0 *	– 3.6	– 3.8
AR – ARMA	6.6 **	1.4 *	0.3	– 0.8	– 1.1
AR – MA – SV	– 0.5 **	– 1.6 *	– 2.1 *	– 3.8	– 3.8
AR – ARMA – SV	3.5 **	– 0.4 *	– 1.6 *	– 3.4	– 3.6
UC	7.6 **	4.1 **	3.8 *	3.7	3.4
UC – SV	11.8 **	7.5 **	5.8	3.5	2.3
UC – ARMA	10.2 **	6.9 **	6.5 *	**6.5**	**6.3**
UC – MA – SV	13.0 **	9.5 **	7.9	5.2	4.1
UC – ARMA – SV	**11.9 ****	**10.3 ****	**8.7**	6.1	4.9

注：** 和 * 分别表示在戴博和马里亚诺（Diebold and Mariano，1995）中使用渐近检验时，在显著性水平 0.05 和 0.1 下拒绝与 AR(m) 相关的相等预测精度。

表 2.28　　LPL 相对于 AR 基准模型：日本 GDP 平减指数通胀率

模型	k = 1	k = 4	k = 8	k = 12	k = 16
AR	0.0	0.0	0.0	0.0	0.0
AR – SV	7.9	5.7	7.5	10.6	8.3
AR – ARMA	– 9.1	– 1.7	– 6.0	– 2.7	– 18.4
AR – MA – SV	8.0	5.9	7.5	10.8	8.4
AR – ARMA – SV	8.4	7.0	8.8	**12.3**	**9.0**
UC	8.1	**9.1**	7.4	6.3	3.6
UC – SV	7.7	7.3	9.3	11.1	9.1
UC – ARMA	– 4.9 *	– 3.9 *	– 6.0	– 9.5	– 5.9
UC – MA – SV	**9.0**	7.3	9.1	10.8	8.7
UC – ARMA – SV	8.6	7.4	**9.5**	11.0	8.8

注：** 和 * 分别表示在戴博和马里亚诺（Diebold and Mariano，1995）中使用渐近检验时，在显著性水平 0.05 和 0.1 下拒绝与 AR(m) 相关的相等预测精度。

表 2.29　　LPL 相对于 AR 基准模型：英国 GDP 平减指数通胀率

模型	k = 1	k = 4	k = 8	k = 12	k = 16
AR	0.0	0.0	0.0	0.0	0.0
AR – SV	21.1 **	17.3 **	**60.8 ****	**51.7 ****	**51.9 ***
AR – ARMA	45.3 **	69.7 **	48.3 **	37.9 **	26.2 **
AR – MA – SV	41.8 **	21.1 **	59.2 **	50.9 **	51.3 *
AR – ARMA – SV	**57.7 ****	**72.3 ****	34.4 **	15.0 **	– 0.9 *
UC	– 10.2 **	23.8 **	27.5 **	25.9 *	23.9 *
UC – SV	8.0 **	42.6 **	48.8 **	52.3 **	55.3 *
UC – ARMA	– 7.5 **	23.8 **	27.0 **	29.3 *	29.9 *
UC – MA – SV	6.8 **	42.0 **	48.1 **	52.6 **	55.0 *
UC – ARMA – SV	8.1 **	10.1 **	9.7 **	12.2 **	16.3 **

　　注：** 和 * 分别表示在戴博和马里亚诺（Diebold and Mariano，1995）中使用渐近检验时，在显著性水平 0.05 和 0.1 下拒绝与 AR(m) 相关的相等预测精度。

表 2.30　　LPL 相对于 AR 基准模型：美国 GDP 平减指数通胀率

模型	k = 1	k = 4	k = 8	k = 12	k = 16
AR	0.0	0.0	0.0	0.0	0.0
AR – SV	15.5 **	34.6 **	38.3 **	38.9 *	42.0
AR – ARMA	13.2 **	35.4 **	48.6 **	60.9 **	68.8 **
AR – MA – SV	17.2 **	28.1 **	29.9 **	29.6 *	31.6
AR – ARMA – SV	**18.8 ****	**40.7 ****	**59.7 ****	**71.6 ****	**80.8 ****
UC	– 4.8 **	13.8 *	17.3	10.5	6.3
UC – SV	17.5 **	35.3 **	35.0 **	28.3 *	25.2
UC – ARMA	4.9 **	13.5 *	17.3 *	19.2 **	20.6 **
UC – MA – SV	14.1 **	31.6 **	33.3 **	31.5 **	32.2 *
UC – ARMA – SV	18.1 **	40.7 **	49.6 **	54.6 **	58.6 *

　　注：** 和 * 分别表示在戴博和马里亚诺（Diebold and Mariano，1995）中使用渐近检验时，在显著性水平 0.05 和 0.1 下拒绝与 AR(m) 相关的相等预测精度。

与点预测的结论相一致，AR - SV 和 UC - SV 模型在 CPI 通胀率的预测中往往优于与之相对应的不含随机波动率的模型。只是密度预测的结果更为明显，也更为强健；同时，GDP 平减指数通胀率也有相一致的结论。概括来说，具有 ARMA - SV 误差项的模型往往比具有 SV、ARMA 或同方差误差的模型可以提供更好的预测。这在预测美国的 GDP 平减指数或法国的 CPI 时结论更为显著。值得注意的是，AR - ARMA 模型在所有的预测期内均为加拿大 CPI 提供了最佳预测。另一个例外是美国 CPI 通胀率的向前一步预测，其中模型表达式更为简便的 UC - SV 模型提供了最佳的密度预测。这一结论很重要，因为它与陈（2013）的结论形成了对比，他在研究中发现 UC - MA - SV 模型在早期样本中对同一变量可以提供更好的预测。更为准确地说，陈（2013）使用了 1947 年第一季度 ~ 2011 年第三季度的 CPI 通胀率数据，而本研究将其扩展到 2017 年第四季度。因此，本书的结果表明，在美国通胀预测中，UC - MA - SV 模型的相对预测表现自 2011 年底以来有所下降。不过，UC - MA - SV 模型在向前一年期和向前两年期的预测范围内仍可以很好地预测美国 CPI 通胀率。

因此，通过密度预测可以得出结论，即 ARMA - SV 误差模型可以为 G7 经济体通胀率样本提供有价值的预测，对法国、加拿大和美国尤为如此，这类模型在所有预测范围内均可为法国提供最佳的 CPI 通胀率预测，并为加拿大和美国提供最佳的 GDP 平减指数预测。

2.4　与专业预测者调查结果的比较

文献中对美国通胀率动态研究结果表明，主观的非模型预测可能比传统模型更有可能提供准确的点预测（Ang et al.，2007；Croushore，2010；Faust and Wright，2009；Faust and Wright，2013）。例如，福斯特和赖特（Faust and Wright，2013）的研究表明，在 1985 年第一季度 ~ 2011 年第四季度，基于专业预测者调查的点预测比一系列更为前沿的计量经济学模型（包括 UC - SV 模型）更为准确。基于前人的这些研究结论，以下内容将把本章具有 ARMA - SV 误差的模型与基于专业预测者调查的预测相对比，以观察是否有助于含有 ARMA - SV 误差的传统模型预测水平的显著提高。

为此，本章将 AR - ARMA - SV 和 UC - ARMA - SV 模型的预测表现与专业预测者调查指数（the survey of professional forecasters，SPF）给出的预测表现进行了比较。专业预测者调查指数始于 1968 年，是美国历史最为悠久的季度宏观经济预测调查活动。当前的调查范围包括 23 个关键宏观经济指标的预测，包括基于 CPI 和 GDP 平减指数的通胀率指标。[①] 首个同时包括 CPI 和 GDP 平减指数的通胀率的调查问卷发布时间为 1992 年第一季度。[②] 该调查要求参与者提供季节性调整后的年化 CPI 通胀率和链式加权 GDP 价格指数的预测。这些调查参与者主要来自商界，且工作内容与经济预测密切相关，因此他们对宏观经济变量的预测更具有专业性。因此，该调查比其他常用的预测调查（如利文斯顿和密歇根调查）更为准确（Thomas，1999），这也使得这一指数成为极具竞争力的基准预测水平。

在比较专业预测者调查指数和基于模型的预测结果时，需要注意调查指数对 GDP 价格指数的预测总是按调查时基准年进行调整。这意味着基准年在调查指数样本中有所不同，使其无法与本章基于模型的预测中所使用的最新年份发布的 GDP 平减指数进行比较。为了使这两个时间序列具有可比性，本研究重新设定了调查指数时间序列的基准年份，令其基准年份为 2009 年第一季度，这也是最新可用的时间序列。

表 2.31 列出了调查指数和前文包含 ARMA - SV 误差模型的向前一个季度和向前四个季度前 CPI 和 GDP 平减指数通胀率的点预测指标 MSFE。CPI 通胀率和 GDP 平减指数预测的样本长度不同，分别为 1993 年第四季度 ~ 2016 年第四季度，以及 1997 年第二季度 ~ 2016 年第四季度。从表 2.31 中可以观察到，ARMA - SV 误差模型在预测 GDP 平减指数通胀率时，优于调查指数的预测，而调查指数可以提供更为准确的

---

① 费城联邦储备银行提供了 SPF 的文件：https：//www. philadelphiafed. org/research-and-data/real-time-center/survey-of-professional-forecasters。

② 1992 年之前，调查者被要求预测 GNP 潜在价格平减指数。

CPI 通胀率预测。这表明，虽然 ARMA - SV 误差模型在预测 GDP 平减指数时很有用，但调查指数在预测美国 CPI 通胀率时仍然是预测水平很高的基准预测值。

表 2.31　MSFE 向前一期和向前四期的 CPI 和 GDP 平减指数通胀率预测指标

	CPI		GDP 平减指数	
	k = 1	k = 4	k = 1	k = 4
SPF	1.81	1.93	1.51	1.95
AR - ARMA - SV	2.02	2.19	0.83	0.89
UC - ARMA - SV	2.01	2.42	0.83	0.98

2.5　本 章 小 结

本章介绍了一类具有 ARMA - SV 误差的新型动态模型，详细介绍了对这些误差模型如何进行模型拟合与参数估计，并表明它们可以为 G7 经济体的通胀率提供有价值的预测。而估算此类模型的主要困难在于，自回归移动平均分量会导致模型误差的序列相关性，使得标准 Kalman 滤波抽样方法无法直接使用。本书的估计方法表明，可以通过仔细设计模型矩阵形式的运算顺序来克服这一计算难题。基于此，通过利用模型结构，本研究介绍了一种新型的有效算法，从而不需要进行 Kalman 滤波抽样方法中的前向和后向递归计算。为了证明这类模型的实用性，本研究主要评估了这类模型对 G7 经济体中两个常用的通胀率指标（CPI 和 GDP 平减指数）的预测表现。更具体地说，本书报告了几种前沿 AR 和 UC 模型的样本外点预测和密度预测的表现。

虽然尚无一个模型在对每个经济体通胀率的预测中占据明显地主导地位，但 AR - ARMA - SV 模型对这两个通胀率指标均提供了极具竞争力的预测。特别地，它们可以为所有国家提供最佳的 CPI 通胀率向前一步的点预测，除了德国和美国。该模型还在加拿大所有其他预测范围内的 CPI 点预测中占据主导地位，而 UC – ARMA – SV 模型变形在法国和意大利都占据了主导地位。后者的结论也可以扩展到密度预测。不过，在前一种情况下，更为简单的 AR – ARMA 模型在所有预测范围内做出了最佳的密度预测。最后，ARMA – SV 模型在加拿大和美国的 GDP 平减指数密度预测中占据了主导地位，可以为意大利和英国提供良好的短期预测，为法国提供良好的长期预测。

本 章 附 录

附录 2A：

命题证明：假设 $\mathbf{H}_\phi^{-1}$ 和 $\mathbf{H}_\psi$ 是以下大小为 T 的矩阵：

$$\mathbf{H}_\phi = \begin{pmatrix} 1 & 0 & 0 & 0 & \cdots & 0 \\ -\phi_1 & 1 & 0 & 0 & \cdots & 0 \\ \vdots & \ddots & \ddots & \ddots & & \vdots \\ -\phi_p & \cdots & -\phi_1 & 1 & \cdots & 0 \\ \vdots & \ddots & & \ddots & \ddots & \vdots \\ 0 & \cdots & -\phi_p & \cdots & -\phi_1 & 1 \end{pmatrix}$$

$$\mathbf{H}_\psi = \begin{pmatrix} 1 & 0 & 0 & 0 & \cdots & 0 \\ \psi_1 & 1 & 0 & 0 & \cdots & 0 \\ \vdots & \ddots & \ddots & \ddots & & \vdots \\ \psi_q & \cdots & \psi_1 & 1 & \cdots & 0 \\ \vdots & \ddots & & \ddots & \ddots & \vdots \\ 0 & \cdots & \psi_q & \cdots & \psi_1 & 1 \end{pmatrix}$$

然后互换 $\mathbf{H}_\phi^{-1}$ 和 $\mathbf{H}_\psi$，即 $\mathbf{H}_\psi^{-1}\mathbf{H}_\phi = \mathbf{H}_\phi\mathbf{H}_\psi^{-1}$。

证明：让 $\mathbf{L}_i$ 为 $T \times T$ 矩阵，该矩阵仅在第 i 个下对角线上具有非零元素 1，其中 i = 0，$\cdots$，T – 1，

$$\mathbf{L}_i = \begin{pmatrix} 0 & 0 & 0 & 0 & \cdots & & 0 \\ \vdots & 0 & 0 & 0 & \cdots & & 0 \\ 0 & \ddots & \ddots & \ddots & \ddots & & \vdots \\ 1 & \ddots & \ddots & 0 & \cdots & & 0 \\ 0 & \ddots & 0 & \ddots & \ddots & & \vdots \\ \vdots & \ddots & \ddots & \ddots & \ddots & \ddots & \vdots \\ 0 & \cdots & 0 & 1 & 0 & \cdots & 0 \end{pmatrix}$$

特别地，$\mathbf{L}_0 = \mathbf{I}_T$（单位矩阵）可以观察到，$\mathbf{L}_i\mathbf{L}_j = \mathbf{L}_{i+j} = \mathbf{L}_j\mathbf{L}_i$ 当 $i, j \geq 0$ 及 $i + j \leq T - 1$. 于是有 $\mathbf{H}_\phi$ 和 $\mathbf{H}_\psi$ 表达式转换如下：

$$\mathbf{H}_\phi = \mathbf{I}_T - \sum_{i=1}^{p} \phi_i\mathbf{L}_i, \quad \mathbf{H}_\psi = \mathbf{I}_T + \sum_{j=1}^{q} \psi_j\mathbf{L}_j$$

$$\mathbf{H}_\phi\mathbf{H}_\psi = \left(\mathbf{I}_T - \sum_{i=1}^{p} \phi_i\mathbf{L}_i\right)\left(\mathbf{I}_T + \sum_{j=1}^{q} \psi_j\mathbf{L}_j\right)$$

$$= \mathbf{I}_T - \sum_{i=1}^{p} \phi_i\mathbf{L}_i + \sum_{j=1}^{q} \psi_j\mathbf{L}_j - \sum_{i=1}^{p}\sum_{j=1}^{q} \phi_i\psi_j\mathbf{L}_i\mathbf{L}_j$$

$$= \mathbf{I}_T + \sum_{j=1}^{q} \psi_j\mathbf{L}_j - \sum_{i=1}^{p} \phi_i\mathbf{L}_i - \sum_{j=1}^{q}\sum_{i=1}^{p} \psi_j\phi_i\mathbf{L}_j\mathbf{L}_i$$

$$= \left(\mathbf{I}_T + \sum_{j=1}^{q} \psi_j\mathbf{L}_j\right)\left(\mathbf{I}_T - \sum_{i=1}^{p} \phi_i\mathbf{L}_i\right)$$

$$= \mathbf{H}_\psi\mathbf{H}_\phi$$

于是有：

$$\mathbf{H}_\psi^{-1}\left(\mathbf{H}_\phi\mathbf{H}_\psi\right)\mathbf{H}_\psi^{-1} = \mathbf{H}_\psi^{-1}\left(\mathbf{H}_\psi\mathbf{H}_\phi\right)\mathbf{H}_\psi^{-1}$$

$$\mathbf{H}_\psi^{-1}\mathbf{H}_\phi = \mathbf{H}_\phi\mathbf{H}_\psi^{-1}$$

附录 2B：估计步骤

本小节提供了后验抽样方法的细节描述。如正文所述，本章抽样方法为五个步骤的 Metropolis – within – Gibbs 抽样方法。步骤（1）是从完整的条件概率分布中对趋势 τ 进行抽样，正文中已经进行了讨论。

步骤（2）：参数 h 的抽样。

要从 $p(\mathbf{h} \mid \mathbf{y}, \boldsymbol{\tau}, \boldsymbol{\phi}, \boldsymbol{\psi}, \sigma_\tau^2, \sigma_h^2)$ 中对参数 h 进行抽样，可将方程

(2.8) 改写成：

$$\mathbf{y}^* = \mathbf{u}$$

其中，$\mathbf{y}^* = \mathbf{H}_\psi^{-1} \mathbf{H}_\phi (\mathbf{y} - \boldsymbol{\tau})$。因此，$(\mathbf{y}^* \mid \mathbf{h}) \sim \mathcal{N}(\mathbf{0}, \boldsymbol{\Omega}_u)$，$\boldsymbol{\Omega}_u = \mathrm{diag}(e^{h_1}, \cdots, e^{h_T})$。通过以上变换，即可直接应用金姆等（Kim et al.，1998）提出的辅助混合抽样法。与他们的方法有所不同，本章用基于精度算法的抽样方法替换了他们的前向后向平滑算法。

步骤（3）：参数 σ_h^2 和 σ_τ^2 的抽样。

$$p(\sigma_\tau^2 \mid \tau) \propto p(\tau \mid \sigma_\tau^2) p(\sigma_\tau^2)$$

$$= (\sigma_\tau^2)^{-\frac{T-1}{2}} e^{-\frac{1}{2\sigma_\tau^2} \sum_{t=2}^{T} (\tau_t - \tau_{t-1})^2} \times (\sigma_\tau^2)^{-(\nu_\tau + 1)} e^{-\frac{S_\tau}{\sigma_\tau^2}}$$

$$\propto (\sigma_\tau^2)^{-(\frac{T-1}{2} + \nu_\tau + 1)} e^{-\frac{1}{\sigma_\tau^2} (\sum_{t=2}^{T} (\tau_t - \tau_{t-1})^2 / 2 + S_\tau)}$$

于是有：

$$(\sigma_\tau^2 \mid \tau) \sim \mathcal{IG}\left((T-1)/2 + \nu_\tau, \sum_{t=2}^{T} (\tau_t - \tau_{t-1})^2 / 2 + S_\tau\right)$$

类似的，σ_h^2 的后验概率分布有：

$$(\sigma_h^2 \mid \mathbf{h}) \sim \mathcal{IG}\left((T-1)/2 + \nu_h, \sum_{t=2}^{T} (h_t - h_{t-1})^2 / 2 + S_h\right)$$

步骤（4）：参数 ψ 的抽样。

由于 ψ 的完整条件分布是非标准分布，因此，对这一参数的估计使用了合理的概率密度分布，并运用独立链 Metropolis – Hastings 算法（参见 Kroese et al.，2011）。下面本章首先推导出 ψ 的完整条件概率密度的解析表达式。在 $t = 1$，$\cdots$，T 上叠加方程和步骤（2）可得出：

$$\mathbf{y}^{**} = \mathbf{H}_\psi \mathbf{u} \tag{2.20}$$

其中，$\mathbf{y}^{**} = \mathbf{H}_\phi (\mathbf{y} - \boldsymbol{\tau})$。通过改变变量，可以得到 $(\mathbf{y}^{**} \mid \psi, \mathbf{h}) \sim \mathcal{N}(\mathbf{0}, \mathbf{H}_\psi \boldsymbol{\Omega}_u \mathbf{H}_\psi')$。因此，给定 ψ 上的截断正态先验概率分布，ψ 的对数条件后验概率分布可由以下公式得出：

$$\log p(\psi \mid \mathbf{y}, \boldsymbol{\tau}, \mathbf{h}, \boldsymbol{\phi}) \propto \log p(\mathbf{y}^{**} \mid \psi, \mathbf{h}) + \log p(\psi)$$

$$\propto \log p(\psi) - \frac{1}{2} (\mathbf{y}^{**})' (\mathbf{H}_\psi \boldsymbol{\Omega}_u \mathbf{H}_\psi')^{-1} \mathbf{y}^{**}$$

上述对数概率密度分布可以使用正文中所讨论的方法进行估计。

由于 ψ 的维度通常较低，对 ψ 的估计可以使用数值优化的方法来取得 $\log p(\psi \mid \mathbf{y},\ \boldsymbol{\tau},\ \mathbf{h},\ \boldsymbol{\phi})$ 的众数和负 Hessian 矩阵，并在众数处进行参数估计，估计后的参数值可分别表示为 $\hat{\psi}$ 和 $\mathbf{K}_\psi$。令 $q(\psi)$ 代表 $\mathcal{N}(\hat{\psi},\ \mathbf{K}_\psi^{-1})$ 的概率密度，即可根据 $q(\psi)$ 抽样得到候选取值。给定当前 ψ 抽样值，候选抽签 $\psi^c \sim \mathcal{N}(\hat{\psi},\ \mathbf{K}_\psi^{-1})$ 被接受的概率为：

$$\min\left\{1,\ \frac{p(\psi^c \mid \mathbf{y},\ \boldsymbol{\tau},\ \mathbf{h},\ \boldsymbol{\phi})}{p(\psi \mid \mathbf{y},\ \boldsymbol{\tau},\ \mathbf{h},\ \boldsymbol{\phi})} \times \frac{q(\psi)}{q(\psi^c)}\right\}$$

否则，仍然返回 ψ 的值。

步骤（5）：参数 ϕ 的抽样。

最后一步将从 ϕ 的完整条件概率分布中抽样得到。需要注意的是，给定 $\mathbf{y}$ 和 $\boldsymbol{\tau}$，即可计算 $\boldsymbol{\varepsilon}^y = \mathbf{y} - \boldsymbol{\tau}$。进而，方程（2.20）可改写为：

$$\boldsymbol{\varepsilon}^y = \mathbf{X}_{\varepsilon^y}\boldsymbol{\phi} + \mathbf{H}_\psi \mathbf{u},$$

其中，$\mathbf{X}_{\varepsilon^y}$ 是滞后期残差的 $T \times p$ 矩阵，即

$$\mathbf{X}_{\varepsilon^y} = \begin{pmatrix} \varepsilon_0^y & \varepsilon_{-1}^y & \cdots & \varepsilon_{1-p}^y \\ \varepsilon_1^y & \varepsilon_0^y & \cdots & \varepsilon_{2-p}^y \\ \vdots & \vdots & & \vdots \\ \varepsilon_{T-1}^y & \varepsilon_{T-2}^y & \cdots & \varepsilon_{T-p}^y \end{pmatrix}$$

因此，ϕ 为具有移动平均误差的线性回归模型的系数。给定截断正态先验概率分布，ϕ 的完整条件概率密度分布为：

$$(\phi \mid \mathbf{y},\ \boldsymbol{\tau},\ \mathbf{h}) \sim \mathcal{N}(\hat{\phi},\ \mathbf{K}_\phi^{-1})\mathbb{1}(\phi \in \mathbf{A}_\phi)$$

其中，$\mathbf{K}_\phi = \mathbf{V}_\phi^{-1} + \mathbf{X}_{\varepsilon^y}'(\mathbf{H}_\psi \boldsymbol{\Omega}_u \mathbf{H}_\psi')^{-1}\mathbf{X}_{\varepsilon^y}$ 和 $\hat{\phi} = \mathbf{K}_\phi^{-1}(\mathbf{V}_\phi^{-1}\phi_0 + \mathbf{X}_{\varepsilon^y}'(\mathbf{H}_\psi \boldsymbol{\Omega}_u \mathbf{H}_\psi')^{-1}\boldsymbol{\varepsilon}^y)$。之后，即可使用标准的接受 – 拒绝算法从该分布中进行参数的抽样（Koop，2003；Kroese et al.，2011）。

第 3 章
时变系数模型的实时通胀预测组合

3.1 本章概述

在宏观经济指标中，作为重要的核心经济指标，通货膨胀率一直受到世界各国中央银行、科研院所和相关研究机构的密切关注。现如今，能够更为准确地预测未来通胀率，对一国制订和实施其相关货币政策和财政政策，实现本国经济高质量发展显得尤为重要。目前，众多宏观经济主题的相关研究论文都探讨了通货膨胀的时间序列特性，并达成了一定的共识，即通货膨胀的潜在运行趋势与波动性随着时间的推移已发生了很大的变化；但对于哪种方法是拟合通货膨胀动态变化规律的最佳方法，学界还没有形成一致的观点（Chan，2013；Cogley and Sbordone，2008；Koop and Korobilis，2012；Stock and Watson，2007）。[①]

以下为研究通货膨胀较有影响力的几篇论文：斯托克和沃森（2007）表明，仅仅使用通胀率这一单变量的数据来进行模型拟合和预测，其实证结果的准确性已很难超越包含有随机波动率这类已有灵活模型；而在克拉克（Clark，2011）与克拉克和拉瓦佐洛（Clark and Ravazzolo，2015）系统介绍随机波动率模型的开创性研究论文之后，学界普遍认为，要实现通胀率的准确预测，在模型中包含随机波动率已必不可少；陈（2013）将移动平均误差引入斯托克和沃森（2007）的相关模型，他的研究结果表明，

---

① *Copyright* 2018，*John Wiley and Sons.*

如果仅使用通胀率的单一数据，运用单变量模型进行预测，移动平均误差可进一步改进预测结果。概括来说，在运用宏观经济数据进行建模的过程中，将模型包含随机波动率作为默认的假设条件，已被学界广泛接受（Clark and Ravazzolo，2015；D'Agostino et al.，2013；Primiceri，2005）。

多元模型方面，相关的宏观经济学理论已证实，通货膨胀还受到一系列其他重要宏观经济变量的影响。而由弗里德曼（Friedman，1968）首次提出的著名的菲利普斯曲线（Philips curve，PC）就解释了失业率和通货膨胀之间的一些经验关系。不过，菲利普斯曲线模型并不能很好地预测通货膨胀的未来走势，例如，斯托克和沃森（2007）将菲利普斯曲线模型作为参比模型之一。其中一个原因可能是由于这些模型包含了常数项和同方差误差的假设。因此，允许包含常数项的菲利普斯曲线的模型参数随时间变化而变化，其预测性能就有可能会提高。基于此，一些文献已经考察了几种包含时变参数假设的多元模型，例如，科格利和斯博尔多内（Cogley and Sbordone，2008）提出了新凯恩斯菲利普斯曲线，斯特拉和斯托克（Stella and Stock，2013）也研究了状态相关的菲利普斯曲线。本章所介绍的特色模型不仅考虑了时变参数、随机波动率和移动平均误差，还引入了除失业率之外的其他一些宏观经济重要变量作为模型的解释变量。

目前，已经有越来越多的文献运用包含时变参数的菲利普斯曲线模型来预测通货膨胀。例如，科普和科罗比利斯（Koop and Korobilis，2012）提出了动态模型平均（dynamic model averaging，DMA）和动态模型选择（dynamic model selection，DMS）两种模型形式，他们使用了遗忘因子的模型设定来更新时变系数、运用平均模型来解决各变量可能有不同滞后期阶数的问题。陈等（Chan et al.，2012）介绍了时变维度的方法来允许模型维度随时间变化，其核心思路是通过模型在拟合过程中对维度进行自我选择，以解决时变参数模型中参数过于丰富和过拟合的问题，其模型形式也更为简洁。格伦（Groen et al.，2013）使用了贝叶斯模型平均的方法来研究模型回归参数和误差方差的结构性中断。他们的相关结论是：误差方差的结构性中断表现出了更好的预测性能，尤其是 1984 年以后的通胀率。不过，当模型变量的滞后期数大于二，且模型包含多个解释变量时，还需要考虑计算工作量上的限制。例如，如果一个模型最多包含八个解释变量，而每个变量都有可能最多三期滞后，就会有超过四亿个备选模型；而在实际的通货膨胀研究中，通胀率的预测主要使用季度数据，所以大多数模型会考虑使用四期滞后（Clark and Ravazzolo，2015；Cogley and Sargent，2005；Stock and Watson，2007）。

而 DMA 和 DMS 的模型组合结果表明，被赋值较高权重的模型都是模型结构较为简约的模型，模型拟合结果很少会选择包含超过两个解释变量的模型进行预测。因此，本章所介绍的特色模型的每个构成模型都只包含一个解释变量，并包含一到四期滞后期，以便在下一步中构成平均模型。基于单个变量的构成模型显著减少了备选模型的数量，因此，变量的滞后长度增加到四期也不会造成繁重的计算负担。由于构成模型由多个只包含单个解释变量的组成模型构成，所以不必担心模型虽然已经包含了两个以上的解释变量，但仍有可能没有包含更为重要的解释变量。

本章还研究了通货膨胀率与其他解释变量之间在时间上的关系。具体来说，构成模型在模型估计和预测中对解释变量使用当期和往期的数据进行了讨论和对比。在预测中，模型参数估计也使用了当期的实时数据，而不是后期经过大量修改的统计修正数据。事实上，目前已有很多学者使用实时数据进行宏观经济变量的预测，例如，克拉克（2011）使用贝叶斯向量自回归模型的进行宏观经济预测，加勒特等（Garratt et al.，2011）的通货膨胀和产出缺口的预测，加勒特等（2009）的英国货币总量，以及Groen et al.（2013）的贝叶斯模型平均的通货膨胀预测。本章的研究内容参考了这些已有的研究成果，参照张（2019）运用的贝叶斯估计方法，结合实时数据来研究通货膨胀率的变化特点。

在具体预测方法方面，文献主要采取了对各种模型的点预测和密度预测结合，并同时使用"时变权重"和"相等权重"两种权重方法，因为时变权重是否可以一直产生最优的预测结果仍然不是一个确定的答案（Clark and McCracken，2009；Jore et al.，2010；Stock and Watson，2004）。不过，可以肯定的一点是，本章的构成模型在预测结果上，与菲利普斯曲线模型这一传统范式相比，在点预测和密度预测两种方法下都优于单变量模型 DMA 和 DMS，这也说明了构成模型包含一定形式的误差设定的必要性。

本章的其余部分如下进行：第二小节描述了时变系数模型和通货膨胀预测与其他宏观经济变量相结合的组成模型的规范表达式；第三小节简要介绍了什么是实时数据，并使用美国通货膨胀实时数据进行了全样本模型参数估计；第四小节讨论了构成模型、单变量模型、DMA 和 DMS 的点预测和密度预测结果；第五小节得出结论。

3.2　组成部分模型

本章考察的时变系数模型可根据对误差项的假设分为三类模型，包括：（1）误差项为含有固定方差的时变系数模型（time-varying coefficient model，TVC）；（2）包含随机波动特性的时变系数模型（TVC with stochastic volatility，TVC – SV）；（3）包含移动平均和随机波动率的时变系数模型（TVC with moving average and stochastic volatility，TVC – SVMA）。在这三类模型中，每类模型都包含了更为具体的八种模型形式，这八种模型形式为全样本估计提供了对经济活动测度的多样内涵；另外，模型考虑了七个宏观经济重要变量作为分析和预测通胀率的解释变量。具体来说，就是每个通胀率的解释变量都考虑了多种当期和时滞模型结构，包括从一期滞后、二期滞后、三期滞后或四期滞后，以及一到二期滞后、一到三期滞后或一到四期滞后。通过将七个解释变量与所有滞后期结构相结合，再在 TVC、TVC – SV 和 TVC – SVMA 这三类模型中运用平均的方法，以实现对组成模型的构建。

3.2.1　时变系数模型

本小节将首先描述 TVC、TVC – SV 和 TVC – SVMA 的模型范式，然后介绍与通胀率相关的八个变量。

3.2.1.1 含有固定方差的时变系数模型 TVC

在本章中，TVC 模型代指具有时变系数的广义菲利普斯曲线模型，该模型的数学表达式如下所示：

$$y_{t+k} = \beta_{1,t} + \sum_{j=0}^{p} \beta_{2+j,t} x_{t-j} + \varepsilon_t^y, \quad \varepsilon_t^y \sim \mathcal{N}(0, \sigma_y^2) \tag{3.1}$$

$$\boldsymbol{\beta}_t = \boldsymbol{\beta}_{t-1} + \varepsilon_t^\beta, \quad \varepsilon_t^\beta \sim \mathcal{N}(0, \mathbf{Q}) \tag{3.2}$$

$$\boldsymbol{\beta}_t = (\beta_{1,t} \quad \beta_{2,t} \quad \cdots \quad \beta_{n,t})'$$

$$\mathbf{Q}_0 = \begin{pmatrix} \sigma_{0,\beta_1}^2 & \cdots & 0 \\ \vdots & \ddots & \vdots \\ 0 & \cdots & \sigma_{0,\beta_n}^2 \end{pmatrix}, \quad \mathbf{Q} = \begin{pmatrix} \sigma_{\beta_1}^2 & \cdots & 0 \\ \vdots & \ddots & \vdots \\ 0 & \cdots & \sigma_{\beta_n}^2 \end{pmatrix}$$

其中，k 是预测的期数。对于随后的全样本估计小节中，令 k = 0 即可实现模型的参数拟合。需要注意的是，模型表达式中的下标依次为变量系数序数和时间点的顺序（例如，$\beta_{1,t}$ 到 $\beta_{n,t}$ 表示在时间 t 的第 1 到第 n 个系数），而上标表示变量之间的潜在关系（例如，y 的残差为 ε^y）。x_t 是所有解释变量作为向量在时间 t 上的一个分量，它也可以是通胀率或通胀预测变量的滞后值。上述模型表达式同时集合了随时间变化而变化的截距及回归方程系数。

在方程（3.2）中，截距和系数的假设遵循了克拉克和拉瓦佐洛（2015）；克拉克（2011）关于独立的随机游走模型假设。该模型范式通过增加了允许模型系数随时间逐渐演变的前提假设，较好地拟合了通胀率与其他解释变量之间随时间推移而缓慢变化的动态关系。在艾克森和奥海宁（Atkeson and Ohanian，2001）的研究中，他们认为菲利普斯曲线模型与随机游走模型相比，在预测通货膨胀时表现欠佳。需要注意的是，他们所采用的菲利普斯曲线模型都是固定系数，结果表明，这类菲利普斯曲线模型在某些特定历史时期的表现还不如模型形式最简单的随机游走预测。在本章关于通胀率的预测结果小节中，可以观察到，模型系数随时间变化的菲利普斯曲线模型比具有固定系数的曲线模型表现更好。

模型中 $\mathbf{Q}_0$ 和 $\mathbf{Q}$ 分别为 $\boldsymbol{\beta}_0$ 和 $\boldsymbol{\beta}_t$ 的协方差矩阵，且均为对角矩阵。这一模型假设表明，$\beta_{1,t} \cdots \beta_{n,t}$ 均具有各自独立的白噪声残差分布，其均值为

零，方差分别为 $\varepsilon_t^{\beta_1}$，$\cdots$，$\varepsilon_t^{\beta_n}$。ε_t^y 和 ε_t^β 都含有固定方差。

3.2.1.2　包含随机波动率的时变系数模型 TVC – SV

参考已有文献，包含随机波动率的时变系数模型 TVC – SV 是通过扩展模型（3.1）和模型（3.2）的残差项为随机波动而得到的（Groen et al.，2013）：

$$y_{t+k} = \beta_{1,t} + \sum_{j=0}^{p} \beta_{2+j,t} x_{t-j} + \varepsilon_t^y，\quad \varepsilon_t^y \sim \mathcal{N}(0，e^{h_t}) \tag{3.3}$$

$$h_t = h_{t-1} + \varepsilon_t^h，\quad \varepsilon_t^h \sim \mathcal{N}(0，\sigma_h^2) \tag{3.4}$$

$$\boldsymbol{\beta_t} = \boldsymbol{\beta_{t-1}} + \varepsilon_t^\beta，\quad \varepsilon_t^\beta \sim \mathcal{N}(\mathbf{0}，\mathbf{Q}) \tag{3.5}$$

其中，模型参数 β_t 和 ε_t^β 的假设与 TVC 模型假设相一致，只是 ε_t^y 的方差值是随时间变化的。具体而言，ε_t^y 的方差的对数由随机波动参数 h_t 控制。方程（3.4）显示了随机波动率参数随时间变化而演化的过程，即 h_t 随时间的演变路径为随机游走模式。该方程也可以看作是整个模型的瞬时波动率分量。另外，方程（3.4）中对数波动率的初始值由 $h_1 \sim \mathcal{N}(0，\sigma_{0h}^2)$ 给定。

3.2.1.3　包含滑动平均随机波动率的时变系数模型 TVC – SVMA

这一模型是基于陈（2013）的模型框架、通过进一步扩展 TVC – SV 模型的残差部分而得到的。TVC – SVMA 模型的数学表达式具体如下：

$$y_{t+k} = \beta_{1,t} + \sum_{j=0}^{p} \beta_{2+j,t} x_{t-j} + \varepsilon_t^y \tag{3.6}$$

$$\boldsymbol{\beta_t} = \boldsymbol{\beta_{t-1}} + \varepsilon_t^\beta，\quad \beta_1 \sim \mathcal{N}(\mathbf{0}，\mathbf{Q_0})，\quad \varepsilon_t^\beta \sim \mathcal{N}(\mathbf{0}，\mathbf{Q}) \tag{3.7}$$

$$\varepsilon_t^y = \omega_t + \psi_1 \omega_{t-1} + \cdots + \psi_q \omega_{t-q}，\quad \omega_t \sim \mathcal{N}(0，e^{h_t}) \tag{3.8}$$

$$h_t = h_{t-1} + \varepsilon_t^h，\quad \varepsilon_t^h \sim \mathcal{N}(0，\sigma_h^2) \tag{3.9}$$

其中，模型参数 $\boldsymbol{\beta_t}$ 和 ε_t^β 的假设与 TVC 的模型假设相一致，方程（3.8）给出了移动平均误差的方程式。方程（3.8）可变形为包含滞后算子 L 的多项式表达式：

$$\varepsilon_t = \psi(L) u_t$$

其中，$\psi(L) = 1 + \psi_1 L + \cdots + \psi_q L^q$。为便于识别，该模型包含假设：$\psi(L)$ 多项式所有的根都在单位圆之外。为简单起见，模型包含进一步的假设：$q = 1$。

3.2.2 通货膨胀率预测

如前所述，以上三类时变系数模型 TVC、TVC – SV 和 TVC – SVMA 均使用八个重要宏观经济变量作为解释变量，应用于通货膨胀率的模型拟合与预测，所有变量均使用实时数据。这八个宏观经济变量的选取方法主要考虑了变量的重要性和实时数据的可得性。变量的选取具体参考了格伦等（Groen et al.，2013）中使用的通胀率解释变量，包括实体经济活动变量，以及名义变量（M2）。本章所用的实时通胀预测指标数据均来自费城联邦储备银行的宏观经济学家实时数据集（real-time data set for macroeconomists，RTDSM）数据库。这 8 个重要宏观经济变量通胀预测指标是：

（1）实际失业率（real unemployment rate，UR）；

（2）制造业实际产能利用率（real capacity utilization rate in manufacturing，CUR）；

（3）新建房开工率（housing starts，HSTS）；

（4）实际商品和服务进口量（real imports of goods and services，IMP）；

（5）M2 货币增长率（M2 growth rate，M2）；

（6）实际耐用消费增长（real durable consumption growth，RCON）；

（7）实际住宅投资（real residential investment，RINV）；

（8）实际产出增长（real output growth，ROUT）。

在这 8 个解释变量中，前 7 个变量均为实际经济活动变量，最后一个为名义经济活动变量。

3.2.3 滞后结构模型

每个通胀率解释变量都被运用到具有不同形式的滞后结构模型中：同

时期或作为领先指标的通胀率解释变量（包括领先一期，即一个季度、领先二期，即半年、领先三期，即三个季度，以及领先四期，即一年）。同时，滞后结构模型还包含不同数量的滞后期，如模型（3.16）同时包含了解释变量的滞后一期和二期两组数据。具体而言，滞后结构模型如下所示：

$$y_{t+k} = \beta_{1,t} + \beta_{2,t} x_t + \varepsilon_t^y \tag{3.10}$$

$$y_{t+k} = \beta_{1,t} + \beta_{2,t} x_{t-1} + \varepsilon_t^y \tag{3.11}$$

$$y_{t+k} = \beta_{1,t} + \beta_{2,t} x_{t-2} + \varepsilon_t^y \tag{3.12}$$

$$y_{t+k} = \beta_{1,t} + \beta_{2,t} x_{t-3} + \varepsilon_t^y \tag{3.13}$$

$$y_{t+k} = \beta_{1,t} + \beta_{2,t} x_{t-4} + \varepsilon_t^y \tag{3.14}$$

$$y_{t+k} = \beta_{1,t} + \sum_{j=0}^{1} \beta_{2+j,t} x_{t-j} + \varepsilon_t^y \tag{3.15}$$

$$y_{t+k} = \beta_{1,t} + \sum_{j=0}^{2} \beta_{2+j,t} x_{t-j} + \varepsilon_t^y \tag{3.16}$$

$$y_{t+k} = \beta_{1,t} + \sum_{j=0}^{3} \beta_{2+j,t} x_{t-j} + \varepsilon_t^y \tag{3.17}$$

$$y_{t+k} = \beta_{1,t} + \sum_{j=0}^{4} \beta_{2+j,t} x_{t-j} + \varepsilon_t^y \tag{3.18}$$

其中，参数 k 的含义与模型（3.11）相同。这样，每个解释变量共有 9 个滞后结构模型，它们也是平均模型的组成模型。由于这 9 个组成模型中均包含时变系数，这让模型随时可以更新解释变量系数，进而使逐步更新估计通胀率所用的信息集成为可能。

3.2.4　先验分布

由于每个组成模型都包含了具有不确定性因素的参数，模型参数的估计方法仍采用贝叶斯参数估计法。模型中参数的初始值的先验概率设置如下：假设截距项和变量系数的初始值的先验概率均为是正态分布：$\beta_{1,1} \sim \mathcal{N}(\beta_{1,0}, V_{\beta_1})$，$\beta_{2,1} \sim \mathcal{N}(\beta_{2,0}, V_{\beta_2})$，$\cdots$，$\beta_{j,1} \sim \mathcal{N}(\beta_{j,0}, V_{\beta_j})$，$\cdots$，以及 $\beta_{n,1} \sim \mathcal{N}(\beta_{n,0}, V_{\beta_n})$，其中 $j = 3, \cdots, n-1$。令 $\beta_{1,0} = 5$，$\beta_{2,0} = -0.2$，$\beta_{j,0} = -0.1$，$V_{\beta_1} = 2$，$V_{\beta_2} = 0.2$，以及 $V_{\beta_j} = 0.1$。$\beta_{j,1}$ 的先验正态分布均值设置为较小的值，这包含了协方差中所含通胀率初始条件的信息量较少的假设。

进而，假设方差 $\sigma_{\beta_1}^2$，$\sigma_{\beta_2}^2$，$\cdots$，$\sigma_{\beta_n}^2$ 和协方差矩阵 Q 中的元素中关于 β 的假设有独立的逆伽马先验概率：$\sigma_{\beta_1}^2 \sim \mathcal{IG}(\nu_{\beta_1}, S_{\beta_1})$，$\sigma_{\beta_2}^2 \sim \mathcal{IG}(\nu_{\beta_2}, S_{\beta_2})$，和 $\sigma_{\beta_3}^2 \sim \mathcal{IG}(\nu_{\beta_3}, S_{\beta_3})$。为了使方差的先验概率所含信息量更为模糊，先验概率的方差取值较大，而自由度参数的取值较小：$\nu_{\beta_1} = \nu_{\beta_2} = \nu_{\beta_i} = 10$。逆伽马分布的尺度参数取值为 $S_{\beta_1} = 2$，$S_{\beta_2} = 0.2$，$S_{\beta_j} = 0.1$，这使得其先验概率分布的均值是 $E(\sigma_{\beta_1}^2) = 0.22$，$E(\sigma_{\beta_2}^2) = 0.22$，$E(\sigma_{\beta_j}^2) = 0.22$。先验概率分布的均值表明参数以期望的平滑度从一种时间状态过渡到下一种时间状态。

随机波动率参数初始值 h_t 的先验概率分布假设也服从正态分布：$h_1 \sim \mathcal{N}(h_0, V_h)$ 和 $\sigma_h^2 \sim \mathcal{IG}(\nu_{\sigma_h}, S_{\sigma_h})$，其中 $h_0 = 0$，$V_h = 0.05$，$\nu_h = 10$，以及 $S_h = 0.45$，因此有 $\sigma_h^2 = 0.05$ 的先验概率分布的平均值。

最后，假设 MA(1) 系数 ψ 的先验概率分布为 Chan（2013）中的截断正态先验概率：$\psi \sim \mathcal{N}(\psi_0, V_\psi)\mathbb{1}(|\psi| < 1)$，其中，$\psi_0 = 0.9$，以及 $V_\psi = 1$。附录 3A 提供了关于贝叶斯估计方法与步骤的详细说明。

3.3　全样本估计

在分析预测结果之前，本小节将先描述实时数据，再分析对模型参数拟合后得到的后验概率分布结果。对于全样本模型参数拟合结果，文中仅提供了 TVC – SVMA 模型的实证分析结果，这其中包括 8 个潜在通货膨胀解释变量的后验概率估计结果。全样本模型参数估计具体使用了 2014 年第二季度 Q2 发布的实时经济数据，数据的时间跨度为：1960 年 Q2 到 2014 年 Q1。以下为实时数据的简要介绍。

3.3.1　实时数据

本书使用由费城联邦储备银行编制的综合实时数据集（RTDSM），如克鲁肖和斯塔克（Croushore and Stark，2001，2003）文章中所述，历史宏观经济数据通常会由于各种原因而进行大量的修正。因此，如果学者想在历史的时间点使用实时数据进行模型拟合和预测，就需要使用实时数据，而不是使用最新的已经修正过的数据。在实际研究中，可使用第二期公布的上一期数据作为变量的实际值与模型估计值进行比照。这是因为根据科拉迪（Corradi et al.，2009）所提供的实证分析结果表明，第二期数据经过修订统计错误，其错误的概率集中在零附近，结果比第一期数据错误率低，后者是均值不为零的正态分布。举例来说，在本章的实际应用中，模型的参数估计使用了 2000 年 Q2 公布的数据，该数据只包含到 2000 年 Q1 数据，随后在预测步骤，该数据可对 2000 年 Q2 的通胀率做出未来一期的预测，并与实际值进行比对，进而计算预测误差。而 2000 年 Q2 的第一个实际值在 2000 年 Q3 公布的数据中，第二个实际值在 2000 年 Q4 公布的 1959 年 Q1 至 2000 年 Q3 时间序列中。

在模型拟合中，所有变量涉及的数据起始点均为 1960 年 Q2，因为 1959 年 Q2 到 1960 年 Q1 这一时间段被保留作为第一个时间点的变量的滞后阶数。本章所采用的美国通胀指数由个人消费支出（personal consumption expenditure price index，PCE）平减指数计算得到，而不是消费者物价指数（consumer price index，CPI）。主要是考虑 CPI 实时数据的第一个可用时间点为 1994 年 Q3，与 PCE 比较数据的时间跨度过小，本书可以早在 1985 年 Q3 就采用了年份。因此，将 1985 年 Q3 年份发布的 1960 年 Q2 至 1985 年 Q2 的数据视为第一个评估时间段，最后一个年份为 2014 年 Q2，因此当得到 2014 年 Q1 的预测结果时，预测计算结束。

在本章中，所有的宏观经济通胀率预测变量都是季度指标，或被转换成季度变化的百分比来衡量的。对于月度数据的变量，季度指标是其每季度内的平均值。特别的，季度通货膨胀率 y_t 是通货膨胀平减指数一阶差分的对数：

$$y_t = 400 \times \log(\mathrm{PCE}_t / \mathrm{PCE}_{t-1})$$

以下介绍各个解释变量具体含义和转换方法：季度数据 UR 是失业人数占劳动力的百分比，可以在费城联邦储备银行的综合实时数据集（RTDSM）中获得。之后的估计与预测部分都是用的失业率的当年初始数据；制造业产能利用率 CUR 是月度数据，为了得到其真实产能利用率的季度数据，使用的方法具体是先将原始的月度数据转换为当季季度的平均值，然后取一阶差分再求对数来衡量其产能利用率的季度变化；新建房开工率 HSTS 也是月度数据，只是这一变量的季度数据是通过取二阶差分再取对数而转换得到的。月度数据 M2 的季度增长率的转换方式与制造业的实际产能利用率方法相同，不过 M2 数据从 1981 年 Q1 到 1981 年 Q2 数据缺失，所以这部分缺失的数据被替换为 1981 年 Q3 当年发布的从 1959 年 Q2 到 1981 年 Q1、1981 年 Q2 数据；对于商品和服务的实际进口价格指数 IMP，由于原始数据就是季度价格指数，因此其季度通胀率可直接取自然对数来进行计算；对于实际耐用消费品价格 RCON 的增长率，其季度数据是通过对原始数据的一阶差分取对数来得到的；而实际居民投资 RINV 和实际产出增长 ROUT，由于其原始数据是季度数据，可直接采用与商品和服务实际进口价格指数 IMP 相同的方法进行转换来计算其实际增长率。

3.3.2 全样本数据的估计结果

本部分全样本数据的估计结果分别为时变系数模型 TVC – SVMA 基于上述 PCE 与其 8 个通胀率解释变量的模型估计结果。具体而言，全样本估计结果是基于 2014 年第二季度发布的相关数据。结果中各参数的后验概率均值和百分位数均基于 5000 次抽样准备和 25000 次正式抽样的 MCMC 算法。下图描绘了时变参数 β_1、β_2 和 $\exp(h/2)$ 的后验概率的均值以及 5% ～ 95% 估计结果的概率分布范围。每个图的右下图还绘制了 TVC – SVMA 的移动平均参数 ψ 的后验概率密度，估计结果均基于方程（3.10），方程中 $k = 0$。

图 3.1 显示了通胀率的解释变量为失业率 UR 时变模型系数的后验概率估计结果。显然，系数 β_2 的后验平均值在全样本所考察的时期里均为正，考虑到菲利普斯曲线通常描述了通货膨胀与失业率之间的负相关关系，这样的结果不符合一般结论；此外，截距项 β_1 和系数 β_2 的 5% ～ 95% 置信区间始终包含零。因此，模型在估计中还需引入其他变量作为通

货膨胀率的解释变量。

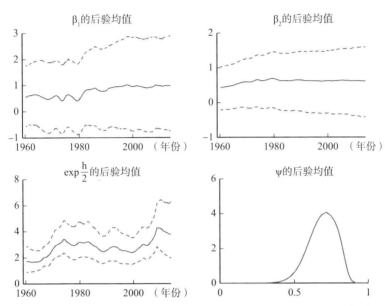

图 3.1　解释变量为失业率 UR 时 TVC – SVMA 的相关系数后验概率估计结果

由图 3.2 ~ 图 3.8 可以看出，参数 β_1、β_2 和 $\exp(h/2)$ 的所有后验概率均值均表现出随时间变化的特点，特别是对数 h 的时间波动性。这与文献中关于通货膨胀波动率随时间变化而显著变化的发现相一致（Chan，2013；Primiceri，2005；Stock and Watson，2007）。另外，所有模型的移动平均参数 ψ 的后验概率密度的大部分数值都远离零，表明所有估计结果中的移动平均误差在描述通胀率的动态变化方面起到了重要作用。

这些时变参数的后验概率均值的结果可与已有的研究通货膨胀的时变模型结果的相关文献相比照（Cogley and Sargent，2005；Groen et al.，2013；Primiceri，2005）。相关参数估计结果的可信区间均远离零，表明模型的截距和系数在 TVC – SVMA 模型中均为显著。考虑到失业率的季度变化是由失业率取自然对数计算得到，数据本身也呈现出更稳定且波动性更小的特性。此外，系数的正值表明这 7 个通货膨胀解释变量均与通胀率呈正相关。可以看到，几乎所有的系数都在 1979 年左右在数值上达到了最高

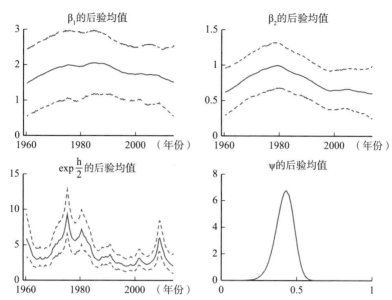

图 3.2　解释变量为制造业实际产能利用率 CUR 时 TVC – SVMA 的
相关系数后验概率估计结果

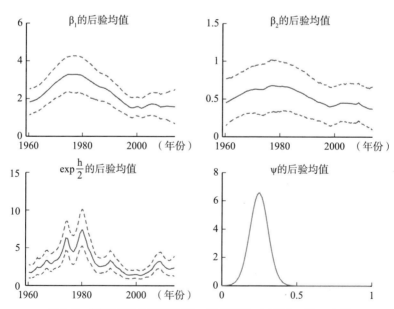

图 3.3　解释变量为新建房开工率 HSTS 时 TVC – SVMA 的
相关系数后验概率估计结果

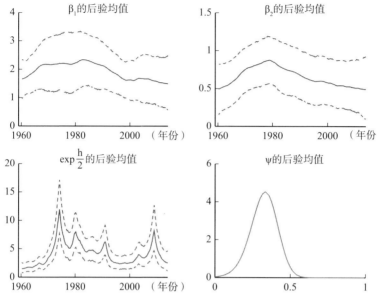

图 3.4 解释变量为实际商品和服务进口量 IMP 时 TVC – SVMA 的相关系数后验概率估计结果

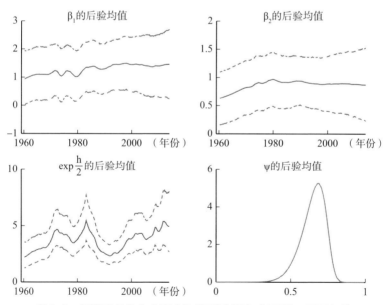

图 3.5 解释变量为失业率 M2 货币增长率时 TVC – SVMA 的相关系数后验概率估计结果

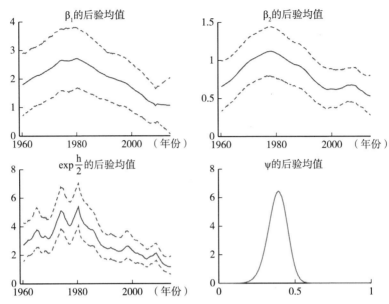

图 3.6   解释变量为实际耐用消费增长 RCON 时 TVC-SVMA 的
相关系数后验概率估计结果

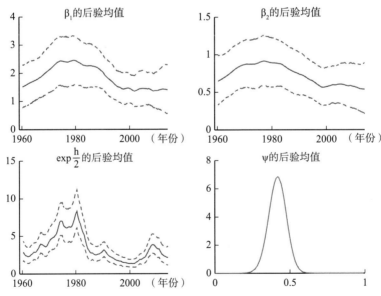

图 3.7   解释变量为实际住宅投资 RINV 时 TVC-SVMA 的
相关系数后验概率估计结果

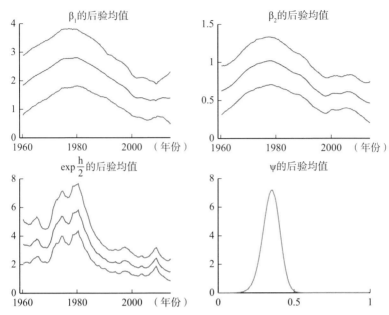

图 3.8　解释变量为实际产出增长 ROUT 时 TVC – SVMA 的

相关系数后验概率估计结果

点，一部分系数在 2007 年左右达到了第二个峰值。尽管在 TVC – SVMA 模型下，所有 8 个系数都表现出时变特性，但它们所呈现的时变特性的程度并不一样。例如，HSTS 和 M2 的截距 β_1，以及 CUR 和 M2 的系数 β_2 与其他变量相比，曲线更为平坦，这意味着通货膨胀与这些变量之间的系数随时间推移而相对较为稳定。

模型残差 $\exp(h/2)$ 估计值的标准差也表现出显著的时间变化特性，这表明在通货膨胀率的建模中包含随机波动参数的重要性。回归结果也表明，$\exp(h/2)$ 可以成功捕捉到 20 世纪 70 年代~80 年代初通货膨胀率的剧烈波动特征，也能从图 3.1 中反映出 2007 年的金融危机。虽然本章模型引入解释变量，模型含有时变系数，但 $\exp(h/2)$ 的估计结果仍然与陈（2013）的研究中通胀率单变量模型中随机波动参数的估计结果相类似。只是由于考察的时间段不一致，使得通货膨胀率解释变量的估计结果的方差范围也不一致。例如，IMP 的最大方差值超过 15，而 M2 的最大方差值不超过8。几乎所有的方差结果都显示，它们在1980年之前有两个峰值，在2007年左右有一个峰值，而CUR、HSTS、IMP和RINV的结果表明，它们在1990年左右还有一个较小的峰值。

图3.2~图3.8中右下图的移动平均参数ψ的后验概率密度分布显示，没有一个移动平均密度的值均集中在零附近。这表明移动平均参数对于TVC-SVMA模型是必要参数。此外，ψ的值进一步表明模型误差项是正自相关的。这一强有力的实证证据也说明，所有解释变量的移动平均参数ψ在TVC-SVMA中都是显著的。

根据全样本估计结果，7个解释变量的相关模型都给出了合理的后验估计结果，并呈现出与通货膨胀率的多种关系形式，估计结果显著证实了模型包含时变参数、随机波动率和移动平均参数的必要性。这些包含各个解释变量的模型随后将构成组成模型，并用于通胀率的预测研究。考虑到有8个变量和9个构成模型，因此组成模型可以看作包含了63个组成模型。

3.4　美国通胀实时预测

通货膨胀率的预测分析数据分为两部分：第一部分数据用于模型参数估计，从1960年Q2到1985年Q2，第二部分数据用于预测，时间跨度为1985年Q3到2014年Q1。模型的参数估计窗口是一个滚动窗口，该窗口在估计1985年Q2及之后的模型参数时都保持相等的时间跨度，即通过添加下一期数据和删除最旧的数据来保持与1960年Q2到1985年Q2相同的窗口长度。模型预测的范围为一个季度、一年、两年和四年（$k=1$，4，8和16）。在1、4、8和16期预测中，y_{t+1}，…，y_{t+16}的计算公式为方程（3.10）~方程（3.18）。

本书还通过加权平均法将来自不同模型的预测结果进行预测组合。具体来说，就是使用根据以往历史预测表现而计算得到的递归权重对模型进行平均法预测（Garratt et al.，2011；Jore et al.，2010），这使得模型的加权平均的权重可以在后续年份依期逐一评估。

在接下来的预测分析部分中，模型平均的计算是基于上一小节讨论的三类含有不同误差项设定的时变系数模型，并指定了误差项。包含 7 个宏观经济变量的各种滞后形式是预测组合的具体组成模型［参见方程（3.10）~ 方程（3.18）］。由于模型平均不是选择单个模型，故不需要使用贝叶斯模型选择准则（Bayesian information criterion，BIC）或偏差信息准则（deviance information criterion，DIC）来确定最优的预测模型。模型平均法可能不会一直保持预测结果良好，但还是会给予具有更好预测性能的模型以更多的权重。

3.4.1　竞争模型列表

在关于通货膨胀的预测文献中，学者们已发现随机波动率是通胀率预测模型的重要组成部分，为进一步确定移动平均随机波动率是否可以改善一般化的菲利普斯曲线模型的预测结果，本小节预测分析部分将重点考察以下三类模型：TVC，TVC – SV 和 TVC – SVMA。

为便于与已有研究对比分析，竞争模型中还考察了其他几种模型，包括具有随机波动率的不可观测分量模型（UC – SV）、具有移动平均随机波动率的不可观测分量模型（UC – SVMA）、动态模型平均（DMA）和动态模型选择（DMS）。具体来说，UC – SV（Stock and Watson，2007）和 UC – SVMA Chan（2013）都是文献中关于通胀率预测中表现良好的单变量模型。DMA 和 DMS（Koop and Korobilis，2012）采用遗忘因子策略实现了预测结果的显著改进，其时变波动率是通过指数加权移动平均进行估计而得到的。以下为竞争模型的数学表达式：

（1）含有随机波动率的不可观测分量模型（UC – SV）：

$$y_t = \tau_t + \varepsilon_t^y, \quad \varepsilon_t^y \sim \mathcal{N}(0, e^{h_t^y})$$

$$\tau_t = \tau_{t-1} + \varepsilon_t^\tau, \quad \varepsilon_t^\tau \sim \mathcal{N}(0, e^{h_t^\tau})$$

$$h_t^y = h_{t-1}^y + \varepsilon_t^{hy}, \quad h_1^y \sim \mathcal{N}(0, \sigma_{0h^y}^2), \quad \varepsilon_t^{hy} \sim \mathcal{N}(0, \sigma_{h^y}^2)$$

$$h_t^\tau = h_{t-1}^\tau + \varepsilon_t^{h\tau}, \quad h_1^\tau \sim \mathcal{N}(0, \sigma_{0h^\tau}^2), \quad \varepsilon_t^{h\tau} \sim \mathcal{N}(0, \sigma_{h^\tau}^2)$$

（2）具有移动平均随机波动率的不可观测分量模型（UC – SVMA）：

$$y_t = \tau_t + \varepsilon_t^y, \quad \varepsilon_t^y \sim \mathcal{N}(0, \ e^{h_t})$$

$$\tau_t = \tau_{t-1} + \varepsilon_t^\tau, \quad \varepsilon_t^\tau \sim \mathcal{N}(0, \ \sigma_\tau^2)$$

$$\varepsilon_t^y = u_t + \psi_1 u_{t-1} + \cdots + \psi_q u_{t-q}, \quad u_t \sim \mathcal{N}(0, \ e^{h_t})$$

$$h_t = h_{t-1} + \varepsilon_t^h, \quad h_1 \sim \mathcal{N}(0, \ \sigma_{0h}^2), \quad \varepsilon_t^h \sim \mathcal{N}(0, \ \sigma_h^2)$$

（3）不含随机波动性的时变系数模型（TVC），$\beta_{2,t} x_t$ 可以根据方程（3.10）~方程（3.18）逐一替换：

$$y_{t+k} = \beta_{1,t} + \beta_{2,t} x_t + \varepsilon_t^y, \quad \varepsilon_t^y \sim \mathcal{N}(0, \ \sigma_y^2)$$

$$\beta_t = \beta_{t-1} + \varepsilon_t^\beta, \quad \beta_1 \sim \mathcal{N}(0, \ Q_0), \quad \varepsilon_t^\beta \sim \mathcal{N}(0, \ Q)$$

（4）具有随机波动率的时变系数模型（TVC – SV），$\beta_{2,t} x_t$ 可以根据方程（3.10）~方程（3.18）逐一替换：

$$y_{t+k} = \beta_{1,t} + \beta_{2,t} x_t + \varepsilon_t^y, \quad \varepsilon_t^y \sim \mathcal{N}(0, \ e^{h_t})$$

$$\beta_t = \beta_{t-1} + \varepsilon_t^\beta, \quad \beta_1 \sim \mathcal{N}(\mathbf{0}, \ Q_0), \quad \varepsilon_t^\beta \sim \mathcal{N}(\mathbf{0}, \ Q)$$

$$h_t = h_{t-1} + \varepsilon_t^h, \quad h_1 \sim \mathcal{N}(0, \ \sigma_{0h}^2), \quad \varepsilon_t^h \sim \mathcal{N}(0, \ \sigma_h^2)$$

（5）具有移动平均随机波动率的时变系数模型（TVC – SVMA），为简单起见，令滞后阶数 ψ 等于 1，$\beta_{2,t} x_t$ 可以根据方程（3.10）~方程（3.18）逐一替换：

$$y_{t+k} = \beta_{1,t} + \beta_{2,t} x_t + \varepsilon_t^y$$

$$\beta_t = \beta_{t-1} + \varepsilon_t^\beta, \quad \beta_1 \sim \mathcal{N}(0, \ \mathbf{Q_0}), \quad \varepsilon_t^\beta \sim \mathcal{N}(0, \ \mathbf{Q})$$

$$\varepsilon_t^y = \omega_t + \psi \omega_{t-1}, \quad \omega_t \sim \mathcal{N}(0, \ e^{h_t})$$

$$h_t = h_{t-1} + \varepsilon_t^h, \quad h_1 \sim \mathcal{N}(0, \ \sigma_{0h}^2), \quad \varepsilon_t^h \sim \mathcal{N}(0, \ \sigma_h^2)$$

（6）动态模型平均（DMS）与 TVC 具有相同的模型结构，但所有通货膨胀解释变量同时在一个模型里。模型平均也是由 7 个解释变量在方程（3.10）~方程（3.18）的模型参数一起估计实现的。在预测研究部分，通胀率的滞后阶数主要考虑了零期滞后和一期滞后，由于前文讨论过的计算负担，解释变量的滞后阶数最多考虑到两期。

（7）动态模型选择（DMS）使用与 DMA 相同的策略，但在每个时间点只选择一个模型。

3.4.2　预测指标

本节所用到的评估预测指标包括：绝对平均值预测误差（the mean absolute forecast error，MAFE）和似然对数预测平均值（the average of log predictive likelihoods，ALPL），它们分别被用于点预测和密度预测结果的评估。

具体而言，MAFE 是计算实际值与预测值之间差值的绝对值来评估预测结果的准确性，被用于测量点预测的准确性。滚动窗口 MAFE 的数学表达式为：

$$\text{MAFE}_{k,i} = \frac{1}{T - T_0 - k + 1} \sum_{t=1}^{T-T_0-k+1} \left| \hat{y}_{T_0+t+k-1,i} - y^0_{T_0+t+k-1} \right|$$

其中，$\hat{y}_{T_0+t+k-1,i}$ 是模型 i 的向前 k 期的点预测，$y^0_{T_0+t+k-1}$ 是通胀率在时间点 $T_0+t+k-1$ 上的实际通胀率。在实践中，更小的 MAFE 数值意味着更好的点预测表现。

对于密度预测，ALPL 可以给出预测密度质量的平均评价，被用于评价密度预测的预测性能。似然对数预测平均值的滚动窗口的数学表达式为：

$$\text{ALPL}_{k,i} = \frac{1}{T - T_0 - k + 1} \sum_{t=1}^{T-T_0-k+1} \text{logp}\left(\hat{y}^0_{T_0+t+k-1,i} = y_{T_0+t+k-1} \mid \mathbf{y}_{1:T_0+t} \right)$$

该数学表达式可以被看作是对样本数据向外预测的结果的估计似然值进行总体平均表现评估（Geweke，1999），这一预测指标被用来描述各竞争模型的密度预测表现。因此，ALPL 通常对政策制定者和预测领域的学者非常有吸引力。在实践中，更大的 ALPL 数值意味着更好的密度预测结果。

3.4.3　预测组合

点预测方法同时考察了两种模型平均法，即恒等权重和随时间变化的权重。参考斯托克和沃森（2004）文中关于通过计算均方预测误差来计算各构成模型的组合权重方法，第一步是使用包含前 40 个时间点的窗口宽度数据来计算 MAFE，对应不同预测期数 k 和不同模型范式（包括 TVC，TVC – SV，和 TVC – SVMA），MAFE 在 $T_0 + t$ 计算公式具体为

$$MAFE_{T_0+t, T_0+t+k, i} = \sum_{\tau = T_0+t-40}^{T_0+t-1} | y_\tau - \hat{y}_{\tau, i} |$$，其中 i 为某个通货膨胀率预测的解

释变量相对应的模型组合中的一个构成模型。最后，基于点预测模型平均的逆绝对预测误差的时变权重由以下表达式计算得到：

$$\hat{w}_{T_0+t, T_0+t+k, i}^{MAFE} = \frac{\dfrac{1}{MAFE_{T_0+t, T_0+t+k, i}}}{\sum_{j=1}^{N} \left(\dfrac{1}{MAFE_{T_0+t, T_0+t+k, i}} \right)}$$

其中，N 是通货膨胀模型中解释变量的总数。权重 $\hat{w}_{T_0+t, T_0+t+k, i}^{MAFE}$ 都是非负数，其和为一。每个模型的权重值会随着整个预测评估期内的递归预测的表现变化而变化。

因此，TVC，TVC – SV 和 TVC – SVMA 这三类时变系数模型在 k 期对通胀率的预测组合值可计算如下：

$$\hat{y}_{T_0+t, T_0+t+k}^{comb-MAFE} = \sum_{i=1}^{N} (\hat{w}_{T_0+t, T_0+t+k, i}^{MAFE} \cdot \hat{y}_{T_0+t, T_0+t+k, i})$$

对于密度预测组合，除了使用相等的权重外，预测组合还考虑了一种基于模型预测性能表现的计算方法。具体而言，就是运用预测似然乘积（the products of predictive likelihoods，PPL）来计算密度组合的权重，其滚动窗口也为 40 个时间点（Chan et al.，2012）。也就是说，给定时间点 $T_0 +$ t，模型 i 的权重 $\hat{w}_{T_0+t, T_0+t+k, i}^{APLPL}$ 与 $\prod_{\tau = T_0+t-k-40}^{T_0+t-k} P(y_{\tau+k} = y_{\tau+k}^0 | y_{1:T_0+t})$ 的这一乘积

结果成正比。由于已对权重进行了标准化，所有权重的和也为一。由于预测评估使用了 ALPL 指标，密度预测组合值就使用了基于每个竞争模型的对数预测可能性的线性组合进行计算。那么对于 k 期预测，TVC，TVC – SV 和 TVC – SVMA 这三类时变系数模型的预测组合值可计算如下：

$$\hat{y}_{T_0+t, T_0+t+k}^{comb-ALPL} = \sum_{i=1}^{N} (\hat{w}_{T_0+t, T_0+t+k, i}^{APLPL} \cdot \hat{y}_{T_0+t, T_0+t+k, i})$$

3.4.4　预 测 结 果

　　表 3.1 总结了 PCE 平减指数通货膨胀率的点预测和密度预测结果。预测结果依据竞争模型特点分为三大块，包括不可观测分量模型、时变系数模型组合，以及动态模型平均和动态模型选择。

表 3.1　　　　　　　　　　PCE 通胀率实时预测结果

模型	MAFE				ALPL			
	k = 1	k = 4	k = 8	k = 16	k = 1	k = 4	k = 8	k = 16
UC – SV	0.94	1.12	1.18	1.23	− 1.64	− 1.81	− 1.88	− 1.96
UC – SVMA	1.07	1.24	1.45	1.26	− 1.74	− 1.88	− 2.11	− 1.96
时变权重								
TVC	0.94	1.06	1.11	1.09	0.48	0.96	1.17	1.54
TVC – SV	0.94	1.09	1.16	1.14	1.90	1.93	1.93	2.18
TVC – SVMA	0.93	1.09	1.17	1.16	1.90	1.90	1.97	2.16
相等权重								
TVC	0.95	1.06	1.10	1.10	0.46	0.63	0.86	1.00
TVC – SV	0.95	1.09	1.16	1.14	0.75	1.03	1.26	1.51
TVC – SVMA	0.95	1.09	1.16	1.15	0.73	1.05	1.28	1.54
DMA(1, 0)	1.34	1.75	1.74	1.48	− 2.06	− 1.94	− 2.17	− 2.80
DMS(1, 0)	1.50	1.78	1.83	1.64	− 1.72	− 1.73	− 1.95	− 2.61
DMA(1, 1)	1.78	1.72	1.67	1.76	− 1.83	− 1.93	− 2.16	− 2.69
DMS(1, 1)	1.93	1.80	1.81	2.04	− 1.56	− 1.59	− 1.79	− 2.37
DMA(2, 0)	1.92	1.79	1.83	1.53	− 1.73	− 1.82	− 2.08	− 2.73
DMS(2, 0)	2.00	1.88	1.89	1.70	− 1.54	− 1.61	− 1.85	− 2.52
DMA(2, 1)	1.95	1.82	1.82	1.73	− 1.68	− 1.80	− 2.03	− 2.58
DMS(2, 1)	2.05	1.87	1.96	2.05	− 1.42	− 1.49	− 1.70	− 2.29

在表3.1中，实时预测的结果表明，基于时变系数模型的预测组合在点预测和密度预测两方面的表现，均优于单变量模型 UC - SV 和 UC - SVMA。因此，使用其他宏观经济重要变量作为预测的解释变量，结合不同的变量滞后期结构，可以提高对通胀率的预测准确性。这一结果也支持了科普和科罗比利斯（2012）的结论，即在对通货膨胀率的预测中，允许模型参数随时间变化而变化，是比其他模型范式或组成更重要的模型假设。

同时，点预测和密度预测的结果都表明，TVC 模型在时变权重和相等权重下都有最好的预测表现。对于所有三类时变系数模型（TVC、TVC - SV、和 TVC - SVMA），时变权重和相等权重具有相似的预测表现。这些结果与文献中关于相同权重的预测性能可能不会比随时间变化的权重更差的发现相一致（Clark and McCracken，2009；Jore et al.，2010；Stock and Watson，2004）。

TVC - SV 和 TVC - SVMA 的预测结果与 TVC 的预测结果相比较可以说明，在模型中增加随机波动率 SV 的成分能够改善密度预测结果，但对点预测结果的提高帮助不大。对于点预测，具有随机波动性的模型与其他竞争模型相比，当预测期较长时，预测结果会较差。不过，密度预测的结果表明，具有随机波动性的模型往往预测表现更好。

尽管 TVC - SV 和 TVC - SVMA 的模型范式在时变平均和相等权重的预测结果具有竞争性，但是这两者之间的预测表现没有显著差异。预测结果表明，当允许预测组合时，移动平均这一模型设定对通胀率的预测并没有明显的帮助。因此，包含不同解释变量的模型组合比模型是否包含 SV 或 SVMA 对于预测性能的改进更为重要。

在 DMA 和 DMS 预测结果中，没有一个模型在点预测或密度预测中始终优于其他模型。对于点预测，含有一期滞后的通胀率和没有滞后期的通胀率解释变量的 DMA(1，0) 模型做出了所有预测期都最优的预测，而密度预测结果表明含有两期滞后的通胀率和一期滞后的通胀率解释变量的 DMS(2，1) 模型在所有范围内都有最好的预测性能结果。DMA 和 DMS 的预测结果还表明，具有过多的通胀率滞后期的预测对短期预测没有帮助，而通胀率和通胀率解释变量都有滞后期的预测不利于长期预测。然

而，一些 DMA 和 DMS 模型要比不可观测分量模型表现更好，并且，后者
总是比模型组合的预测表现要差。

3.4.5　通胀率解释变量的权重与滞后期形式

本节重点介绍预测组合中各构成模型的时变权重是如何变化的。对于
向前一期的点预测，9 种变量滞后形式在 TVC 模型范式下，对 7 个解释变
量的 63 个模型进行了分组，并计算了权重（见图 3.9）。附录 3B 中给出
了其他预测期的相关权重图。

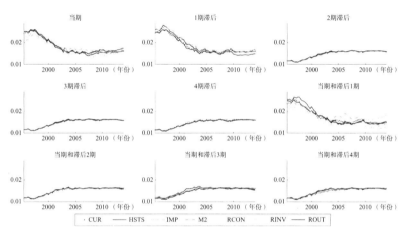

图 3.9　按滞后形式分组的 TVC 模型范式下 63 个

构成模型的权重，预测期为一个季度

图 3.9 的结果表明，在 2000 年之前，具有当期和滞后一期的模型往
往比含有更多滞后期的模型得到更多的权重，只是这些权重在 2000 年以
后有所下降。相比之下，具有其他滞后期形式的模型，其权重在不断增
长，并且末期的各滞后形式模型的权重也都较为相似。这表明滞后期的形
式比通胀率解释变量的选择对通胀率预测更重要，并且滞后期长度的最优
选择也是随时间变化而变化的。

另外，图 3.9 中各子图结果表明，没有一个单一的通胀率解释变量可

以比其他解释变量的预测效果更好。因此，要找到一个确定的最优通胀率解释变量很难。这也进一步表明，预测组合对通货膨胀预测的重要性。

3.5　本　章　小　结

本章主要探讨了使用时变权重和相等权重的 63 个构成模型的对通货膨胀的组合预测，这 63 个构成模型可归为三类含有不同随机波动性的时变系数模型。在运用实时数据进行的模型预测分析中，组合的预测模型往往可以比只含有通胀率一个变量的单变量模型预测效果要好，这表明，在模型中增加对通胀率的解释变量可以显著提高对通胀率的预测准确性。

模型预测结果还表明，TVC 模型在点预测中具有最好的预测表现。对TVC 的通货膨胀预测解释变量和滞后期长度之间的权重分析进一步表明，对时变权重中滞后期长度的选择比对通货膨胀解释变量的选择更为重要。

在密度预测中 TVC – SV 和 TVC – SVMA 模型都有着更为良好的预测表现，这表明，在模型在增加随机波动率有助于密度预测结果的提高。在预测组合中允许随机波动也很重要，因为随机波动率可以提高预测组合的密度预测表现。

点预测和密度预测的结果均表明，时变权重和相等权重具有类似的预测表现。此外，当使用预测组合时，移动平均这一模型设定并不能显著提高模型的预测性能。

本　章　附　录

附录 3A：贝叶斯估计方法：MCMC 算法

本章模型是通过贝叶斯估计方法，结合给定的先验概率与实时宏观经济数据，对后验概率分布进行估计的。具体而言，参数估计是由推导出来的马尔可夫链蒙特卡罗（Markov chain Monte Carlo，MCMC）算法来从联合后验分布中进行抽样。具体使用了 Gibbs 抽样、Metropolis - Hastings 算法，和基于精度的算法用于模型拟合。

这里以 TVC - SVMA 中的参数估计为例，进行说明。在 MCMC 算法中共有 5 个计算模块。每个模块均以通胀率和通货膨胀解释变量为数据已知条件。参数抽样过程依次为模型系数 $\boldsymbol{\beta}$、随机波动参数 $\mathbf{h}$、$\boldsymbol{\beta}$ 的协方差矩阵 $\mathbf{Q}$，以及移动平均参数 ψ：

（1）$p(\boldsymbol{\beta} \mid \mathbf{y}, \mathbf{u}, \psi, \mathbf{h}, \mathbf{Q})$；

（2）$p(\mathbf{h} \mid \mathbf{y}, \mathbf{u}, \psi, \sigma_h^2)$；

（3）$p(\mathbf{Q} \mid \mathbf{y}, \mathbf{u}, \boldsymbol{\beta})$；

（4）$p(\psi \mid \mathbf{y}, \mathbf{u}, \boldsymbol{\beta}, \mathbf{h})$；

（5）$p(\sigma_h^2 \mid \mathbf{h})$。

第一步，将截距和系数 β_1、β_2 和 β_j 重新排列为一个向量 $\boldsymbol{\beta} = (\beta_{1,1}, \beta_{2,1}, \beta_{j,1}, \cdots, \beta_{1,T}, \beta_{2,T}, \beta_{j,T})'$。方程（3.1）和方程（3.2）随即可按时间 t 叠加：

$$\mathbf{y} = \mathbf{X}\boldsymbol{\beta} + \varepsilon^y$$
$$\varepsilon^y = \mathbf{H}_\psi \mathbf{u}$$

于是有：

$$\mathbf{y} = \mathbf{X}\boldsymbol{\beta} + \mathbf{H}_\psi \mathbf{u}$$

这是一个标准的模型。假设模型的截距和系数 β 为正态共轭先验概率分布，因此，其后验概率分布也是正态分布。

$$(\boldsymbol{\beta} \mid \mathbf{y}, \mathbf{u}, \psi, \mathbf{h}, \mathbf{Q}) \sim \mathcal{N}(\hat{\boldsymbol{\beta}}, \mathbf{D}_\beta)$$

TVC - SVMA 模型具有与陈（Chan，2013）使用的状态空间模型相似的模型结构；本书可以使用精确抽样方法（Chan and Jeliazkov，2009）有效地绘制 $\boldsymbol{\beta}$ 的后验。

第二步根据变量的历史数据和其他参数值对随机波动率 $\mathbf{h}$ 进行抽样。这步是通过 Kim et al.（1998）介绍的辅助混合抽样方法来完成的。该方法使用了线性高斯状态空间模型的混合以提供对非线性随机波动率模型的实现和有效近似。

第三步是对 $\boldsymbol{\beta}$ 的协方差矩阵进行抽样。在这一模型已在时间 t 上进行了堆叠：

$$\mathbf{H}\boldsymbol{\beta} = \varepsilon^{\beta}, \quad \varepsilon^{\beta} \sim \mathcal{N}(\mathbf{0}, \boldsymbol{\Omega})$$

其中，

$$\boldsymbol{\Omega} = \mathrm{diag}(\mathbf{Q}_0, \mathbf{Q}, \cdots, \mathbf{Q})$$

假设 $\mathbf{Q}$ 为对角矩阵，那么 $\boldsymbol{\Omega}$ 也为对角矩阵。这样，第三步抽样的 σ_{β}^2 和第五步抽样的 σ_h^2 都是条件独立的。它们都有共轭逆伽马先验概率分布，它们的后验概率可以通过库普（Koop，2003）中所讨论的标准化计算方法来进行估计。

以下为 TVC – SVMA 模型中推导参数的条件后验概率分布各步骤的详细介绍：

第一步：对系数参数 $\boldsymbol{\beta}$ 的抽样。

为了导出条件后验分布 $p(\boldsymbol{\beta} \mid \mathbf{y}, \mathbf{u}, \psi, \mathbf{h}, \mathbf{Q})$，将方程（4.6）在时间 t 上堆叠为矩阵形式：

$$\mathbf{y} = \mathbf{X}\boldsymbol{\beta} + \mathbf{H}_{\psi}\mathbf{u}$$

$$\boldsymbol{\beta} = \mathbf{H}^{-1}\varepsilon_{\beta}$$

其中，

$$\mathbf{H} = \begin{pmatrix} 1 & 0 & 0 & 0 & \cdots & 0 \\ -1 & 1 & 0 & 0 & \cdots & 0 \\ \vdots & \ddots & \ddots & \ddots & & \vdots \\ 0 & \cdots & -1 & 1 & \cdots & 0 \\ \vdots & \ddots & & \ddots & \ddots & \vdots \\ 0 & \cdots & 0 & \cdots & -1 & 1 \end{pmatrix}$$

$$\mathbf{H}_{\psi} = \begin{pmatrix} 1 & 0 & 0 & 0 & \cdots & 0 \\ \psi_1 & 1 & 0 & 0 & \cdots & 0 \\ \vdots & \ddots & \ddots & \ddots & & \vdots \\ \psi_p & \cdots & \psi_1 & 1 & \cdots & 0 \\ \vdots & \ddots & & \ddots & \ddots & \vdots \\ 0 & \cdots & \psi_p & \cdots & \psi_1 & 1 \end{pmatrix}$$

随后，在上面两个方程的两边都乘以矩阵 $\mathbf{H}_\psi^{-1}$：

$$\tilde{\mathbf{y}} = \mathbf{X}\,\tilde{\boldsymbol{\beta}} + \mathbf{u}$$

$$\tilde{\boldsymbol{\beta}} = \mathbf{H}_\psi^{-1}\mathbf{H}^{-1}\varepsilon_\beta$$

其中，$\tilde{\mathbf{y}} = \mathbf{H}_\psi^{-1}\mathbf{y}$，$\tilde{\tau} = \mathbf{H}_\psi^{-1}\tau$。

因此，$\tilde{\boldsymbol{\beta}}$ 的对数后验密度概率可表示为成比例表达式：

$$\log p(\tilde{\boldsymbol{\beta}} \mid \tilde{\mathbf{y}},\, \mathbf{h},\, \psi,\, \sigma_\beta^2) \propto \log p(\tilde{\boldsymbol{\beta}} \mid \sigma_\beta^2) + \log p(\tilde{\mathbf{y}} \mid \tilde{\boldsymbol{\beta}},\, \mathbf{h},\, \psi)$$

$$(4A.1)$$

其中，$p(\tilde{\boldsymbol{\beta}} \mid \sigma_\beta^2)$ 是 $\tilde{\boldsymbol{\beta}}$ 的先验概率，$p(\tilde{\mathbf{y}} \mid \tilde{\boldsymbol{\beta}},\, \mathbf{h},\, \psi)$ 是 $\tilde{\mathbf{y}}$ 的似然值。所以 $\tilde{\mathbf{y}}$ 的对数似然值和 $\tilde{\boldsymbol{\beta}}$ 的先验概率密度可表示为：

$$\log p(\overline{\mathbf{y}} \mid \overline{\boldsymbol{\beta}},\, \mathbf{h},\, \phi,\, \psi) \propto -\frac{1}{2}\sum_{t=1}^{T} h_t - \frac{1}{2}(\overline{\mathbf{y}} - \mathbf{X}\overline{\boldsymbol{\beta}})'\boldsymbol{\Omega}_u^{-1}(\overline{\mathbf{y}} - \mathbf{X}\overline{\boldsymbol{\beta}})$$

$$(4A.2)$$

$$\log p(\tilde{\boldsymbol{\beta}} \mid \sigma_\tau^2) \propto -\frac{T-1}{2}\log\sigma_\beta^2 - \frac{1}{2}\tilde{\boldsymbol{\beta}}'\mathbf{X}'\mathbf{H}_\psi'\mathbf{H}'\mathbf{Q}^{-1}\mathbf{H}\mathbf{H}_\psi\mathbf{X}\tilde{\boldsymbol{\beta}}$$

$$(4A.3)$$

其中，$\boldsymbol{\Omega}_u = \mathrm{diag}(e^{h_1},\, \cdots,\, e^{h_t})$。将式（4A.2）和式（4A.3）代入式（4A.1）：

$$\log p(\tilde{\boldsymbol{\beta}} \mid \tilde{\mathbf{y}},\, \mathbf{h},\, \phi,\, \psi,\, \sigma_\tau^2) \propto -\frac{1}{2}\tilde{\boldsymbol{\beta}}'\mathbf{H}_\psi'\mathbf{H}'\mathbf{Q}^{-1}\mathbf{H}\mathbf{H}_\psi\tilde{\boldsymbol{\beta}}$$

$$-\frac{1}{2}(\tilde{\mathbf{y}} - \mathbf{X}\tilde{\boldsymbol{\beta}})'\boldsymbol{\Omega}_u^{-1}(\tilde{\mathbf{y}} - \mathbf{X}\tilde{\boldsymbol{\beta}})$$

$$\propto -\frac{1}{2}(\overline{\boldsymbol{\beta}}'(\mathbf{H}_\psi'\mathbf{H}'\mathbf{Q}^{-1}\mathbf{H}\mathbf{H}_\psi + \mathbf{X}'\boldsymbol{\Omega}_u^{-1}\mathbf{X})\overline{\boldsymbol{\beta}} - 2\mathbf{X}'\overline{\boldsymbol{\beta}}'\boldsymbol{\Omega}_u^{-1}\tilde{\mathbf{y}})$$

$$\propto -\frac{1}{2}(\tilde{\boldsymbol{\beta}} - \hat{\boldsymbol{\beta}})'\mathbf{D}_{\tilde{\beta}}^{-1}(\tilde{\boldsymbol{\beta}} - \hat{\boldsymbol{\beta}})$$

其中，$\mathbf{D}_{\tilde{\beta}} = (\mathbf{H}_\psi'\mathbf{H}'\mathbf{Q}^{-1}\mathbf{H}\mathbf{H}_\psi + \mathbf{X}'\boldsymbol{\Omega}_u^{-1}\mathbf{X})^{-1}$ 是一个稀疏矩阵，$\hat{\boldsymbol{\beta}} = \mathbf{D}_{\tilde{\beta}}\mathbf{X}'\boldsymbol{\Omega}_u^{-1}\tilde{\mathbf{y}}$。

这样有：

$$(\tilde{\boldsymbol{\beta}} \mid \tilde{\mathbf{y}},\, \mathbf{h},\, \phi,\, \psi,\, \sigma_\tau^2) \sim \mathcal{N}(\hat{\boldsymbol{\beta}},\, \mathbf{D}_{\tilde{\beta}})$$

通过 Cholesky 分解，以及向前向后平滑替换法［替换法的具体步骤详见 Chan（2013）］。最终，$\boldsymbol{\beta}$ 的抽样可以通过 $\boldsymbol{\beta} = \mathbf{H}_\psi\tilde{\boldsymbol{\beta}}$ 来实现。

第二步：对 **h** 的抽样。

参数 **h** 的抽样可以按照金姆等（Kim et al.，1998）中介绍的方法来实现对随机波动率参数的抽样。具体方法是使用 7 个正态分布的辅助性混合来对参数 **h** 的有效抽样。在具体应用步骤里，可进一步使用陈（2013）中提到的基于精度抽样的算法，以替换金姆等（1998）中所使用的向前向后平滑替换法。为使用该方法，可首先定义以下表达式：

$$\mathbf{y}^* = \mathbf{H}_\psi^{-1}(\mathbf{y} - \boldsymbol{\beta}\mathbf{X})$$

于是有，$\mathbf{y}^* = \mathbf{u}$，$\mathbf{u} \sim \mathcal{N}(\mathbf{0}, \mathbf{S}_y)$，其中 $\mathbf{S}_y = \mathrm{diag}(e^{h_1}, \cdots, e^{h_T})$。更为详细的抽样过程可参见 Koop and Korobilis（2009）。

第三步：对 σ_h^2 和 **Q** 的抽样。

假设 σ_h^2 和 **Q** 的对角元素（$\sigma_{\beta_1}^2, \cdots, \sigma_{\beta_k}^2$）是条件独立的，那么它们的后验概率分布可以依据 Koop（2003）中所建议的标准方法来进行推导。这样，这两个参数的后验概率分布通过简单变换即可得到。给定一个共轭逆伽马先验概率分布 $\sigma_h^2 \sim \mathcal{IG}(\nu_h, S_h)$，即可推导出（$\sigma_h^2 \mid \mathbf{h}$）的逆伽马后验概率分布：

$$p(\sigma_h^2 \mid \mathbf{h}) \propto p(\mathbf{h} \mid \sigma_h^2) + p(\sigma_h^2)$$

$$= (\sigma_h^2)^{-\frac{T}{2}} \exp\left(-\frac{1}{2\sigma_h^2} \sum_{t=2}^{T} (h_t - h_{t-1})^2\right) \cdot \left((\sigma_h^2)^{-(\nu_{0h}-1)} \exp\left(-\frac{S_h}{\sigma_h^2}\right) \right)$$

$$\propto (\sigma_h^2)^{-((\frac{T}{2}+\nu_0)-1)} \exp\left(-\frac{1}{\sigma_h^2}\left(\sum_{t=2}^{T} (h_t - h_{t-1})^2/2 + S_h\right)\right)$$

进一步地：

$$(\sigma_h^2 \mid \mathbf{h}) \sim \mathcal{IG}\left(T/2 + \nu_h, \sum_{t=2}^{T} (h_t - h_{t-1})^2/2 + S_h\right)$$

类似地，**Q** 中每个对角元素的后验概率密度也可通过上述推导过程，在模型的实证拟合中在时间 t 上堆叠为矩阵形式：

$$(\mathbf{Q} \mid \boldsymbol{\beta}) \sim \mathcal{IG}\left(T/2 + \nu_\beta, \sum_{t=2}^{T} (\mathbf{H}\boldsymbol{\beta})^2/2 + S_\beta\right)$$

第四步：对 ψ 的抽样。

值得注意的是，给定 **y**，$\boldsymbol{\beta}$，**h**，ψ 的分布均条件独立于 σ_h^2 和 **Q**，这样，对 σ_h^2，**Q** 和 ψ 的抽样可以依此进行。首先将方程（3.6）和方程（3.8）

在时间 t 上堆叠为矩阵形式：

$$\mathbf{H}_{\phi}(\mathbf{y}-\boldsymbol{\tau}) = \mathbf{H}_{\psi}\mathbf{u}$$

这样，后验概率分布（$\psi \mid \mathbf{y}$，τ，$\mathbf{h}$）的对数似然值表达式为：

$$\log p(\psi \mid \mathbf{y}, \tau, \mathbf{h}) \propto \log p(\mathbf{y} \mid \psi, \tau, \mathbf{h}) + \log p(\psi)$$

$$\propto \log p(\psi) - \frac{1}{2}(\mathbf{H}_{\phi}(\mathbf{y}-\boldsymbol{\tau}))'(\mathbf{H}'_{\psi}\boldsymbol{\Omega}_{u}\mathbf{H}_{\psi})^{-1}\mathbf{H}_{\phi}(\mathbf{y}-\boldsymbol{\tau})$$

与 $\mathbf{y}$，$\boldsymbol{\beta}$，σ_{h}^{2}，σ_{τ}^{2} 不同，移动平均的参数 ψ 的分布是未知的，并且 ψ 在实证经济学的研究中通常被设定为低维参数陈（2013），所以参数 ψ 的数值可通过最大化 $\log p(\psi \mid \mathbf{y}, \boldsymbol{\beta}, \mathbf{h})$ 来进行对参数的众值和负 Hessian 矩阵的估计。随后可使用陈（2013）中详述的 Metropolis – Hastings 算法来实现对 ψ 的抽样，该算法广泛用于多元模型后验概率的拟合。ψ 的概率密度分布由多重正态分布 q（ψ）组成，更新后的 ψ^{c} 数值被接受的概率为：

$$\min\left\{1, \frac{p(\psi^{c} \mid \mathbf{y}, \tau, \mathbf{h})}{p(\psi \mid \mathbf{y}, \tau, \mathbf{h})} \cdot \frac{q(\psi)}{q(\psi^{c})}\right\}$$

附录3B　各通货膨胀解释变量及不同滞后形式的权重变化图

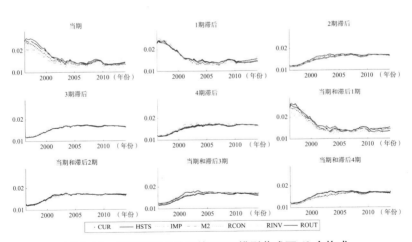

图 3.10　按滞后形式分组的 TVC 模型范式下 63 个构成

模型的权重，预测期为一年

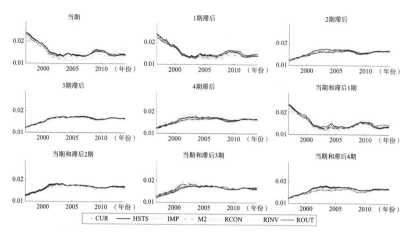

图 3.11 按滞后形式分组的 TVC 模型范式下 63 个构成

模型的权重，预测期为两年

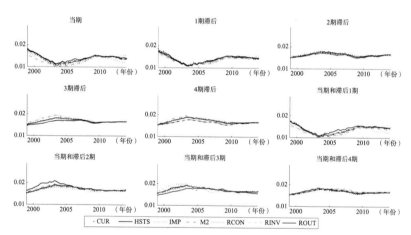

图 3.12 按滞后形式分组的 TVC 模型范式下 63 个构成

模型的权重，预测期为四年

第4章
对澳大利亚通货膨胀率的预测
——基于时变趋势模型

4.1 本章概述

通货膨胀是指商品和服务的总体价格水平上涨，这一宏观经济变量由于会影响从家庭，到公司企业，再到政府的财政和货币等政策的制定，是最重要的宏观经济指标之一。由于通货膨胀会受到货币政策的影响，因此，世界上许多国家中央银行的中心目标是保持稳定的通货膨胀率，从而实现稳定的宏观经济结果。例如，在 20 世纪 90 年代初期，澳大利亚储备银行（the Reserve Bank of Australia，RBA）作为首先使用通胀目标框架的国家之一，明确制订了其中期的通胀目标为平均 2%~3%（Dixon and Lim，2004）。从那个时期起，澳大利亚的消费者价格指数（CPI）这一通胀率即维持在 0~6%。澳大利亚的例子表明，通货膨胀很难在较窄的幅度内进行微调。因此，通货膨胀的准确预测对做出正确的经济政策决定具有至关重要的意义。

尽管澳大利亚很早就采用了通胀率目标制，但预测澳大利亚通胀率的文献却并不多（Beechey and Österholm，2010；Cross and Poon，2016；Garnier et al.，2015；Zhang et al.，2020b）。已有研究还没有对通胀率的潜在趋势进行建模，并考察模型对通胀率的预测表现。考虑到澳大利亚央行已经明确设定了其中期通胀率目标，相对于通常的通胀率具有周期性波动的特性，趋势波动可能更符合澳大利亚的通胀率波动情况。考虑到这一点，本书参照郭等（Guo et al.，2022），重点考察是否存在一类具有各种误差项结构的趋势模型可以对文献中常用的模型的预测能力进行提升。

为此，本书首先系统地研究分析了包含各种灵活误差结构规范的时变趋势模型对澳大利亚的通胀率预测结果。在以往对通胀率研究的相关文献中，这一类模型也被称为不可观测分量模型或趋势周期模型（Chan，2013；Stock and Watson，2007）。在这一模型中，时间序列被分解为潜在趋势和状态分量。例如，在预测美国 CPI 通胀率的文献中，斯托克和沃森（2007）已经表明考虑两个分量随时间变动的波动可以明显提高模型的整体预测效果。张等（Zhang et al.，2020b）的研究也表明，具有随机波动性和各种灵活误差的模型可以为 G7 经济体提供有力的预测。而本章主要研究对象为澳大利亚通胀率，具体考察的模型包括：观测方程中具有随机波动率的趋势模型（trend model with stochastic volatility，本书简写为 Trend – SV），具有移动平均和随机波动率的趋势模型（Trend – SV – MA），及观测方程和状态方程均包含随机波动率的趋势模型（Trend – 2SV）（Stock and Watson，2007）。通过对趋势模型的细致研究，以期可以深入探讨哪种模型更适合预测澳大利亚通货膨胀的实际波动。

除了这些模型之外，本书还考虑了文献中常用的自回归模型（autoregressive model，AR）和菲利普斯曲线（Phillips curve，PC）模型，以及基于组合模型的预测。克罗斯和潘（Cross and Poon，2016）证明了 AR 模型可以对澳大利亚通货膨胀可以提供有效预测，因此本书使用 AR 模型作为基准模型。而 PC 模型主要是在预测中结合了失业率的相关信息，尤其是对 1984～1996 年的美国通胀率表现出显著的预测准确率，目前仍然是美国通货膨胀预测的主要候选模型之一（Brayton et al.，1999；Garratt et al.，2011；Staiger et al.，1997）。此类模型在预测澳大利亚通货膨胀（Robinson et al.，2003）和在其他澳大利亚宏观经济变量建模（Gruen et al.，2005）时也被证明是有用的。①

---

① 格伦等（Gruen et al.，2005）在使用澳大利亚国内生产总值（GDP）数据时使用了 PC 模型，同时通过墨尔本大学的澳大利亚实时宏观经济数据库发现 PC 模型对澳大利亚的产出缺口表现出良好的预测绩效。他们得出结论：尽管实时数据中存在众所周知的数据修正问题和端点问题，但仍可以实时获得相当可靠的产出缺口估计。

本书的预测评估样本范围与澳大利亚实施通胀目标的时期保持一致。克罗斯（2019）中提到，通胀目标于 1996 年正式明确的宣布，不过 1992 年 8 月和 1993 年，澳大利亚央行在官方讲话中也分别提到了通胀率的目标值。考虑到这一点，本书从 1993 年第三季度开始作为通胀率预测评估期的开始，预测结果对 1992 年第三季度开始的时间序列也很稳健。总而言之，本书的预测评估样本范围为 1993 年第三季度～2019 年第四季度。

预测结果表明，具有随机波动率的趋势模型在点预测和密度预测的中长期预测范围内对通胀率的预测始终表现良好。具体而言，Trend–SV 在点预测的中长期预测表现良好而在密度预测的几乎所有预测范围内表现都很好，Trend–2SV–MA 和 Trend–SV–MA 在点预测的更长期限的预测范围内具有最好的预测性能。在点预测和密度预测分析中，本书还发现，与 AR 模型和 PC 模型相比，趋势模型可以更好地预测通货膨胀动态的潜在变化。事实上，在参数估计部分，趋势模型的拟合结果已经证明了它们在实施通胀目标政策的时候可以捕捉到通胀率的潜在趋势在急剧下降，如 2000 年实施的商品和服务税一次性加收 10% 的引起显著通货膨胀事件，这一影响直到 2014 年通胀率才逐渐回落。

本书的其余部分组成如下：第二小节对趋势模型进行描述；第三小节介绍了参数的抽样方法和参数估计细节；第四小节讨论了递归预测、组合预测和滚动窗口预测，以及各个竞争模型的预测结果；第五小节为本章结论。

4.2　趋势模型和其他竞争模型

本书用于预测澳大利亚通胀率的模型可分为三组。首先为趋势模型组，这一模型范式由通胀率的潜在趋势和时变参数构建；第二组和第三组为竞争模型组，分别为 AR 模型组和 PC 模型组。因为 PC 模型通常使用水平或一阶差分来估计，本书进一步将 PC 模型组分成两个小组。PC 模型组的第一个小组是通胀率和失业率构建的 PC 模型（PC 组），第二个小组使用了这两个时间序列的一阶差分（PCd 组）。以下为每组的详细介绍。

4.2.1 趋势模型组

趋势模型组包括误差项为高斯分布的趋势模型范式，包含观测方程中包含随机波动成分的趋势模型范式，以及观测方程和状态方程均包含随机波动成分的趋势模型范式三种情况。

4.2.1.1 Trend 模型

本章介绍的第一个模型为趋势模型（Trend），该模型具有高斯分布的误差项，以及常量方差，模型表达式具体如下：

$$y_t = \tau_t + \varepsilon_t^y, \quad \varepsilon_t^y \sim \mathcal{N}(0, \sigma_y^2) \tag{4.1}$$

$$\tau_t = \tau_{t-1} + \varepsilon_t^\tau, \quad \varepsilon_t^\tau \sim \mathcal{N}(0, \sigma_\tau^2) \tag{4.2}$$

其中，误差项 ε_t^y 和 ε_t^τ 分别是序列不相关的时间序列，并服从独立同分布（iid）的高斯分布。公式（4.1）为观测方程，方程中 τ_t 是通胀率的潜在趋势。公式（4.2）是状态方程，假设潜在趋势 τ_t 服从随机游走过程。

4.2.1.2 Trend – SV 模型

还可以通过允许趋势模型的观测方程包含随机波动来对模型进行扩展（Trend – SV）：

$$y_t = \tau_t + \varepsilon_t^y, \quad \varepsilon_t^y \sim \mathcal{N}(0, e^{ht}) \tag{4.3}$$

$$\tau_t = \tau_{t-1} + \varepsilon_t^\tau, \quad \varepsilon_t^\tau \sim \mathcal{N}(0, \sigma_\tau^2) \tag{4.4}$$

$$h_t = h_{t-1} + \varepsilon_t^h, \quad \varepsilon_t^h \sim \mathcal{N}(0, \sigma_h^2) \tag{4.5}$$

其中，ε_t^y，ε_t^τ 和 ε_t^h，分别为序列不相关的 iid 高斯分布误差项。Trend 模型与 Trend – SV 模型的区别在于，后者在观测方程（4.3）中指定了随机波动率。这使得误差项的方差大小可以随时间变化而变化。与 Trend 模型类似，Trend – SV 模型（4.4）的状态方程为随机游走，误差项的方差为常数。

4.2.1.3　Trend – 2SV 模型

参考 Stock and Watson（2007）的研究，Trend – SV 模型可以进一步推广，使得状态方程的误差项也具有随机波动性（Trend – 2SV）：

$$y_t = \tau_t + \varepsilon_t^y, \quad \varepsilon_t^y \sim \mathcal{N}(0, \ e^{h_t}) \tag{4.6}$$

$$\tau_t = \tau_{t-1} + \varepsilon_t^\tau, \quad \varepsilon_t^\tau \sim \mathcal{N}(0, \ e^{g_t}) \tag{4.7}$$

$$h_t = h_{t-1} + \varepsilon_t^h, \quad \varepsilon_t^h \sim \mathcal{N}(0, \ \sigma_h^2) \tag{4.8}$$

$$g_t = g_{t-1} + \varepsilon_t^g, \quad \varepsilon_t^g \sim \mathcal{N}(0, \ \sigma_g^2) \tag{4.9}$$

其中，误差项 ε_t^y，ε_t^τ，ε_t^h 和 ε_t^g 分别是序列不相关的 iid 高斯分布误差项。Trend – SV 与 Trend – 2SV 模型的区别在于，后者在状态方程（4.7）中指定了随机波动率，这使得趋势方差的误差项方差可以随时间变化而变化。

4.2.1.4　Trend – SV – MA 模型

参考 Chan（2013），本书还考虑了趋势模型的另一个模型范式，即令趋势模型的观测方程包含 MA 误差项（Trend – SV – MA）：

$$y_t = \tau_t + \varepsilon_t^y \tag{4.10}$$

$$\tau_t = \tau_{t-1} + \varepsilon_t^\tau, \quad \varepsilon_t^\tau \sim \mathcal{N}(0, \ \sigma_\tau^2) \tag{4.11}$$

$$\varepsilon_t^y = u_t + \psi_1 u_{t-1} + \cdots + \psi_q u_{t-q}, \quad u_t \sim \mathcal{N}(0, \ e^{h_t}) \tag{4.12}$$

$$h_t = h_{t-1} + \varepsilon_t^h, \quad \varepsilon_t^h \sim \mathcal{N}(0, \ \sigma_h^2) \tag{4.13}$$

其中，ε_t^y 有一个移动平均过程（MA），σ_τ^2 是通货膨胀潜在趋势的方差。包含移动平均项旨在考察样本中的序列相关性。参考陈（2013）和张等（2020b），为了模型简洁，本书将移动平均分量的滞后期设置为1。

4.2.1.5　Trend – 2SV – MA 模型

最后一个趋势模型是允许 Trend – SV – MA 模型中的状态方程也包含随机波动率（Trend – 2SV – MA）：

$$y_t = \tau_t + \varepsilon_t^y \tag{4.14}$$

$$\tau_t = \tau_{t-1} + \varepsilon_t^\tau, \quad \varepsilon_t^\tau \sim \mathcal{N}(0, \ e^{g_t}) \tag{4.15}$$

$$\varepsilon_t^y = u_t + \psi_1 u_{t-1} + \cdots + \psi_q u_{t-q}, \ u_t \sim \mathcal{N}(0, \ e^{ht}) \quad (4.16)$$

$$h_t = h_{t-1} + \varepsilon_t^h, \ \varepsilon_t^h \sim \mathcal{N}(0, \ \sigma_h^2)$$

$$g_t = g_{t-1} + \varepsilon_t^g, \ \varepsilon_t^g \sim \mathcal{N}(0, \ \sigma_g^2)$$

其中，误差项 ε_t^y，ε_t^τ，ε_t^h 和 ε_t^g 序列不相关且各自独立，ε_t^y 有一个移动平均过程。同样，移动平均分量的滞后期设置为 1。

4.2.2 AR 模型组

除了趋势模型，本书还考虑了四种自回归模型，包括具有同方差高斯分布误差的标准 AR 模型（AR）、具有随机波动率的 AR 模型（AR – SV）、具有移动平均过程的 AR 模型（AR – MA）以及具有随机波动率和移动平均过程的 AR 模型（AR – SV – MA）。以下为基准模型 AR 表达式：

$$y_t = a_0 + \sum_{i=1}^p a_i y_{t-i} + \varepsilon_t, \ \varepsilon_t \sim \mathcal{N}(0, \ \sigma^2)$$

在进行预测时，AR 模型对通货膨胀率向前 k 期的预测为：

$$y_{t+k}^k - y_t = a_0^k + a^p(A)\Delta y_t + \varepsilon_t^k$$

其中，$a^p(A)$ 表示滞后算子 A 中的多项式，ε_t^k 是向前 k 期的预测误差。参考斯托克和沃森（2007），本书使用 Akaike 信息准则（AIC）以及 Hannan – Quinn 信息准则（HQC）来确定预测中基准模型的滞后期 p 值。根据 AIC 和 HQC 的结果，AR 模型的最优滞后期长度为 1，结果见表 4.1 的第一行。

表 4.1　　　1993 年第 3 季度 ~ 2019 年第 4 季度 AR(p) 模型以及
PC(p, q) 模型和 PCd(p, q) 模型的 Akaike 信息准则
（AIC）和 Hannan – Quinn 信息准则（HQC）结果

模型	AIC	HQC
AR	1	1
PC	(4, 4)	(4, 4)
PCd	(3, 4)	(3, 4)

4.2.3 PC 模型组

4.2.3.1 PCI 模型组

参考斯托克和沃森（1999）和斯托克和沃森（2007），本书使用非加速通货膨胀失业率（NAIRU）的菲利普斯曲线模型（PC），其模型表达式如下：

$$y_t = \sum_{i=1}^{p} b_{1i}\Delta y_{t-i} + \sum_{j=0}^{q} b_{2j}(U_{t-j} - \overline{U}) + \varepsilon_t, \quad \varepsilon_t \sim \mathcal{N}(0, \sigma^2)$$

其中，U_t 表示日期 t 的失业率，$\overline{U}$ 是假定为时不变的 NAIRU。p 和 q 分别表示菲利普斯曲线模型中通胀率和失业率的滞后期长度。菲利普斯曲线模型提前 k 期的预测计算公式如下：

$$y_{t+k}^k - y_t = b_1^k(B)y_t + b_2^k(B)(U_t - \overline{U}) + \varepsilon_t^k \qquad (4.17)$$

其中，$b_1^k(B)$ 和 $b_2^k(B)$ 分别表示滞后算子 B 中的多项式。令 $b_0^k = -b_2^k(B)\overline{U}$，则有方程（4.17）可以加上常数项 b_0^k 改写为方程（4.18）：

$$y_{t+k}^k - y_t = b_0^k + b_1^k(B)\Delta y_t + b_2^k(B)U_t + \varepsilon_t^k \qquad (4.18)$$

菲利普斯曲线中直接使用失业率水平作为自变量是比较传统的模型形式。变换后的方程（4.18）可以直接使用失业率水平来预测通胀率，即 **PC(p, q)**，其中 p 是通胀率的一阶差分滞后期长度，q 是失业率的滞后期长度。与自回归模型一样，滞后期长度 p 和 q 由 AIC 和 HQC 确定，滞后期判定结果为 p = 4 和 q = 4，见表 4.1 的第二行。

除了传统的菲利普斯曲线模型，竞争模型还考虑了具有随机波动、移动平均，以及两者兼具的不同菲利普斯曲线模型范式（PC – SV、PC – MA 和 PC – SV – MA）。这些模型的模型表达式和参数设定，与趋势模型组中的模型范式相同。为简洁起见，这些模型中通胀率和失业率的滞后期长度在预测期内均假设为 4，与 PC 模型保持一致。

4.2.3.2 PCd 模型组

PCd 模型组假设通货膨胀率和失业率都存在自回归分布的滞后一期，

Stock and Watson（2007）曾对通胀率和失业率的滞后期有过细致地探讨。本章中此类菲利普斯曲线模型用 **PCd**（**p，q**）表示。误差项为高斯分布的模型表达式如下：

$$y_t = \sum_{i=1}^{p} c_{1i} y_{t-i} + \sum_{j=1}^{q} c_{2j} \Delta U_{t-i} + \varepsilon_t, \ \varepsilon_t \sim \mathcal{N}(0, \sigma^2)$$

其中，通胀率和失业率都假定为一阶差分形式，并且，模型包含固定预测变量 Δy_t 和 ΔU_t。该模型向前 k 期的预测表达式如下：

$$y_{t+k}^k - y_t = c_1^k + c_2^k(B) \Delta y_t + c_3^k(B) \Delta U_t + \varepsilon_t$$

与自回归模型和菲利普斯曲线模型一致，PCd 模型组的滞后期长度 p 和 q 由 AIC 和 HQC 的结果综合后确定，见表 4.1 第三行所示。1993 年 Q3 ～ 2019 年 Q4 的 PCd 模型组的最佳滞后期长度为 p = 3 和 q = 4。与 PCI 模型组的情况类似，本书也将具有随机波动、移动平均，以及两者兼具的菲利普斯曲线模型变形（PCd – SV、PCd – MA 和 PCd – SV – MA）考虑在内。这些模型的模型表达式和参数设定，与趋势模型组和 PC 模型组中的模型范式相同，通胀率和失业率的滞后期长度也假设为 4，与 PC 模型保持一致。

4.3　先验概率与参数估计

4.3.1　数　据

实证部分对模型拟合和参数估计使用了澳大利亚央行公布的 1978 年第三季度～2019 年第四季度的季度 CPI 通胀率和失业率（15 岁及以上劳动力的百分比）的时间序列。这两个宏观经济变量都已经过季节性调整。CPI 通胀率的计算公式如下：

$$y_t = 400 \times \log(CPI_t / CPI_{t-1})$$

图 4.1 和图 4.2 分别描绘了 CPI 通胀率、失业率及其各自的一阶差分

季度数据。如图4.1显示，尽管通胀率往往比失业率波动更大，但由于澳大利亚央行于1993年采用通胀率目标制，两者均实现了逐渐下降的趋势，因此可以肯定，澳大利亚央行实施了的比较良好而有效的货币政策（Cross，2019）。

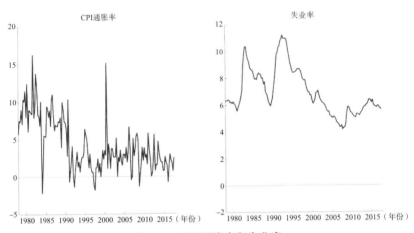

图 4.1　CPI 通胀率和失业率

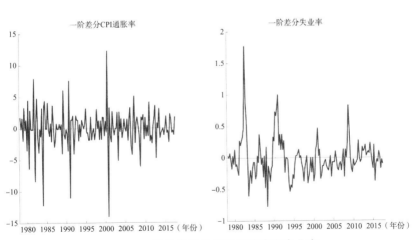

图 4.2　一阶差分后的 CPI 通胀率和失业率

4.3.2　先验和模拟方法

所有模型均使用贝叶斯估计方法和马尔可夫链蒙特卡罗算法（MCMC）进行参数估计，具体为 Gibbs 算法中的 Metropolis - Hastings 方法（Chan and Jeliazkov，2009）。与传统的 Kalman 滤波抽样方法相反，使用基于精度的抽样方法可以有效地对模型参数进行抽样，其算法的具体做法是通过在条件后验概率分布的精度矩阵上应用带状和稀疏矩阵的算法特点，实现有效地从条件后验概率分布中抽取模型参数的后验概率分布。接下来，本书会介绍趋势模型参数估计中相关的详细抽样信息。

4.3.2.1　*初始值和先验概率分布*

假定趋势模型中 τ、h 和 g 的初始值均服从高斯分布：

$$\tau_1 \sim \mathcal{N}(\tau_0, \sigma_{0\tau}^2), \quad h_1 \sim \mathcal{N}(h_0, \sigma_{0h}^2), \quad g_1 \sim \mathcal{N}(g_0, \sigma_{0g}^2)$$

其中，$\tau_0 = h_0 = g_0 = 0$ 和 $\sigma_{0\tau}^2 = \sigma_{0h}^2 = \sigma_{0g}^2 = 5$（初始值的确定可参见 Chan，2013；Stock and Watson，2007；Zhang et al.，2020b），即这三个参数的初始值均服从均值为 0、方差为 5 的高斯分布。考虑到宏观经济时间序列增长率的特性，参数的先验概率分布在 0 附近，方差在（-5，5）内，因此，初始值的选取较为合理，属于相对无信息的取值。

假设 σ_τ^2、σ_h^2 和 σ_g^2 的先验概率分布是独立的，且服从逆伽马分布：

$$\sigma_y^2 \sim \mathcal{IG}(v_y, S_y), \quad \sigma_\tau^2 \sim \mathcal{IG}(v_\tau, S_\tau), \quad \sigma_h^2 \sim \mathcal{IG}(v_h, S_h), \quad \sigma_g^2 \sim \mathcal{IG}(v_g, S_g)$$

基于以往趋势模型应用于通胀率的研究结论（Chan，2013；Stock and Watson，2007），相关超参数可假设为 $v_y = v_\tau = v_h = v_g = 10$，$S_y = 9$，$S_\tau = 0.18$，$S_h = S_g = 0.45$。这些先验值意味着逆伽马分布的形状参数 v 的信息量相对较小。尺度参数为 $\mathbb{E}\sigma_y^2 = 1$，$\mathbb{E}\sigma_\tau^2 = 0.141^2$，$\mathbb{E}\sigma_h^2 = \mathbb{E}\sigma_g^2 = 0.224^2$。通过以上假设，模型的每个状态的转换过程较为平滑，也与文献中的结果具有可比性。

最后，为简单起见，将具有移动平均成分的趋势模型中的滞后期阶数设置为 1（Chan，2013）。假设移动平均的参数服从高斯先验概率分布，为保证移动平均过程的可逆性，参数的取值范围被限制在（ -1 ， 1 ）内，所以有：

$$\psi \sim \mathcal{N}(\psi_0 , \sigma_{0\psi}^2)$$

其中， $\psi_0 = 0$ ， $\sigma_{0\psi}^2 = 1$ 。

4.3.2.2　参数的后验概率分布拟合方法

本书使用 MCMC 方法对后验概率分布进行抽样拟合，相关的贝叶斯推断与 Chan（2013）和 Zhang（2019）相似。具体来说，趋势模型的后验概率分布按照以下顺序进行循环抽样进行拟合：

Trend 模型有：

（1） $p(\boldsymbol{\tau} \mid \mathbf{y} , \sigma_y^2 , \sigma_\tau^2)$ ，

（2） $p(\sigma_y^2 , \sigma_\tau^2 \mid \boldsymbol{\tau}) = p(\sigma_y^2 \mid \boldsymbol{\tau}) p(\sigma_\tau^2 \mid \boldsymbol{\tau})$.

Trend – SV 模型有：

（1） $p(\boldsymbol{\tau} \mid \mathbf{y} , \mathbf{h} , \sigma_h^2 , \sigma_\tau^2)$ ，

（2） $p(\mathbf{h} \mid \mathbf{y} , \boldsymbol{\tau} \sigma_h^2 , \sigma_\tau^2)$ ，

（3） $p(\sigma_h^2 , \sigma_\tau^2 \mid \boldsymbol{\tau} , \mathbf{h}) = p(\sigma_h^2 \mid \mathbf{h}) p(\sigma_\tau^2 \mid \boldsymbol{\tau})$.

Trend – 2SV 模型有：

（1） $p(\boldsymbol{\tau} \mid \mathbf{y} , \mathbf{h} , \mathbf{g} , \sigma_h^2 , \sigma_g^2)$ ，

（2） $p(\mathbf{h} , \mathbf{g} \mid \mathbf{y} , \boldsymbol{\tau} , \sigma_h^2 , \sigma_g^2) = p(\mathbf{h} \mid \mathbf{y} , \boldsymbol{\tau} , \sigma_h^2) p(\mathbf{g} \mid \mathbf{y} , \boldsymbol{\tau} , \sigma_g^2)$ ，

（3） $p(\sigma_h^2 , \sigma_g^2 \mid \mathbf{h} , \mathbf{g}) = p(\sigma_h^2 \mid \mathbf{h}) p(\sigma_g^2 \mid \mathbf{g})$.

Trend – SV – MA 模型有：

（1） $p(\boldsymbol{\tau} \mid \mathbf{y} , \mathbf{h} , \psi , \sigma_\tau^2)$ ，

（2） $p(\mathbf{h} \mid \mathbf{y} , \boldsymbol{\tau} , \psi , \sigma_h^2)$ ，

（3） $p(\psi , \sigma_\tau^2 , \sigma_h^2 \mid \mathbf{y} , \boldsymbol{\tau} , \mathbf{h}) = p(\psi \mid \mathbf{y} , \boldsymbol{\tau} , \mathbf{h}) p(\sigma_h^2 \mid \mathbf{h}) p(\sigma_\tau^2 \mid \boldsymbol{\tau})$.

Trend – 2SV – MA 模型有：

（1） $p(\boldsymbol{\tau} \mid \mathbf{y} , \mathbf{h} , \mathbf{g} , \psi , \sigma_h^2 , \sigma_g^2)$ ，

（2） $p(\mathbf{h} , \mathbf{g} \mid \mathbf{y} , \boldsymbol{\tau} , \psi , \sigma_h^2 , \sigma_g^2) = p(\mathbf{h} \mid \mathbf{y} , \boldsymbol{\tau} , \psi , \sigma_h^2) p(\mathbf{g} \mid \mathbf{y} , \boldsymbol{\tau} , \psi , \sigma_g^2)$ ，

（3）$p(\psi, \sigma_g^2, \sigma_h^2 \mid y, \tau, h, g) = p(\psi \mid y, \tau, h, g)p(\sigma_h^2 \mid h)$ $p(\sigma_g^2 \mid g)$.

4.3.3 参数的后验概率估计

在预测之前，本书用整个样本的数据对模型的随机波动率参数和移动平均系数进行了后验概率估计，时间段为 1978 年第二季度~2019 年第四季度。所有的估计都是基于对后验概率分布的共 50000 个抽样，同时舍弃前 5000 个抽样准备期。

4.3.3.1 随机波动率参数的后验概率估计

图 4.3 描绘了 Trend – SV 的随机波动率参数 **h**，以及 Trend – 2SV 模型的随机波动率参数 **h** 和 **g** 的后验概率分布均值和置信区间，而图 4.4 描绘了 Trend – SV – MA 和 Trend – 2SV – MA 模型的参数后验概率估计。对比这两个图，可以观察到，Trend – 2SV 和 Trend – 2SV – MA 对 **h** 的估计更为平滑，这说明模型允许额外的时变方差参数 **g** 来解释澳大利亚通货膨胀的波动性是有效的。鉴于 **h** 和 **g** 均为来自单调递增函数的指数函数，**h** 和 **g** 的值在样本周期内发生了显著变化，表明随机波动率模型捕获了通货膨胀序列中波动率聚类的存在，并且在趋势模型中包含随机波动率可能会使模型的预测性能优于仅具有固定方差的模型范式。

值得注意的是，**h** 和 **g** 的曲线均随时间变化而变化。在 20 世纪 90 年代初期，Trend – 2SV – MA 模型 **h** 的峰值低于 Trend – SV – MA 模型 **h** 的峰值，而从 Trend – 2SV – MA 的状态方程中引导潜在趋势波动的 **g** 值也在那个时期达到峰值。不过，在这两个模型下，**h** 的数值从 2005 年开始逐渐增加，而 **g** 在那个时期较为稳定。和克罗斯（2019）所讨论的一致，2000 年代初期通胀率波动性地增加可能是由于澳大利亚的自然资源市场的交易较为活跃，而 2010 年代通胀率波动性的下降则伴随着全球经济的周期性衰退［有关自然资源市场活跃及其对澳大利亚经济影响的讨论，请参阅 Sheehan and Gregory（2013）］。

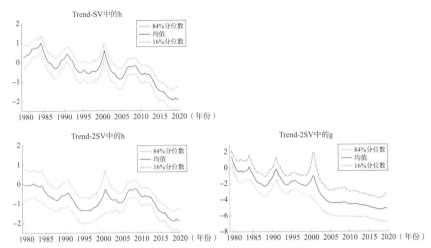

图 4.3 Trend－SV 模型和 Trend－2SV 模型的随机波动率参数的后验概率分布均值与置信区间

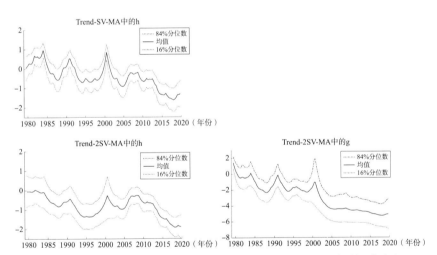

图 4.4 Trend－SV－MA 模型和 Trend－2SV－MA 模型的随机波动率参数的后验概率分布均值与置信区间

4.3.3.2 移动平均参数的后验概率分布

Trend－SV－MA 模型和 Trend－2SV－MA 模型范式下移动平均系数 $p(\psi \mid \mathbf{y})$ 的边际密度估计如图 4.5 所示。ψ 的两个值都集中在 0.2 附近，

数值远离 0，表明在这两个趋势模型中，移动平均的后验概率分布不太可能集中在 0。具体来说，在 Trend – SV – MA 模型下，ψ 比在 Trend – 2SV – MA 模型具有更高的概率，并且分布在其均值附近更为集中。这表明，当状态方程中没有随机波动率参数时，移动平均分量在表征通胀率的波动性方面具有更大的权重。

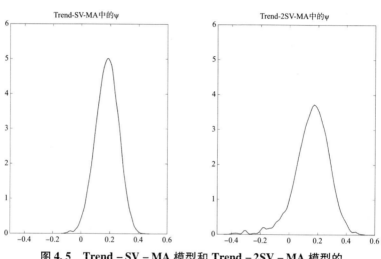

图 4.5　Trend – SV – MA 模型和 Trend – 2SV – MA 模型的
移动平均参数的后验概率密度

4.4　预 测 结 果

本小节首先讨论主要预测分析部分使用的预测方法，包括预测范围、评估期和衡量预测准确性的指标，然后报告了每个独立模型的预测结果，预测过程中具体使用了滚动窗口的预测方法（相对于扩展窗口的预测方法），进而进行组合预测和稳健性检查。

4.4.1　预 测 方 法

本书使用样本外预测的方法并对 1993 年 Q3 ～ 2019 年 Q4 的通胀率进

行了预测。令 $T0 = 2004Q4$，首先在 T0 计算预测值，并与 $T0+1$ 的实际数据进行比较，然后再预测 $T0+2$、$T0+3$ 等，依次类推，直至将时间序列扩展到样本的末尾。预测期为向前一个季度、向前 1 年、向前 2 年和向前 3 年，数学表示为 $k=1，4，8，12$。由此，即可比较各个竞争模型的短期、中期直至长期的预测结果。同时，因为 PC 组没有失业率的迭代公式，因此本书对所有模型均进行了直接预测法。

各模型具体预测表现主要根据以下两个预测衡量指标进行评估：点预测的结果使用了相对均方预测误差（the relative mean square forecast error，MSFE）；而密度预测的结果使用了相对平均对数预测似然（the relative average log predictive likelihood，ALPL）进行评估。

当计算模型的 MSFE 时，$\hat{y}_{T_0+t+k-1}$ 是对 T_0+t 处的所有后验概率分布的均值 $\mathbb{E}(y_{T0+t+k-1} \mid y_{1:T_0+t})$ 取平均值后再进行评估，再通过 $\mathbf{e}^2_{T_0+t+k-1} = \mathbf{y}^0_{T_0+t+k-1} - \mathbb{E}(y_{T0+t+k-1} \mid y_{1:T_0+t})$ 计算预测误差。MSFE 的计算公式为：

$$MSFE = \frac{1}{T-T0-k+1} \sum_{t=1}^{T-T0-k+1} \mathbf{e}^2_{T0+t+k-1}$$

相对 MSFE 值报告了竞争模型与基准模型之间的 MSFE 比率，小于 1 的值表示竞争模型的预测表现优于基准模型，而大于 1 的值表示竞争模型的预测表现低于基准模型。预测似然值 $p(\hat{y}_{T0+t+k-1} = y_{T0+t+k-1} \mid y_{1:T0+t})$ 可用于评估密度预测性能，计算公式如下：

$$ALPL = \frac{1}{T-T0-k+1} \sum_{t=1}^{T-T0-k+1} \log p(\hat{y}_{T0+t+k-1} = y_{T0+t+k-1} \mid \mathbf{y}_{1:T0+t})$$

当观测数据落入后验预测分布概率密度较高的区域时，以观测数据 $y_{T0+t+k-1}$ 为条件的估计参数会产生较大的预测似然值。相对 ALPL 值报告了竞争模型和基准模型之间的 ALPL 差异，正的相对 ALPL 值表明竞争模型比基准模型对目标变量的预测能力更好，而负的 ALPL 值表明基准模型比竞争模型的预测更好。

对于预测准确性的比较，本书使用戴博和马里亚诺（Diebold and Mariano，1995）的相等预测准确性的单侧检验。当竞争模型属于嵌套模型时，可以使用 Clark and McCracken（2001）文中介绍的检验方法进行检验，并以贝叶斯的方法进行分析①。由于竞争模型被分为四组，并且不全是嵌套模型，因此本书不报告嵌套模型的测试结果。预测结果在表 4.1 中进行了汇总报告，其中，拒绝与基准模型为相同预测结果的准确度置信水平为 0.05 和 0.10，分别用一个星号和两个星号表示。

考虑到通胀目标框架是澳大利亚央行在 20 世纪 90 年代初期实施的（Macfarlane，1999）。史蒂文斯（Stevens，1999）认为，1993 年中期是澳大利亚央行明确制定中期通胀目标的时间。学者们一致认为这个时间点是实施新货币政策的开始，因此本书模型估计样本为 1993 年 Q3 ~ 2019 年 Q4 的预测结果。通过扩展参数估计的窗口进行递归估计预测，可以看到，时间序列前 6 个点被分离为模型的滞后期，后面的 40 个时间点用作参数估计的初始数据。因此，模型的预测期为 2005 年 Q1 ~ 2019 年 Q4。

4.4.2 递归预测结果

本节分三个部分分析预测结果。首先，展示整个评估期间的平均结果。其次，会观察每个模型的点预测性能的演变过程。最后，会观察每个模型的密度预测性能随时间的演变过程。

4.4.2.1 平均预测结果

表 4.2 报告了 1993 年第三季度 ~ 2019 年第四季度期间的预测结果，从而集中考察了澳大利亚设定通胀目标的时期。在表中，相对 MSFE 结果在左栏中报告，相对 ALPL 结果展示在右栏中。这两个指标都使用自回归模型作为基准。对于点预测的结果，本书观察到，趋势模型组在中长期内普遍优于 AR 组和 PC 组，而密度预测的结果不太明确；Trend - SV、Trend - 2SV 和 Trend - 2SV - MA 在短期和中期预测中的表现均优于基准模型。

---

① 在概率论贝叶斯名词解释中，"置信水平"一词被用来替代"统计显著性"等统计学经典概念（Koop，2003）。

表 4. 2　　　　　　1993 年 Q3 ~ 2019 年 Q4 各模型组的递归预测结果

模型	相对 MSFE				相对 ALPL			
	k = 1	k = 4	k = 8	k = 12	k = 1	k = 4	k = 8	k = 12
AR	1.00	1.00	1.00	1.00	0.00	0.00	0.00	**0.00**
AR – SV	1.00	1.00 *	1.00	1.00	0.05	0.03	– 0.01	– 0.04
AR – MA	1.01	1.03 **	1.05	1.04	– 0.03	– 0.05 **	– 0.06 **	– 0.06 *
AR – SV – MA	**0.99**	1.00 **	1.00	1.00	**0.05**	0.04	0.00	– 0.03
Trend	1.11	0.95	0.92	**0.97**	– 0.15 **	– 0.14 **	– 0.18 **	– 0.23 **
Trend – SV	1.11	**0.94**	0.92	0.98	0.03	0.07	**0.03**	– 0.03
Trend – 2SV	1.17	0.99	0.92	0.99	0.02 *	0.05	– 0.02	– 0.11
Trend – SV – MA	1.11	**0.94**	0.93	**0.97**	0.01	0.04	0.02	– 0.02
Trend – 2SV – MA	1.10	0.98	**0.91**	**0.97**	– 0.06 **	– 0.07 **	– 0.12 **	– 0.18 **
PC	1.43 **	1.16	1.53 **	1.28	– 0.12 **	– 0.04	– 0.11 **	– 0.08
PC – SV	1.22 *	1.10	1.38	1.08	0.01 *	**0.08**	– 0.03	– 0.01
PC – MA	1.42 **	1.17	1.47 *	1.25	– 0.13 **	– 0.09 **	– 0.15 **	– 0.14 **
PC – SV – MA	1.22 *	1.11	1.39	1.07	0.01 *	0.07	– 0.03	– 0.01
PCd	1.42 **	1.11	1.36	1.10	– 0.12 **	– 0.04	– 0.08	– 0.04
PCd – SV	1.31 **	1.22	1.41	1.08	– 0.03 **	0.04	– 0.07	– 0.02
PCd – MA	1.42 **	1.10	1.32	1.06	– 0.13 **	– 0.09 *	– 0.12 **	– 0.11 **
PCd – SV – MA	1.30 **	1.19	1.37	1.05	– 0.02 **	0.05	0.06	– 0.01

注：粗体分别表示各预测期内的最小相对 MSFE 或最大相对 ALPL。∗∗ 和 ∗ 分别表示在使用 Diebold 和 Mariano（1995）中的渐近检验时，在显著性水平 0. 05 和 0. 10 下拒绝与 AR 模型相等的预测精度。

对于趋势模型组，在观测方程中使用随机波动率的 Trend – SV 模型和 Trend – SV – MA 模型均优于其他趋势模型，表明 Trend – SV 模型和 Trend – SV – MA 模型捕获的通胀率的潜在趋势方面比其他趋势模型更能准确地描述通胀的持续性。对于 AR、PC 和 PCd 模型组，在大多数情况下，具有随机波动率，或随机波动率和移动平均的模型均比仅具有高斯分布或仅具有移动平均成分的模型预测得要好。综上所述，在实施通货膨胀目标期间，具有随机波动率，或随机波动率和移动平均的模型能够提供比组内其他模型更好的点预测和密度预测结果。

如果将 AR 组和 PC 组中的模型与基准模型进行比较时，可以发现只有 AR – SV – MA 可以在向前一个季度的点预测上优于基准模型。此外，这两组竞争模型的相对 MSFE 和相对 ALPL 在向前三年的预测上并不比基准模型做得更好。

4.4.2.2 随时间变化而变化的点预测结果

为了更仔细地检验所有竞争模型的点预测结果，图 4.6 绘制了从 2006 年第一季度~2019 年第四季度各个竞争模型的向前一年的点预测递归预测法得到的 MSFE。可以看到，由于相关时期发生了全球性的金融危机，所有模型的 MSFE 从 2006~2009 年均有所增加，然后到样本末期为止又逐渐下降。这表明所有模型都捕捉到了澳大利亚最初几年通胀目标的灵活设定，但均未能在长期预测中预测到随着全球金融危机的爆发、通胀将大幅下降。当澳大利亚的经济逐渐复苏起来，MSFE 又实现了平稳地下降。对此，本书提出一个可能存在的机制，即当实体经济的需求压力缓解时，通胀率逐步下降。这一结果也说明基于模型的预测有延迟反应，也会使 MSFE 增大。

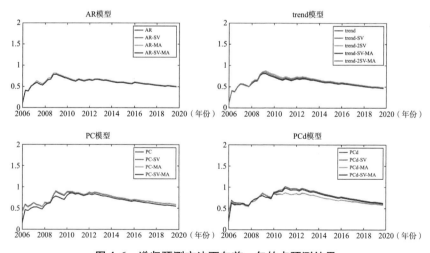

图 4.6 递归预测方法下向前一年的点预测结果

尽管趋势模型在向前一期的预测范围内很难超越 AR 模型，但在中长期的预测中，趋势模型提供了较高的预测准确性。为了解释出现这种情况的原因，图 4.7 绘制了通胀率的实际值，以及向前一年的点预测，竞争模型按组分别绘图，以方便模型之间的比较。其中一个主要原因，是趋势组中的模型所作的预测可以迅速调整，以适应实际通货膨胀数据中的突然变化。值得注意的是，具有随机波动率，或随机波动率和移动平均的模型（尤其是 Trend – SV 和 Trend – SV – MA）的预测值相对更接近真实值。这种对突然变化的数据的适应性可能就是 Trend – SV 和 Trend – SV – MA 可以在中长期预测中胜过其他模型的最主要原因。

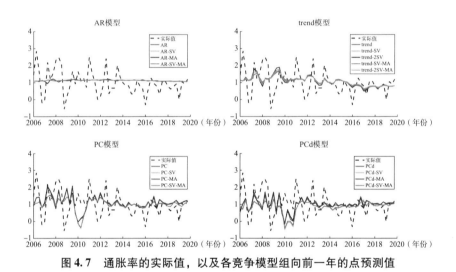

图 4.7　通胀率的实际值，以及各竞争模型组向前一年的点预测值

具体而言，澳大利亚央行一直试图压低通胀目标，自 2014 年以来通胀率更是一直低于 2% 这一下限值。图 4.7 中的结果表明，Trend 模型可以更好地表现了这一时代特征，并对通胀率进行了更为平滑的预测。所有模型的 MSFE 都具有相似的表现，并且在样本结束时所有模型的 MSFE 值都回落到了 1 以下。

4.4.2.3　随时间变化的密度预测结果

为了更仔细地检验所有竞争模型的密度预测性能，图 4.8 描绘了从

2006 年第一季度到 2019 年第四季度各个竞争模型的向前一年密度预测的递归预测法的 ALPL 结果。从图中可以看到，当实际通货膨胀急剧下降或上升时，例如，在 2008 年的全球金融危机时，没有一个竞争模型可以像金融危机以前一样，做出较为一致的预测，各模型的绝对对数似然值均较大。不过，具有灵活误差规范的趋势模型的波动性相对较小，且更为平滑。

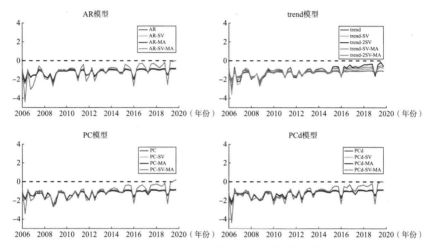

图 4.8   各竞争模型组向前一年的对数似然预测值

在考虑点预测的同时，还需要考虑密度预测的主要原因是，密度预测可以提供后验预测密度中对不确定性预测的总结。因此，它们可用于检验宏观经济中的尾部风险（Carriero et al.，2020）。为了仔细观察每个模型在特定时间点的条件密度预测，图 4.9 描绘了 2016 年第二季度每个模型的条件预测分布。如前所述，2014 年以来，通胀率稳步回落并维持在一个低位，而 2016 年第二季度是这一时期的典型。该图表明，趋势模型往往比 AR 模型和 PC 模型具有更大权重的尾部。这使得趋势模型能够对分布在尾部的通胀率给予更高的概率权重。而趋势模型组中每个模型都具有不同的误差结构，说明在预测澳大利亚通胀率时，运用更为灵活的趋势模型可以更好地发挥这一类模型的优点。

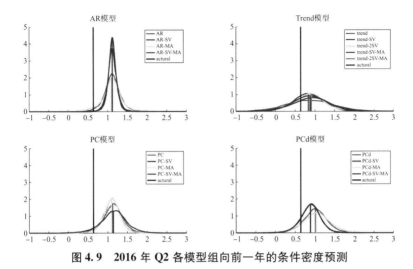

图 4. 9　2016 年 Q2 各模型组向前一年的条件密度预测

4.4.3　组合预测

本小节结合各组的预测结果进行将所有模型进行组合的预测分析。具体而言，是对整个样本期的预测结果采用等权（EW）和时变权（TVW）两种方法进行组合。参考张（2019）的做法，本书将 TVW 组合预测中的窗口宽度设置为 20 个季度。AR 组、趋势组、PC 组和 PCd 组的 EW 和 TVW 预测结果分别在表 4.3 中进行了报告。

表 4. 3　　　　　　　　　　　各模型组的组合预测结果

模型	相对 MSFE				相对 ALPL			
	k = 1	k = 4	k = 8	k = 12	k = 1	k = 4	k = 8	k = 12
AR	1.00	1.00	1.00	1.00	0.00	0.00	0.00	0.00
AR – EW	1.00	1.00	1.18	0.98 *	**0.03**	**0.04**	− 0.01	**0.02**
AR – TVW	1.00	1.00	1.18	0.98 *	**0.03**	**0.04**	0.00	**0.03**
Trend – EW	1.08	**0.91**	**0.97**	**0.85**	− 0.01	− 0.01	− 0.07	− 0.10
Trend – TVW	1.08	**0.91**	**0.97**	**0.85**	− 0.01	0.01	− 0.07	− 0.09
PC – EW	1.19	1.28	1.55	1.07	− 0.02	− 0.01	− 0.05	− 0.01

模型	相对 MSFE				相对 ALPL			
	k = 1	k = 4	k = 8	k = 12	k = 1	k = 4	k = 8	k = 12
PC – TVW	1.20	1.29	1.55	1.06	– 0.01	0.00	– 0.04	0.00
PCd – EW	1.29 **	1.36	1.33	0.97	– 0.05 **	– 0.03	– 0.02	0.00
PCd – TVW	1.29 **	1.36	1.32	0.96	– 0.04 **	– 0.02	– 0.02	0.00

总体而言，AR 模型组在短期预测中给出了最佳的点组合预测结果，趋势模型组在中长期预测中给出了最佳点组合预测结果。AR 模型组还对向前一个季度、向前一年和向前三年的预测做出了更为准确的密度预测。值得注意的是，PC 模型组和 PCd 模型组的预测结果在其单个模型的结果上均有很大的提高，它们的点预测和密度预测结果更接近于基准模型。最后，EW 预测结果和 TVW 预测结果较为接近，这一模型表现也与张（2019）对美国通胀率的预测结论相一致。

4.4.4 敏感性分析：滚动窗口预测

在敏感性分析部分，本书还使用滚动窗口的预测方法进行了预测，并与扩展窗口的预测结果作对比，以检验趋势模型组是否在中长期预测中仍然保持更好的预测性能。与本书主要分析中使用的扩展窗口方法不同，该方法将参数估计所用的数据长度固定为一个相同的时间段。就本书而言，窗口的宽度为 40 个季度，也就是 10 年。表 4.4 报告了预测样本期为 1993 年 Q3 ~ 2019 年 Q4 的相关 MSFE 和 ALPL 结果。

滚动窗口的预测结果进一步验证了本书的主要结论，即趋势模型通常在中期和长期预测范围内可以提供更好的点预测。不过，与本书的主要结论相反，PC 模型组和 PCd 模型组在向前 1 年的点预测结果要好于 AR 模型组和趋势模型组。然而，就密度预测而言，基准模型的预测准确性并未被超越。综上所述，当运用滚动窗口预测方法时，与其他模型组相比，虽然参数估计的信息发生了变化，但是趋势模型组受到的影响较小。换言之，趋势模型可以提供比其他模型更好的点预测性能。具有随机波动率，或随机波动率和移动平均的模型比没有这些模型组成分的模型具有更好的预测表现，这一点与递归预测中的结果相同。

表 4.4　　　　1993 年 Q3～2019 年 Q4 各模型组的滚动窗口预测结果

模型	相对 MSFE				相对 ALPL			
	k = 1	k = 4	k = 8	k = 12	k = 1	k = 4	k = 8	k = 12
AR	1.00	1.00	1.00	1.00	0.00	0.00	0.00	0.00
AR – SV	1.00	1.00	1.00 **	1.00	0.00	– 0.04	– 0.07	– 0.10
AR – MA	1.01	0.99	1.02	1.00	– 0.03	– 0.04	– 0.05 *	– 0.06
AR – SV – MA	1.05 *	1.00	1.00 *	1.00	– 0.01	– 0.04	– 0.08	– 0.11
Trend	1.05	0.95	0.88 **	0.91 *	– 0.24 **	– 0.25 **	– 0.26 **	– 0.30 **
Trend – SV	1.06	0.94	**0.87 ****	0.92	– 0.03	0.00	– 0.01	– 0.07
Trend – 2SV	1.13	0.99	0.92	**0.89**	– 0.07 *	– 0.09	– 0.15 **	– 0.24 **
Trend – SV – MA	1.13	0.96	0.90 *	0.92	– 0.09 *	– 0.06	– 0.04 *	– 0.08 **
Trend – 2SV – MA	1.16	0.98	0.90	0.90	– 0.18 **	– 0.22 **	– 0.25 **	– 0.32 **
PC	1.25	0.95	1.19	1.28	– 0.06		– 0.08 **	– 0.13
PC – SV	1.10	0.94	0.94 *	0.98	– 0.02	**0.01**	– 0.01	– 0.08
PC – MA	1.25	0.95	1.13	1.25	– 0.11	– 0.10	– 0.17 **	– 0.22 **
PC – SV – MA	1.11	0.93	0.95	0.98	– 0.03	**0.01**	– 0.01	– 0.07
PCd	1.33	0.94	1.23 *	1.22 **	– 0.11 *	– 0.02	– 0.10 *	– 0.11 **
PCd – SV	1.17 *	0.93	0.99	1.08	– 0.08 *	0.00	– 0.08	– 0.11
PCd – MA	1.31 *	**0.90**	1.19	1.22 *	– 0.13 *	**– 0.09**	– 0.17 **	– 0.19 **
PCd – SV – MA	1.15 *	0.92	0.99	1.06	– 0.07 *	0.00	– 0.07	– 0.10

4.5　本 章 小 结

本章重点对澳大利亚的 CPI 通胀率进行了预测，比较了趋势模型与常用的自回归模型和菲利普斯曲线模型的预测准确性。总体而言，预测结果表明，尽管自回归模型在超前一步的预测范围内相对而言具有更好的预测准确性，但趋势模型通常在中长期预测范围内提供的点预测和密度预测具有更好的表现。最好的中期点预测来自在瞬时分量中具有随机波动率和具有移动平均分量的趋势模型，而在长期点预测中表现最好的是具有随机波动率和移动平均分量的趋势模型。同时，这些改进在扩展和滚动窗口预测方法中也被证明具有稳健性。

在样本内分析中，本书还发现趋势模型可以捕获重要经济变动时期的通胀率的各种动态变化，这是自回归模型和菲利普斯曲线模型无法做到的。例如，趋势模型捕获了澳大利亚央行采用通胀目标制时大幅下降的通胀以及 2000 年发生的一次性征收 10% 的商品和服务税通胀事件，包括之后自 2014 年起逐渐下降的通胀。总而言之，在预测澳大利亚通货膨胀时，如果采用趋势模型，那么对于政策制定者而言毫无疑问是有利的。

第 5 章
运用移动平均自回归与随机波动模型
对宏观经济时间序列进行预测

5.1 本章概述

在宏观经济学的实证研究中，学者们通常会对验证经典经济学理论或探索宏观经济变量之间的实证关系感兴趣。在对这些宏观经济变量进行实证建模的过程中，学者们一般会使用多元时间序列建模技术，例如，向量自回归模型（VARs）和向量误差修正模型（VECMs）。这两类模型虽然在以往研究中很受欢迎，但最近的文献表明，多元模型结构可能仅适用于某些特定场景下的样本内模型拟合检验或样本外预测（Stock and Watson，2007）；另外，很多时候，为了寻求更好的模型参数估计结果，模型拟合中所使用的信息集中的变量数量可能需要随时间变化而进行显著地变动（Chan et al.，2012）。考虑到以上这种情况，郑等（Trinh et al.，2024）使用了单变量模型来探究这些宏观经济时间序列的演变很可能是一个更好的研究策略。①

在具体的实证研究中，单变量模型中系数的不稳定性已得到学界的广泛认可，学者们已使用多种经济计量方法对此进行了深入地探索。这些计量手段包括：局部均值的变动、结构性中断，以及最近的时变系数（Potter and Koop，2007，Stock and Watson，2007，Chan et al.，2012）。例如，

---

① *Copyright* 2024，*John Wiley and Sons.*

斯托克和沃森（2007）发现时间序列的潜在趋势会随时间推移而呈现出随机变化趋势，相对应的时间序列标准差（SD）也会随时间变化而变化。这表明使用固定方差假设已不适合所有时间情景。从这个意义上说，带有随机波动误差（stochastic volatility，SV）的不可观测成分模型（unobserved component model，UC）可以同时满足潜在趋势随时间变化和扰动项随时间波动的建模考虑与要求。为了获得更好的估计结果，学者们对随机波动误差项的模型预设进行了各种探索，如奇布等（Chib et al.，2002）中自由度未知的学生 t 分布和误差项中的跳跃成分 Chib et al.（2002），含有杠杆设置的随机波动误差模型（Omori et al.，2007），以及含有移动平均与随机波动误差设定的模型陈（2013），该模型假定各期误差项具有序列相关性。

在宏观经济的实证研究中，各宏观经济变量观测值之间存在着显著的序列相关已得到验证。在这种情况下，假设各误差项随时间推移而遵循序列相关过程而不是独立分布就显得更为合理。已有的相关应用经济学研究已表明，经过合理假设的向量自回归及移动平均误差项的过程比没有这一模型预设可以更好地展现各相关变量随时间变化的内在结构。例如，蔡（Tsay，1984）的研究对比了具有平稳和非平稳的向量自回归及移动平均误差项的最小二乘估计结果；而奇布和格林伯格（Chib and Greenberg，1994）和吴和王（Wu and Wang，2012）在贝叶斯计量经济学框架下探讨了具有向量自回归及移动平均误差的线性回归模型。目前的学术研究还需要进一步考察含有向量自回归及移动平均误差的不可观测成分模型，研究内容具体为误差项包含你随机波动项、向量自回归及移动平均误差等这些模型特征的不可观测成分模型。

在基于贝叶斯计量方法的模型拟合和参数估计中，奇布和格林伯格（1994）开发了一种实用的马尔可夫链蒙特卡洛（MCMC）方法，该方法使用了 Kalman 滤波抽样方法，在低维模型估计上拟合效果很好；不过，这一估计方法在对更高维度的模型进行模型拟合时，参数的估计过程会非常耗时，特别是对具有参数值随时间变化而变换的状态空间模型（state space model）进行模型拟合与参数估计时。陈和耶利亚兹科夫（Chan and

Jeliazkov, 2009）为解决参数估计耗时过长这一难题，为协方差误差项矩阵具有固定参数值的状态空间模型引入了参数估计过程更为透明的精度算法，该方法由于矩阵内部非零数值呈块形带状分布，可利用稀疏矩阵算法进行快速而有效的运算。之后，陈（2013）将这一算法运用在包含有移动平均误差项的状态空间模型上，模型在参数拟合过程中表现出良好的收敛效果。另一方面，默克斯兰德等（McCausland et al., 2011）认为使用基于精度的算法后，对向量自回归及移动平均误差特征的模型的估计效率反而会低于那些运用 Kalman 滤波抽样方法，因为很难找到一种可以避免协方差误差矩阵满秩的算法。

基于以上学术焦点与难点，本章介绍了一种变换后的精度算法，该算法可用于拟合具有随机波动项、向量自回归及移动平均误差的不可观测成分单变量模型（本章缩写为 UC - ARMA）。这一转换发展后的精度算法在效率接近陈（2013）所实现的高速运算效率。

本章第二部分将运用该模型对美国宏观经济时间序列进行模型拟合和预测两方面的研究。其他竞争模型包括具有或不具有误差相关性与随机波动项等模型特征假设的不可观测成分模型；同时，也参照斯托克和沃森（2007）考虑了一些模型形式简单的单变量模型，如麦基宾等（McKibbin et al., 2017）提到的随机游走模型和向量自回归模型。

在已有的宏观经济预测研究中，文献大多运用多变量模型来考察宏观经济时间序列，只有少部分文献使用单变量模型进行模型参数拟合与预测应用。其中的典型文献包括，斯旺森和怀特（Swanson and White, 1997）通过对比线性和非线性模型，通过一系列固定和灵活系数的模型设定下，对九大重要宏观经济变量进行了预测性能的检验；阿萨纳索普洛斯和瓦希德（Athanasopoulos and Vahid, 2008）和许韦里宁等（Hyvärinen et al., 2001）探讨了包括向量自回归和向量自回归移动平均（VARMA）等模型在内的五种多元模型对宏观经济变量的预测能力。单变量模型研究方面，博旺等（Bauwens et al., 2015）分析对比了两组模型，即结构断点模型和自回归模型，对 22 个宏观经济季度数据的预测表现，而卡里奥等（Carriero et al., 2015）则运用基于自回归模型的迭代预测法和直接预测法对

170 个宏观经济月度数据进行了比较分析。实证部分对美国宏观经济最具代表性的四大类共计 22 个季度时间序列进行了预测分析，运用了 13 种具有不同模型特征的模型范式，运用了包括点预测和密度预测两种分析法，以期对预测结果进行了细致分析。

在下一节中，将首先介绍模型 UC – ARMA 的整体框架结构，然后给出解析型似然函数的推导过程，以及参数的后验概率分析和参数的仿真估计法。在随后的章节中，首先探讨的是如何运用美国宏观经济时间序列的整体数据样本，对关键参数进行参数估计；随后的小节介绍了预测方法，在竞争模型之间对比预测结果。最后是本章小节与启示。

5.2 UC – ARMA 模型简介

本章所讨论的 UC – ARMA 模型建立在一个一般状态空间模型的框架下，每一个时间 t 点上的观测值 y_t 都可以被分解成两个部分，包括不可观测成分 τ_t 和误差项 ϵ_t^y。其中，误差项 ϵ_t^y 可以用含有随机波动成分的自回归移动平均过程（其滞后期的阶数分别为 p 和 q，ARMA(p, q)）来表示：

$$y_t = \tau_t + \epsilon_t^y \tag{5.1}$$

$$\tau_t = \tau_{t-1} + \epsilon_t^\tau, \quad \tau_1 \sim \mathcal{N}(0, \sigma_{0\tau}^2), \quad \epsilon_t^\tau \sim \mathcal{N}(0, \sigma_\tau^2) \tag{5.2}$$

$$\epsilon_t^y = \phi_1 \epsilon_{t-1}^y + \cdots + \phi_p \epsilon_{t-p}^y + u_t + \psi_1 u_{t-1} + \cdots + \psi_q u_{t-q}, \quad u_t \sim \mathcal{N}(0, e^{h_t})$$

$$\tag{5.3}$$

$$h_t = h_{t-1} + \epsilon_t^h, \quad h_1 \sim \mathcal{N}(0, \sigma_{0h}^2), \quad \epsilon_t^h \sim \mathcal{N}(0, \sigma_h^2) \tag{5.4}$$

其中，t = 1, …, T。同时，假设误差项 ϵ_t^h、ϵ_t^τ 和 u_t 对于所有的观测值都是相互独立的。方程（5.1）被称为观测方程，由不可观测状态 τ 和误差项 ϵ^y 组成，而方程（5.2）是指示状态方程。在方程（5.2）中，本书假设状态 τ 满足随机游走的模型要求，其初始值 τ_1 是从方差为 $\sigma_{0\tau}^2$ 的高斯分布中抽样得到的，平滑参数 ϵ_t^τ 的方差为已知。

方程（5.3）可进一步写成滞后因子为 L 的多项式形式：

$$\phi(L)\epsilon_t = \psi(L)u_t$$

其中，$\phi(L) = 1 - \phi_1 L - \cdots - \phi_p L^p$，$\psi(L) = 1 + \psi_1 L + \cdots + \psi_q L^q$。假设多项式 $\phi(L)$ 的所有单位根都在可以实现自回归移动平均的平稳过程的单位圆之外，而多项式 $\psi(L)$ 所有的根在自回归移动平均的过程可逆的单位圆之外（Chib and Greenberg，1994）。随机波动率参数 h_t 在模型中用于表征变量的随机波动，其本身遵循就随机游走演化，因此，可以从平稳的高斯分布中提取初始值 h_1。

5.2.1　模型参数估计

模型参数估计主要使用了 Gibbs 抽样算法和 Metropolis - Hasting 算法，这些算法均属于以经验数据为基础的马尔可夫链蒙特卡洛（MCMC）方法，用于以合适的收敛速度抽样得到相关的联合分布。这里还需考虑的一个问题是误差项具有 ARMA 结构时的序列相关序列。虽然采用传统的 Kalman 滤波抽样方法时，需要将原始数据转换为独立数据（Chib and Greenberg，1994），但是与陈（2013）一样，本书使用了一种以精度为基础的算法，这种直接的方法不需要进行转换，并且移动平均分量也包含时间序列的序列依赖性。

5.2.1.1　可观测的似然方程

由于似然函数可以提供有关数据的丰富信息并描述指定参数的精确方式，因此，可以先分析模型的似然函数。为了方便估计模型参数，以下面提供了对数似然函数。由于似然函数 $L(\theta|y)$ 由联合分布 $f(y|\theta)$ 定义，给定观测值 $y = (y_1, \cdots, y_t)'$，且 $L(\theta|y) = f(y|\theta)$，首先将公式（5.3）按时间堆叠为向量和矩阵的表达式：

$$\mathbf{H}_\phi \varepsilon^y = \mathbf{H}_\psi \mathbf{u}, \quad \mathbf{u} \sim \mathcal{N}(0, \boldsymbol{\Omega}_u)$$

然后，

$$\varepsilon^y = \mathbf{H}_\phi^{-1} \mathbf{H}_\psi \mathbf{u}$$

把上式代入公式（5.1），

$$\mathbf{y} = \tau + \mathbf{H}_\phi^{-1}\mathbf{H}_\psi\mathbf{u} \tag{5.5}$$

其中，

$$\mathbf{H}_\phi = \begin{pmatrix} 1 & 0 & 0 & 0 & \cdots & 0 \\ -\phi_1 & 1 & 0 & 0 & \cdots & 0 \\ \vdots & \ddots & \ddots & \ddots & & \vdots \\ -\phi_p & \cdots & -\phi_1 & 1 & \cdots & 0 \\ \vdots & \ddots & & \ddots & \ddots & \vdots \\ 0 & \cdots & -\phi_p & \cdots & -\phi_1 & 1 \end{pmatrix}$$

$$\mathbf{H}_\psi = \begin{pmatrix} 1 & 0 & 0 & 0 & \cdots & 0 \\ \psi_1 & 1 & 0 & 0 & \cdots & 0 \\ \vdots & \ddots & \ddots & \ddots & & \vdots \\ \psi_p & \cdots & \psi_1 & 1 & \cdots & 0 \\ \vdots & \ddots & & \ddots & \ddots & \vdots \\ 0 & \cdots & \psi_p & \cdots & \psi_1 & 1 \end{pmatrix}$$

$$\mathbf{y} = \begin{bmatrix} y_1 \\ \vdots \\ y_T \end{bmatrix}, \quad \tau = \begin{bmatrix} \tau_1 \\ \vdots \\ \tau_T \end{bmatrix}, \quad \varepsilon^y = \begin{bmatrix} \varepsilon_1^y \\ \vdots \\ \varepsilon_T^y \end{bmatrix}, \quad \mathbf{u} = \begin{bmatrix} u_1 \\ \vdots \\ u_T \end{bmatrix}$$

其中，

$$\Omega_u = \begin{pmatrix} e^{h_1} & & \mathcal{O} \\ & \ddots & \\ \mathcal{O} & & e^{h_t} \end{pmatrix}$$

给定 $\Omega_y = \mathbf{H}_\phi^{-1}\mathbf{H}_\psi\Omega_u(\mathbf{H}_\phi^{-1}\mathbf{H}_\psi)'$，$\mathbf{y}$ 的条件联合概率密度函数为：

$$(\mathbf{y} \mid \phi, \psi, \tau, \mathbf{h}) \sim \mathcal{N}(\tau, \Omega_y)$$

其中，$\mathbf{h} = (h_1, \cdots, h_T)'$。值得注意的是，$\mathbf{H}_\phi$ 和 $\mathbf{H}_\psi$ 是 $T \times T$ 的非零元素呈带状分布的矩阵。在实证研究中，q 和 p 的值通常远小于观测点总数 T，故而，在实际运算中，可利用带状或稀疏矩阵的算法进行快速而有效的精度估计。虽然 $\mathbf{H}_\phi$ 和 $\mathbf{H}_\psi$ 都是下三角带状矩阵，Ω_u 是对角矩阵，但它们的乘积 Ω_y 不再是稀疏矩阵，因为乘数中还包括 $\mathbf{H}_\phi^{-1}$，经过求逆，$\mathbf{H}_\phi^{-1}$ 已不再是带状或稀疏矩阵。下一节本书将讨论如何通过矩阵变换来得到稀疏矩阵。相关对数似然函数如下所示：

$$l(\boldsymbol{\theta} \mid \mathbf{y}) = \log p(\mathbf{y} \mid \boldsymbol{\phi}, \boldsymbol{\psi}, \boldsymbol{\tau}, \mathbf{h})$$

$$= -\frac{T}{2}\log(2\pi) - \frac{1}{2}\sum_{t=1}^{T} h_t - \frac{1}{2}(\mathbf{y} - \boldsymbol{\tau})'\boldsymbol{\Omega}_y^{-1}(\mathbf{y} - \boldsymbol{\tau}) \quad (5.6)$$

在对数似然函数的实际计算中，本章参考了陈（2013）的做法，运用 Cholesky 分解和前向与后向相结合的替代法，从而实现在使用一些计算软件的时候，实现更快速的运算（如 Matlab 软件）。首先，计算 $\boldsymbol{\Omega}_y$ 的 Cholesky 分解：

$$\mathbf{C}_y = \mathrm{chol}(\boldsymbol{\Omega}_y)$$

然后，进行前向与后向的替代：

$$A = \boldsymbol{\Omega}_y^{-1}(\mathbf{y} - \boldsymbol{\tau}) = \mathbf{C}_y' \setminus (\mathbf{C}_y \setminus (\mathbf{y} - \boldsymbol{\tau}))$$

相当于 $A = \mathbf{C}_y^{-1'}(\mathbf{C}_y^{-1}(\mathbf{y} - \boldsymbol{\tau})) = \boldsymbol{\Omega}_y^{-1}(\mathbf{y} - \boldsymbol{\tau})$，然后是：

$$B = (\mathbf{y} - \boldsymbol{\tau})'A$$

从而实现有效评估对数似然函数方程（5.6）。

5.2.1.2 后验概率参数分析和抽样

对后验概率参数的分析与抽样可参考贝叶斯方法来研究模型参数的属性。给定观测值 $\mathbf{y}$ 的信息和参数 $p(\theta)$ 的先验概率分布，可能性 $p(\mathbf{y} \mid \theta)$ 可以通过式（5.6）获得，然后可以根据贝叶斯方法抽样得到的后验概率密度函数 $p(\theta \mid \mathbf{y})$（Koop，2003）。由此得到后验概率分布表达式：

$$p(\theta \mid \mathbf{y}) = \frac{p(\boldsymbol{\theta}, \mathbf{y})}{p(\mathbf{y})} = \frac{p(\mathbf{y} \mid \boldsymbol{\theta})p(\boldsymbol{\theta})}{p(\mathbf{y})} \quad (5.7)$$

由于只需关注参数 θ，因此可以忽略表达式中不涉及 θ 的项。具体可以忽略 $p(\mathbf{y})$ 项，等式（5.7）可以写成以下表达式：

$$p(\theta \mid \mathbf{y}) \propto p(\mathbf{y} \mid \theta)p(\theta)$$

在介绍 MCMC 抽样法对后验概率分布进行抽样分析之前，可首先将 τ_t 的初始值设置为 $\tau_1 \sim \mathcal{N}(\tau_0, \sigma_{0\tau}^2)$，将 h_t 的初始值设置为 $h_1 \sim \mathcal{N}(h_0, \sigma_{0h}^2)$，其中 τ_0，$\sigma_{0\tau}^2$，h_0，σ_{0h}^2 为给定常数。考虑到本章实证部分是对美国的宏观

经济时间序列进行估计，并将时间序列转化为增长率，故可将参数初始值设置为 $\tau_0 = 0$，$h_0 = 0$，$\sigma_{0\tau}^2 = 5$，$\sigma_{0h}^2 = 5$ 等合理值。假设 ϕ，ψ，$\sigma_\tau^2 \sigma_h^2$ 的先验概率分布相互独立：

$$\sigma_\tau^2 \sim \mathcal{IG}(\nu_\tau, \ S_\tau), \ \sigma_h^2 \sim \mathcal{IG}(\nu_h, \ S_h), \ \phi \sim \mathcal{N}(\phi_0, \ V_\phi), \ \psi \sim \mathcal{N}(\psi_0, \ V_\psi)$$

需要注意的是，σ_τ^2 和 σ_h^2 的先验概率分布遵循逆伽马分布，这意味着先验概率分布是自然共轭先验概率分布，并且它们具有与似然函数相同的函数形式。共轭先验概率分布有两个优点，一是后验概率分布与先验概率分布和似然函数具有相同的分布形式，进一步的分析讨论可以更加清晰和容易，并且可以很容易地用于后验概率分布的分析和仿真。另一个是共轭先验概率分布可以大大减少计算需求，因为使用 MCMC 方法的其他先验概率分布需要较大的计算量（Koop and Korobilis，2009）。ϕ 和 ψ 的先验概率分布是多元正态分布。假设它们有低维结构，因此可为状态空间模型提供 ARMA 误差结构，但仍可以保持简洁。后验概率分布可按以下顺序循环进行抽样：

（1）$p(\tau \mid \mathbf{y}, \ \mathbf{h}, \ \phi, \ \psi, \ \sigma_\tau^2)$；

（2）$p(\mathbf{h} \mid \mathbf{y}, \ \tau, \ \phi, \ \psi, \ \sigma_h^2)$；

（3）$p(\psi, \ \sigma_h^2, \ \sigma_\tau^2 \mid \mathbf{y}, \ \tau, \ \phi, \ \mathbf{h}) = p(\psi \mid \mathbf{y}, \ \tau, \ \phi, \ \mathbf{h}) p(\sigma_h^2 \mid \mathbf{h}) p(\sigma_\tau^2 \mid \tau)$；

（4）$p(\phi \mid \mathbf{y}, \ \tau, \ \psi, \ \mathbf{h})$。

τ 的抽样：

τ 抽样的具体推导过程可参见第 2 章相关部分。

$\mathbf{h}$ 的抽样：

$\mathbf{h}$ 的 MCMC 抽样可参见第 2 章相关内容，更具体而言，其分布是由几个正态分布组成的混合分布，它是为时间序列模型对数形式的随机波动分量设计的。这种改进的 MCMC 算法首先由金姆等（Kim et al.，1998）引入经济学研究，并且被证明仅使用七个正态分布即可实现对随机波动率的有效近似。为了采用这种方法，表达式（5.5）可以转换为以下形式：

$$\begin{aligned}
\mathbf{y}^* &= \log(\mathbf{H}_\psi^{-1} \mathbf{H}_\phi (\mathbf{y} - \tau)) \\
&= \log(\mathbf{e}^\mathbf{h} \cdot \varepsilon_{\mathbf{y}^*}^2) \\
&= \mathbf{h} + \log \varepsilon_{\mathbf{y}^*}^2
\end{aligned}$$

通过简单变形有：

$$y^* = \log(H_\psi^{-1} H_\phi (y - \tau) + c)$$

其中，c 是偏移元素，以避免 $\varepsilon_{y^*}^2$ 的估计值过小。本书遵循金姆等（1998）的方法，设置 $c = 0.001$，于是有：

$$\log \varepsilon_{ty^*}^2 \approx \sum_{t=1}^{7} p_i f_N(x_j \mu_i, \sigma_i^2)$$

其中，7 个高斯分布 $S_t \in 1, 2, \cdots, 7$ 以概率 $P(S_t = j) = p_j$ 组成正态混合分布，y^* 的相关协方差矩阵就是 $\Omega_{y^*} = \mathrm{diag}(\sigma_{S_1}^2, \sigma_{S_2}^2, \cdots, \sigma_{S_T}^2)$。当得到 y^* 的模型拟合值后，后验概率分布 $(h \mid y, \tau, \phi, \psi, \sigma_h^2) \sim \mathcal{N}(\hat{h}, D_h)$ 即可通过前向后向平滑方法计算，该方法也是基于精度的抽样，则：

$$D_h^{-1} = H' \Omega_h^{-1} H + \Omega_{y^*}^{-1}, \quad \hat{h} = D_h (\Sigma_{y^*}^{-1} (y^* - \mu))$$

其中，$\Omega_h = \mathrm{diag}(\sigma_{0h}^2, \sigma_h^2, \cdot, \sigma_h^2)$ 来自表达式（5.9）。

σ_h^2 和 σ_τ^2 的抽样：

假设 σ_h^2 和 σ_τ^2 都是条件独立的，并且它们的后验概率分布的推导可以遵循 Koop（2003）中线性回归模型的标准方差结果，具体推导过程可参见第 2 章相关部分。给定一个共轭逆伽马先验概率分布 $\sigma_\tau^2 \sim \mathcal{IG}(\nu_\tau, S_\tau)$，即可得到 $(\sigma_\tau^2 \mid \tau)$ 的后验概率密度分布：

$$(\sigma_\tau^2 \mid \tau) \sim \mathcal{IG}\left(T/2 + \nu_\tau, \sum_{t=2}^{T} (\tau_t - \tau_{t-1})^2 / 2 + S_\tau\right)$$

类似的，σ_h^2 的后验概率密度分布为：

$$(\sigma_h^2 \mid h) \sim \mathcal{IG}\left(T/2 + \nu_h, \sum_{t=2}^{T} (h_t - h_{t-1})^2 / 2 + S_h\right)$$

ψ 和 ϕ 的抽样：

与 y，τ，σ_h^2，和 σ_τ^2 都服从近似正态分布或逆伽马分布不同，参数 ψ 和 ϕ 的分布是未知并且需要合适的候选生成密度进行抽样。此处 ψ 和 ϕ 的备选概率密度抽样采用接受 – 拒绝算法（Kroese et al.，2011）。具体推导过程可参见第 2 章相关部分。

5.3 美国宏观经济时间序列的实证分析

本节主要介绍 UC – ARMA 模型与其他四组单变量模型对美国宏观经济时间序列的拟合与预测分析，其中单变量模型有随机游走模型（基准模型），不可观测成分模型，和两组自回归模型。对于时间序列的选择，本书参考了博旺等（2015）所使用的 22 个美国季度宏观经济时间序列数据。这些时间序列被认为是西方宏观经济学中最具代表性和实用性的宏观经济变量。

5.3.1 竞争模型

近年来的相关研究显示，模型的标准方差部分如果加入随机波动成分（stochastic volatility，SV），会比仅使用固定标准方差的模型展现出更好的模型拟合度和预测能力（Chan，2013；Clark and Doh，2014）。因此，随机波动成分目前被认为是宏观经济时间序列实证分析模型的重要组成部分。故而在以下竞争模型中，模型均默认包含随机波动成分；如果模型不包含这一成分，即只包含固定方差，那模型的名称中将特别标记"NoSV"。

同时，考虑到随机游走模型麦基宾等（2017）在宏观经济预测中仍然是单变量模型和多变量模型的强有力竞争对手（Stock and Watson，2007）。因此，本书遵循以往文献的做法，仍使用含有固定方差的随机游走模型作为基准模型。

另一方面，本书也采用了一些自回归模型（autoregressive model，AR）作为竞争模型。为了使本章所涉及的研究目标集中在模型组成设定上，同时也为了保持讨论的结构相对紧凑，本书没有使用 Akaike 信息标准（akaike information criterion，AIC）或贝叶斯信息标准（Bayesian information criterion，BIC）这类通过数据来决定自相关模型的滞后阶数，而是选择了固定的滞后期数，包括滞后两期（AR2）和滞后四期（AR4），同时，这些自回归模型涵盖了是否有自回归移动平均残差成分或随机波动误差设定，以进行模型间的比较。马塞利诺等（Marcellino et al.，2006）对自回归模型的滞后期阶数的选择，有比较详细的讨论。通过对模型阶数的预设，从而使具有较短滞后期阶数和较长滞后期阶数的自回归模型在模型比较实证分析中得以运用。

（1）RW 基准模型：

$$y_t = y_{t-1} + \varepsilon_t，\quad \varepsilon_t \sim \mathcal{N}(0，\sigma^2)$$

（2）不可观测成分模型：

$$y_t = \tau_t + \varepsilon_t^y$$

$$\tau_t = \tau_{t-1} + \varepsilon_t^\tau，\quad \varepsilon_t^\tau \sim \mathcal{N}(0，\sigma_\tau^2)$$

只包含随机波动误差（UC）：

$$\varepsilon_t^y \sim \mathcal{N}(0，e^{h_t})$$

$$h_t = h_{t-1} + \varepsilon_t^h，\quad \varepsilon_t^h \sim \mathcal{N}(0，\sigma_h^2)$$

只包含移动平均和随机波动误差（UC－MA）：

$$\varepsilon_t^y = u_t + \psi_1 u_{t-1} + \cdots + \psi_q u_{t-q}，\quad u_t \sim \mathcal{N}(0，e^{h_t})$$

$$h_t = h_{t-1} + \varepsilon_t^h，\quad \varepsilon_t^h \sim \mathcal{N}(0，\sigma_h^2)$$

包含自回归移动平均和随机波动误差（UC－ARMA）：

$$\varepsilon_t^y = u_t + \psi_1 u_{t-1} + \cdots + \psi_q u_{t-q}，\quad u_t \sim \mathcal{N}(0，e^{h_t})$$

$$h_t = h_{t-1} + \varepsilon_t^h，\quad \varepsilon_t^h \sim \mathcal{N}(0，\sigma_h^2)$$

只包含自回归移动平均误差（UC－ARMA－NoSV）：

$$\varepsilon_t^y = u_t + \psi_1 u_{t-1} + \cdots + \psi_q u_{t-q}，\quad u_t \sim \mathcal{N}(0，\sigma_y^2)$$

（3）滞后两期自回归模型：

$$y_t = \phi_0 + \phi_1 y_{t-1} + \phi_2 y_{t-1} + \varepsilon_t^y$$

其中，ε_t^y 与不可观测成分模型组有一致的四个模型设定；本书使用 AR，ARMA，AR－ARMA 和 AR－ARMANoSV 作为模型简称，使其与不可观测成分模型组保持一致。

（4）滞后四期自回归模型：

$$y_t = \phi_0 + \phi_1 y_{t-1} + \cdots + \phi_4 y_{t-4} + \varepsilon_t^y$$

其中，ε_t^y 与滞后期为两期和不可观测成分模型组都有一致的四个模型设定,只是滞后期阶数为4,因此,本书将这类模型组中的模型分别命名为AR4、AR4 – MA、AR4 – ARMA 和 AR4 – ARMANoSV。

如上所述,在不可观测成分模型中,只有状态方程（5.2）中有随机波动成分。为模型简洁起见,不同于斯托克和沃森（2007）和陈（2013）,本章在观测方程（5.1）中没有包含随机波动成分。

两组自回归模型组均假设其自回归过程是平稳的,并且与估计系数相关的特征多项式的所有的根都在单位圆内。

5.3.2 数据和先验概率分布

实证分析部分使用了美国的 22 个季度宏观经济时间序列（见表 5.1）对所有竞争模型分别进行了参数估计。对于每个时间序列,数据均从 1958年第三季度开始,到 2012 年最后一个季度结束,共由 215 个离散观测值组成。其中,最开始的四个季度的数据被预留为初始部分滞后期阶数的准备期。如表所示,如果原始时间序列本身就是比率（R）,就不会进行数据预处理,其原始值直接用于数据分析;而其他原始数据（O）采取对数一阶差分的数据转换,将这类时间序列转换为增长率。考虑到本章所考察的模型均为单变量模型,本书没有使用其他数据转换的方法来做数据预处理来转换时间序列（例如,对数二阶差分）。

表 5.1   变量说明

序号	缩写	类型	定义
1	GDPC96	R	实际国内生产总值
2	CPIAUCSL	R	消费者物价指数
3	FEDFUNDS	O	联邦储备金率
4	BORROW	R	联邦储备银行借款利率
5	SP500	R	S&P 500 股票价格指数
6	M2SL	R	M2 货币储备
7	PINCOME	R	个人收入

序号	缩写	类型	定义
8	PCECC96	R	实际个人消费指数
9	INDPRO	R	工业产品指数
10	UNRATE	O	城市人口失业率
11	HOUST	R	新建房屋增长率
12	PPIFCG	R	生产者价格指数：最终产品
13	PCECTPI	R	个人消费：链式消费品
14	AHEMAN	R	每小时生产收入：非管理岗位
15	M1SL	R	M1 货币储备
16	OILPRICE	R	现货石油价格：西德克萨斯原油中间产品
17	GS10	O	10 年期国债固定到期利率
18	GPDIC96	R	实际国内私人总投资
19	PAYEMS	R	非农业总就业人数比率
20	PMI	R	采购经理人指数
21	NAPMNOI	R	ISM 制造业：新订单指数
22	OPHPBS	R	商业部门：所有人每小时产出

注：第三列为变换方法：O = 原始序列，R = 变量一阶差分后的增长率。样本期为 1958Q3 ~ 2012Q4。数据来自 St. Louis FRED 数据库（http：//research. stlouisfed. org）。

5.3.3 全样本估计结果分析

在基于精度算法的快速运算下，本书对 MCMC 算法和参数拟合的实现较为简单。变量的初始值设置为零，参数的先验值的均值设置为零，且方差很大。模型拟合总共进行了 50000 次抽样，前 5000 次抽样为抽样初始化，舍弃不用，因此保留下来 45000 次抽签被用来计算相关参数的后验概率分布的特性。

5.3.3.1 φ 和 ψ 的后验概率分布

考虑到对模型范式的讨论简洁明了，本书令所有包含 ARMA（p，q）误差项的模型范式均为 ARMA(1,1) 类型。具有 ARMA 误差项的模型 UC、AR2 和 AR4 以及 UC – MA 模型的 ψ 和 ϕ 的结果汇总在表5.2 中。

表5.2 　　　ψ 和 ϕ 在包含 ARMA – SV 误差项的模型中的众数

以及 ψ 在 UC – MA 的众数

序号	缩写	UC – ARMA		UC – MA	AR2 – ARMA		AR4 – ARMA	
		ϕ	ψ	ψ	ϕ	ψ	ϕ	ψ
1	GDPC96	0.60	– 0.17	0.04	0.26	0.03	0.40	0.12
2	CPIAUCSL	0.92	– 0.17	0.16	0.83	0.38	0.87	– 0.18
3	FEDFUNDS	0.94	0.35	0.99	0.97	0.06	0.96	0.77
4	BORROW	0.99	– 0.92	0.05	0.88	– 0.99	– 0.30	– 0.99
5	SP500	0.20	0.20	0.12	– 0.34	– 0.26	0.31	– 0.30
6	M2SL	0.53	0.24	0.41	0.67	0.27	0.95	0.28
7	PINCOME	0.27	– 0.19	0.02	0.86	0.07	0.92	– 0.05
8	PCECC96	0.43	– 0.37	– 0.02	0.27	– 0.15	0.76	– 0.14
9	INDPRO	0.71	0.20	0.38	0.33	– 0.31	0.49	0.07
10	UNRATE	0.97	0.99	0.99	0.85	0.14	0.91	0.77
11	HOUST	0.86	– 0.33	– 0.03	– 0.46	– 0.99	0.36	0.96
12	PPIFCG	0.35	0.25	0.16	– 0.48	0.15	0.59	– 0.11
13	PCECTPI	0.89	– 0.16	0.11	0.88	0.12	0.76	0.03
14	AHEMAN	0.97	– 0.52	– 0.15	0.85	– 0.48	0.94	– 0.05
15	M1SL	0.58	– 0.55	0.32	– 0.21	– 0.05	0.97	– 0.17
16	OILPRICE	– 0.35	– 0.18	0.02	0.99	– 0.38	– 0.53	– 0.51
17	GS10	0.89	0.10	0.99	– 0.29	0.14	0.95	0.66
18	GPDIC96	0.99	– 0.86	– 0.04	0.64	0.98	0.39	0.00
19	PAYEMS	0.75	– 0.09	0.30	0.56	– 0.07	0.80	– 0.29
20	PMI	– 0.99	0.99	0.08	0.56	– 0.98	0.72	– 0.99
21	NAPMNOI	0.99	– 0.93	– 0.09	0.55	– 0.98	0.48	– 0.99
22	OPHPBS	0.74	– 0.85	– 0.20	– 0.04	– 0.22	0.47	– 0.14

　　模型的关键参数是 ARMA 模型中的误差项系数 ψ 和 φ，表中的结果显示，模型的大多数 φ 和 ψ 后验概率中位数均远离零，因此，模型误差的自回归和移动平均分量在所提出的模型范式中都很重要（除了第 19 变量中的 |ψ| < 0.1）。AR2 - ARMA 和 AR4 - ARMA 中 φ 和 ψ 的后验概率密度不如 UC - ARMA 显著，它们有六个和五个后验概率分布中位数都集中在零附近，即绝对值小于 0.1。

　　值得注意的是，φ 和 ψ 的后验概率均值对模型范式的选择很敏感。不同模型的参数拟合结果并不相同，这不仅在绝对值上，还反映在数值正负符号上，甚至两个滞后期不同的自回归模型的估计结果也有很大的不同。

　　另一个值得注意的点是：UC - ARMA、AR2 - ARMA 和 AR4 - ARMA 中的 ψ 分别有 14 个、12 个和 12 个负值，而 UC - MA 中 ψ 值为负数的个数仅为 6，这表明误差滞后期 φ 可以表征误差项 ε_y 的一些正自相关关系，并在随机波动部分引入了更多的负自相关，这是只有移动平均滞后期的 UC - MA 模型无法做到的。相比之下，误差项中的持久分量从时间序列的趋势部分中吸收了更多的波动性，从而表现出比 UC - MA 模型更平滑的潜在趋势。

5.3.3.2　φ 和 ψ 的边际密度概率分布

　　参数的边际密度概率分布是通过将模型中的其他参数边缘化，从而可以专门探讨关键参数主要属性的方法。这里的边际概率 $p_\phi(\phi \mid \mathbf{y})$ 和 $p_\psi(\psi \mid \mathbf{y})$ 可以通过对其他参数的后验概率分布求和来边缘化，即：

$$p_\phi(\phi \mid \mathbf{y}) = \int p_{\phi \mid h}(\phi \mid \mathbf{y}, \mathbf{h}) p(\mathbf{h}) d\mathbf{h} = E_h(p_{\phi \mid h}(\phi \mid \mathbf{y}, \mathbf{h}))$$

$$p_\psi(\psi \mid \mathbf{y}) = \int p_{\psi \mid h}(\psi \mid \mathbf{y}, \mathbf{h}) p(\mathbf{h}) d\mathbf{h} = E_h(p_{\psi \mid h}(\psi \mid \mathbf{y}, \mathbf{h}))$$

　　在实证中，本书首先计算条件概率密度 $p_\phi(\phi \mid \mathbf{y})$ 和 $p_\psi(\psi \mid \mathbf{y})$ 在其截断区域 [-1, 1] 的抽样结果，并通过绘制 h 的 45000 个后验概率抽样分布图来获得 φ 和 ψ 的蒙特卡洛平均值。然后将抽样的累积数值在坐标轴上按概率描绘，这样参数的后验概率分布曲线下的总面积为 1。图 5.1 显示了 UC - ARMA 的误差项自回归参数 φ 和移动平均参数 ψ 估计值的边际概率分布。

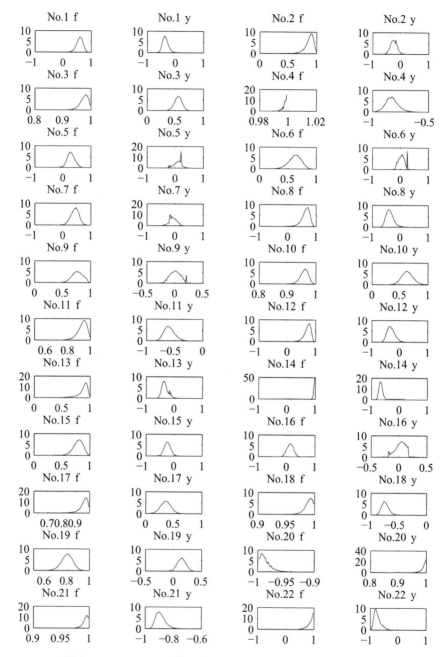

图 5.1　UC – ARMA 的误差项自回归参数 φ 和移动平均参数 ψ

估计值的边际概率分布

可以观测到，各宏观经济变量的 φ 和 ψ 具有不同的边际分布，其中大部分具有正态，或截断正态分布，或近似截断正态分布，而有些可能具有自己特定的概率密度分布，例如第 4 变量和第 14 变量中的 φ，以及第 5 变量和第 6 变量中的 ψ。此外，一些截断的正态分布可能将分布的主要部分保留在［－1，1］区域，而其他仅保留尾部部分（φ 中第 14 变量和第 22 变量，ψ 中第 20 变量）或一小部分（φ 中第 17 变量、第 18 变量和第 21 变量）。由于对 φ 和 ψ 的后验概率分布抽样时可以使用正态分布作为假设的概率密度分布，因此，当按条件概率分布抽取 φ 和 ψ 时，抽样的收敛速度和成功更新的数量较差，且与建议的密度有很大的不同（Chib and Greenberg，1995）。

一方面，图 5.1 中 φ 的结果也提供了强有力的证据，证明模型中的自回归分量都显著远离零，而有一两个变量的参数的后验概率分布显示，其参数并没有被 ARMA(1，1) 很好地表征，它们可能需要其他更为合适的误差表达式。另一方面，ψ（第 6 变量、第 7 变量和第 9 变量）的一些结果在零附近具有相当大的质量，这表明这些数据中的 ψ 似乎具有较小的值，并且移动平均的实证结果并不能很好地支持模型中的这一成分。但是，由于具有自回归和移动平均成分的模型都嵌套在具有 ARMA 成分的模型中，因此下一节中介绍的预测分析仍然是包含 ARMA(1，1) 的模型范式。

5.4　预测结果分析

5.4.1　预测评估方法

本书将数据分成三个子样本进行样本外预测。第一部分 1958 年 Q3～1959 年 Q2 的样本期，用于分离出初始的四个观测值，这主要考虑了自回归模型中使用了四个滞后期，这样所有模型都使用相同的估计起点：1959 年 Q3。第二部分 1959 年 Q3～1974 年 Q4 的样本区间，用于模型拟合与参数估计样本，这样每个经济变量均包含 62 个观测值。第三部分 1975 年 Q1 ~ 2012 年 Q4 是用于预测的保留样本区间，包含 148 个观测值。

5.4.1.1 递归预测和直接预测

首先，使用 MCMC 抽样方法从第二个样本区间（例如 $\mathbf{y}_{1:T_0+t+1-1}$）估计参数，并使用它们生成预测（$\hat{y}_{T_0+t+k-1}$，其中 k 是向前 k 期预测）与第三部分的实际数据 $\mathbf{y}_{T_0}+t+k-1$ 进行比较。其次，再将数据窗口再扩大一个时间点 $\mathbf{y}_{1:T_0+t+1-1}$，更新下一个时间点的参数估计，并再次预测，直到数据窗口扩大到完整的数据集。最后，通过递归计算得到整个预测值的时间序列。对于每个循环的模型拟合并预测过程，参数估计仍然是基于 50000 次的抽样，抽样的初始准备期为 5000 次。

扩展数据窗口的这种预测方法，可以使估计样本的数据长度越变越大，这样越来越多的信息也被用于后续的预测中。本章预测没有使用滚动窗口的预测数据选取方法，这一方法保证每次预测的估计样本长度保持不变，因为这一数据选取方法使得数据随着时间的推移而扩展，但不能包含更多的已知信息。

同时，本章使用了直接预测而不是迭代预测，因为 UC 组模型没有像 AR 组模型那样的迭代公式。本书使用了 13 个模型范式对 22 个宏观经济变量中进行预测，对每个变量提供了从短期、中期到长期的 5 种向前预测期长度的预测结果，即向前 1、4、8、12 和 16 期预测，预测结果涵盖了从一个季度到四年的预测，因此可以使用所建议的模型范式来考察从短期一个季度到长期四年的不同模型的预测效果。

5.4.1.2 模型选取标准

为了评估预测性能的数量，本书使用了两个预测衡量指标：均方预测误差（MSFE）和对数预测似然值（LPL）。MSFE 可用于评估模型的点预测的表现，其值越小表示模型的预测能力越好，而 LPL 用于评估模型的密度预测性能，对数预测似然值越大，表示模型的区间预测能力越好。

MSFE 被广泛用于预测模型的选择。与误差项的方差类似，它主要用于度量预测误差的大小（Tsurumi and Wago，1991）。为了计算 MSFE，首先通过平均所有后验均值 $\mathbb{E}(y_{T0+t+k-1}\mid y_{1:T_0+t})$ 在时间 T_0+t 的值，以用来评估预测 $\hat{y}_{T_0+t+k-1}$，那么预测误差为 $e_{T_0+t+k-1}^2 = y_{T0+t+k-1}^0 - \mathbf{E}(y_{T0+t+k-1}\mid y_{1:T_0+t})$，其中 k 为向前 k 期预测，然后再计算预测误差的平均值。因此，MSFE 的定义式为：

$$\mathrm{MSFE} = \frac{1}{T - T_0 - k + 1}\sum_{t=1}^{T-T_0-k+1} e_{T_0+t+k-1}^2$$

如上一小节所述，使用 RW 模型作为基准模型，再用其他模型的 MSFE 值除以 RW 模型的 MSFE，以得到相对 MSFE（RelMSFE）。换言之，将 RW 的点预测 MSFE 被定义为 1.00，从而实现点预测结果标准化。

预测似然值 $p(\hat{y}_{T_0+t+k-1} = y_{T_0+t+k-1}\mid y_{1:T_0+t})$ 可用于评估密度预测表现 $p(\hat{y}_{T_0+t+k-1}\mid y_{1:T_0+t})$。简言之，当估计的参数以观测数据 y_{T_0+t} 为条件，而观测数据落入具有更高概率的后验预测分布区间时，会产生更大的预测似然值（Hinkley，1979）。考虑到简便计算，可使用汇总的 LPL 来评估密度预测，即：

$$\mathrm{LPL} = \sum_{t=1}^{T-T_0-k+1} \log p(\hat{y}_{T_0+t+k-1} = y_{T_0+t+k-1}\mid y_{1:T_0+t})$$

由于 RW 模型在本章模型设定中没有预测密度表达式，因此以 UC 模型为基准模型，用以计算其他竞争模型的相对 LPL（RelLPL）。具体做法是使用其他模型的 LPL 减去 UC 模型的 LPL，即可得到相对 LPL。可以看出，UC 的各期相对 LPL 均为零，该值越大表示相对于其他竞争模型的密度预测效果越好。

5.4.2　MSFE 预测结果

本小节分别根据不同的误差设定和不同的模型组总结了 22 个宏观经济变量中表现最好的模型范式。以下两个表格展示了从短期到长期的每个模型范式在预测中表现最优的次数，它们在整个数据集中的最优百分比在最优次数的下方给出。虽然 MSFE 和 RelMSFE 的结果保留到小数点后四位，但仍然有两种最优模型的情况，即对第 22 变量的预测结果中，模型 AR2 和 AR4 – MA 在 k = 16 时均有最佳预测表现，因此最优模型的总数为 23，表现出色的百分比也被除以 23 而非 22。

表 5.1 的预测结果表明，包含了 ARMA 误差项的模型范式（UC、AR2 和 AR4）在除 k = 12 之外的几乎所有预测范围内都有最佳的点预测表现。例如，在向前一步的预测中，与其他模型相比，包含 ARMA 误差项的模型在 9 个变量中的 MSFE 都是最小的，这已在所有 22 个变量中占到了 40.9%。

结果还表明，具有移动平均误差项的模型有时会在短期（向前 1 期和向前 4 期）中提供显著更好的预测结果，而具有 ARMANoSV 误差的模型可以在中长期（向前 8 期和向前 12 期）中提供最佳预测。正如预期的那样，即使是基准 RW 模型也可以在向前 1 期中取得最优预测的结果两次。但是，这些模型中没有一个模型能够像包含 ARMA 误差的模型范式那样在所有预测范围内均做出优异且稳定的预测。换言之，表 5.3 中的结果证实，包含了 ARMA 误差项的模型可以为点预测提供稳健的预测工具。

表 5.3　　　各宏观经济变量基于 MSFE 的点预测，按误差项的
不同而汇总的最佳模型个数与百分比

	k = 1	k = 4	k = 8	k = 12	k = 16
RW 最佳模型个数	2	1	0	0	0
占比	9.1%	4.5%	0%	0%	0%
含 SV 模型个数	4	1	6	5	5
占比	18.2%	4.5%	27.3%	22.7%	21.7%
含 MA 模型个数	5	7	2	3	4
占比	22.7%	31.8%	9.1%	13.6%	17.4%
含 ARMA 模型个数	9	9	7	6	8
占比	40.9%	40.9%	31.8%	27.3%	34.8%
含 ARMA – NoSV 模型个数	2	4	7	8	6
占比	9.1%	18.2%	31.8%	36.4%	26.1%
共计	22	22	22	22	23

表 5.4 的结果表明，与 RW 模型相比，UC 模型是提高模型预测能力的重要模型工具。从表 5.4 中可以观察到，UC 模型组在除向前 4 期以外的所有预测期中，均占有主导地位。更具体地讲，有一半的变量在较长的预测期（向前 12 期和向前 16 期）中更适合使用 UC 模型进行预测，而短期（向前 1 期）和中期（向前 8 期）则有超过三分之一的变量的结果显示，UC 模型与其他模型相比，可以做出更为准确的预测。

表 5.4 各宏观经济变量基于 MSFE 的点预测，按模型分组的
不同而汇总的最佳模型次数与百分比

	k = 1	k = 4	k = 8	k = 12	k = 16
RW 模型组	2	1	0	0	0
占比	9.1%	4.5%	0%	0%	0%
UC 模型组	8	7	9	11	11
占比	36.4%	31.8%	40.9%	50.0%	50.0%
AR2 模型组	7	5	7	4	5
占比	31.8%	22.7%	31.8%	18.2%	22.7%
AR4 模型组	5	9	6	7	7
占比	9.1%	27.3%	31.8%	40.9%	31.8%
共计	22	22	22	22	22

对于两组自回归模型，含有较短滞后期的组别（AR2）似乎在较短期的预测范围内具有更好的结果，而含有较短滞后期的组别（AR4）在较长的范围内则显示出更好的预测结果。这说明增加 AR 模型的滞后期，可以帮助捕捉到变量在较长预测期内的潜在趋势的持久性，而在较短的预测期内则无法很好地表征时间序列的随机波动性。

表 5.5 报告了四组模型范式的最佳预测表现模型数量。结果再次显示，没有一种模型范式可以在所有范围内在所有变量中在预测表现中均超过其他模型范式。表中的结果表明，本书所提出的 UC – ARMA 在 13

个模型中对 5 个预测期的各变量之间做出了超过平均水平的预测表现。

表 5.5 各宏观经济变量基于 MSFE 的点预测，按模型范式的
不同而汇总的最佳模型次数

	k = 1	k = 4	k = 8	k = 12	k = 16
RW	2	1	0	0	0
UC	0	1	3	1	2
UC – MA	4	3	0	2	3
UC – ARMA	3	2	3	2	1
UC – ARMANoSV	1	1	3	6	5
AR2	2	0	2	2	2
AR2 – MA	1	2	1	0	0
AR2 – ARMA	3	1	2	1	3
AR2 – ARMANoSV	1	2	2	1	0
AR4	2	0	1	2	1
AR4 – MA	0	2	1	1	1
AR4 – ARMA	3	6	2	3	4
AR4 – ARMANoSV	0	1	2	1	1
共计	22	22	22	22	23

5.4.3 LPL 预测结果

与 LPL 预测结果相关的表格显示，各模型范式的预测表现与 MSFE 的预测结果略有不同。表 5.6 的结果表明，具有 ARMA 误差的模型范式可以产生稳定且高于平均水平的最佳预测模型数量。仅具有 SV 和 ARMANoSV 的模型范式的预测结果通常会随着预测期的延长而显著提高。这些结果表明，模型中灵活的误差项设定可能更适合预测变量的短期变化，而长期预测则需要更为平稳的误差变动过程。

表 5. 6   各宏观经济变量基于 LPL 的密度预测，按误差项的

不同而汇总的最佳模型次数与百分比

	k = 1	k = 4	k = 8	k = 12	k = 16
含 SV 模型个数	5	4	5	6	8
占比	22.7%	18.2%	22.7%	27.3%	36.4%
含 MA 模型个数	9	5	3	1	2
占比	40.9%	22.7%	13.6%	4.5%	9.1%
含 ARMA 模型个数	6	7	7	6	5
占比	27.3%	31.8%	31.8%	27.3%	22.7%
含 ARMA – NoSV 模型个数	2	6	7	9	7
占比	9.1%	27.3%	31.8%	40.9%	31.8%
共计	22	22	22	22	22

表 5.7 中的模型组比较结果表明，UC 组在各期的预测表现均不太好，仅在长期预测中有较为出色的表现。不过，AR4 组在短期和长期预测中均做出了较为准确的预测。

表 5. 7   各宏观经济变量基于 LPL 的密度预测，按模型分组的

不同而汇总的最佳模型次数与百分比

	k = 1	k = 4	k = 8	k = 12	k = 16
UC 组	4	5	6	6	9
占比	18.2%	22.7%	27.3%	27.3%	40.9%
AR2 组	8	11	7	7	4
占比	36.4%	50.0%	31.8%	31.8%	18.2%
AR4 组	10	6	9	9	9
占比	45.5%	27.3%	40.9%	40.9%	40.9%
共计	22	22	22	22	22

表 5.8 中的结果表明，在预测的研究领域，每个模型由于含有不同的模

型特征，在不同的变量之间，均能发挥各自的模型优势。尽管 UC – ARMA 模型在整体预测中没有表现出明显的预测优势，但它在所有预测区间均有其适用的变量。而 AR2 – ARMA 中引入了 ARMA 误差项，在所有模型中也显示出它可以显著改善模型的预测能力。

表 5.8   各宏观经济变量基于 **LPL** 的密度预测，按模型范式的

不同而汇总的最佳模型次数

	k = 1	k = 4	k = 8	k = 12	k = 16
UC	1	0	4	4	6
UC – MA	2	1	1	0	1
UC – ARMA	1	3	1	1	1
UC – ARMANoSV	0	1	0	1	1
AR2	1	3	0	0	0
AR2 – MA	3	2	0	1	0
AR2 – ARMA	3	2	3	4	3
AR2 – ARMANoSV	1	4	4	2	1
AR4	3	1	1	2	2
AR4 – MA	4	2	2	0	1
AR4 – ARMA	2	2	3	1	1
AR4 – ARMANoSV	1	1	3	6	5
共计	22	22	22	22	22

上述关于 MSFE 和 LPL 预测结果的表格均表明，没有一个模型或误差形式可以在预测上完全优于其他模型或误差形式，并且预测结果表现最佳的模型还会受变量不同和预测范围不同而异。这一点也适用于预测方法从点预测到密度预测的变化。将 ARMA 误差项引入 UC 模型，是否可以产生比其他单变量模型更好的样本外预测，答案并不简单。以上预测结果表明，AR2 – ARMA 和 AR4 – ARMA 也是极具竞争力的预测模型。

5.5　本 章 小 结

本章通过在误差项中引入随机波动成分，结合误差项中的 ARMA 成分，对不可观测模型进行了扩展。在模型拟合和参数后验概率分布抽样步骤，通过变换模型的矩阵形式，并结合基于精度算法的抽样方法，解决了模型包含 ARMA 成分后引起的序列相关性显著减少了模型参数计算时间。

实证部分主要使用了美国宏观经济数据中的 22 个重要宏观经济变量对误差项中的引入 ARMA 成分进行了分析与检验。通过对参数后验分布的抽样结果分析，可以看出，新的模型范式对于许多经济变量的单变量模型估计和预测是必要的，尽管不是对所有变量都适用。UC – ARMA 的点预测结果比其他所有模型的预测平均值表现更好，而 UC – ARMA 的密度预测结果表明，这一模型在所有预测期均有较优的预测估计结果。

第 6 章
使用灵活的贝叶斯 VAR 模型对澳大利亚宏观经济重要变量进行实时预测

6.1 本 章 概 述

对于宏观经济与金融政策的制定者来说,准确而及时地预测国内生产总值 GDP 的增长、通货膨胀水平和失业率等宏观经济重要变量是一项重要而艰巨的任务。为了能够更好地预测这些指标,相关研究员和学者首先要选择更合适的预测模型,并能够解决数据的不确定性问题。只有运用了能够捕捉到宏观经济变量显著特征的模型后,才可能获得更为准确的宏观经济重要指标的预测结果。另外,还要做到及时预测,这需要能够处理刚刚发布的数据的预测方法,并考虑到相关数据可能在未来进一步修订。

考虑到上述问题,本章以澳大利亚的实时经济数据研究为核心,以期为之后的相关研究做出一些启示。目前,许多文献的研究仍是使用截至当时最新发布的历史数据进行经济数据预测。然而,正如克伦茨和加瓦奥(Clements and Galvão,2013)和克伦茨(Clements,2017)等学者所强调的,仅仅使用当年当期可获得的最新时间序列,可能会得出并不准确的评估结果。其中一个主要原因是,大多数宏观经济变量都会受到数据修订的影响,并且,这些修订通常不是小规模或随机的。换言之,使用单一年份的可获得的最新数据意味着模型估计中所使用的数据已经经过多次的修改,且预测往期的变量值也是以刚刚发布的数据为条件。因此,数据修订对预测的真实情况有着重大的影响(Croushore,2011a;Croushore,2011b)。

　　为了尽量减少这些潜在预测问题的影响，本章使用了实时数据库，其中包含澳大利亚宏观经济的所有年份当年可能获得的数据。以此为基础，本研究进一步从其他各种数据来源收集当年可得数据，构建了一个经过进一步更新的、更为全面的澳大利亚宏观经济重要变量的实时数据集。①

　　除了构建和利用实时数据库以外，本章研究还以澳大利亚宏观经济为背景，探讨了非标准化向量自回归模型（VAR）的实用性。自 20 世纪 80 年代中期以来，VAR 模型一直是预测相关的文献中最为成功的模型工具之一。从多恩等（Doan et al. , 1984b）和利特曼（Litterman, 1986）的早期工作开始，他们利用贝叶斯的分析方法，专注于包含少量因变量的 VAR 模型。由于 VAR 模型通常含有大量的参数，因此贝叶斯的分析方法提供了一种缩小参数的分布并提高模型预测性能的标准方法。他们所使用的先验概率分布家族通常称为明尼苏达先验概率分布（minnesota prior），也是贝叶斯 VAR（Bayesian VAR，BVAR）文献中最为流行的先验概率分布之一。班布拉等（Bańbura et al. , 2010）的开创性工作遵循了这种研究方法，他们采用了一个包含了 20 多个变量的更大的 BVAR 模型。通过对明尼苏达先验概率分布的稍加修改，班布拉等（2010）发现大型 BVAR 模型对宏观经济重要经济变量的预测效果要优于小型 BVAR 和因子模型。有些学者（Carriero et al. , 2009b；Koop, 2013；Carriero et al. , 2015）也得到了类似的结论。最近，学界对标准 VAR 模型在残差扰动项上做出了多种扩展，这些扩展包括传统的误差扰动项假设（例如，同方差、高斯分布，以及序列独立），也包括可以具有灵活协方差结构的替代模型范式（Cross et al. , 2020；Chan, 2020a；Chan, 2020b）。例如，陈（2020b）在大型 BVAR 模型的背景下，通过使用美国的宏观经济数据，检验了通过替换标准协方差结构而更为灵活的模型结构（如非高斯、异方差和序列相关等方面的创新）可进一步提高 VAR 模型的预测结果。这些模型扩展对预测研究至关重要，因为它们考虑到了宏观经济时间序列的显著特点，从而进一步增强了 BVAR 模型的预测能力（Carriero et al. , 2015；Clark and Ra-

――――――――――

　　①　资料来源：https://sites. google. com/site/nguyenhoaibao。

vazzolo，2015）。

　　根据以上前沿文献，本章评估对比了小型和大型 BVAR 模型对澳大利亚经济的预测效果。具体而言，研究首先考察了包含三个核心宏观经济变量（GDP 增长率、CPI 通胀率和失业率）的小型 VAR 作为基准模型；然后，该基准模型的预测性能与包含更多经济变量的较大规模的 VAR 模型进行了进一步的比较。与陈（2020a）类似，预测分析部分重点考察了一组包含了三种误差协方差形式的 VAR 模型，包括：常见的随机波动率、序列相关移动误差，以及和协方差为学生 t（student t）分布。虽然这些模型误差特征在预测许多国家和经济体的相关宏观经济变量时都被证实是重要的模型组成部分（Chan，2020b；Zhang et al.，2020a），但关于澳大利亚经济的研究还很有限。克罗斯和潘（Cross and Poon，2016）最近的研究考虑了一般性的单变量和小型多变量模型，并证明具有厚尾的误差分布（例如，学生 t 分布）的模型可以为澳大利亚的 GDP 提供最为准确的预测。考虑到这一点，除了学生 t 分布之外，预测分析还考虑了异方差和序列相关等误差形式。因此，本章的预测方法已考虑到了非标准误差假设的各种可能组合。此外，除了克罗斯和潘（Cross and Poon，2016）中考察的小型 VAR 之外，本研究还评估了包含了 20 个变量的相对较大规模的VAR 模型的预测性能。本章中所选取的 20 个变量是基于帕纳约托利斯等（Panagiotelis et al.，2019）研究的最新结论，他们的研究表明，变量数量不超过 20 个的 VAR 模型可以为澳大利亚提供更为准确的宏观经济预测。

　　此外，根据样本数据向外预测的结果表明，在预测 GDP 增长、CPI 通胀率和失业率时，具有 20 个变量的大型 VAR 模型预测结果的表现往往优于小型 VAR 模型。具体而言，有一致的预测结果表明，模型包含更为灵活的误差协方差结构要比标准的 VAR 模型可以更好地预测 GDP 增长和CPI 通胀率，而使用非标准先验的标准 VAR 在预测失业率方面比其灵活VAR 模型表现更好。在替换了先验概率分布和将数据包含新冠疫情的早期阶段时，这些结论仍然维持一致。

　　本章的其余部分组织如下：第二小节描述了如何收集实时数据集及其来源；第三小节介绍了 BVAR 模型包含不同替代协方差结构的模型形式；

第四小节对几种模型的预测结果进行了探讨；第五小节为模型稳健性检验，第六小节对本章进行了总结。

6.2　构建实时数据集

本书主要使用了几大常见的宏观经济和金融重要变量，例如国内生产总值 GDP 及其组成部分、价格指数、失业率和货币供应量。这些变量与宏观经济预测文献中在大型 VAR 模型中所包含的变量相一致（Bańbura et al.，2010；Koop，2013；Chan，2020a）。考虑到澳大利亚这一经济体在全球经济中属于小型的开放经济体并高度依赖商品资源交换这一现实情况，本章研究所用到的变量还包括实际汇率指标、贸易条件和商品价格等宏观经济活动的相关数据。在对新西兰 GDP 的预测的研究中发现，模型中如果包含了国际交易因素的经济变量，其预测结果可以得到有效地改善（Eickmeier and Ng，2011）。不过，有学者也强调，这类国际交易因素的经济变量在对澳大利亚 GDP 经济增长进行预测时，并没有太大的实际价值（Panagiotelis et al.，2019；Bjørnland et al.，2017）。基于此，本章只选用了中等数量的经济变量用于宏观经济重要变量的预测，即使用 20 个经济变量，时间跨度为 1982 年 Q3 ~ 2020 年 Q1。通过对一个季度内的三个月数据取平均值，原本为月度频率的时间序列被转换为季度数据。表 6.1 对每个变量进行了简要的描述，并说明了数据转换的方法。

表 6.1　　　　　　　　　　递归预测练习中使用的变量描述

变量	是否修正	月度 M/季度 Q	转换方式
小型 VAR 和大型 VAR 中的三个主要变量			
实际 GDP	Y	Q	$400\Delta\log$
CPI	Y	Q	$400\Delta\log$
失业率，季度调整	Y	M	no

变量	是否修正	月度 M/季度 Q	转换方式
大型 VAR 中的其他变量			
实际家庭最终消费	Y	Q	400Δlog
实际固定资本形成总额	Y	Q	400Δlog
实际政府一般最终支出	Y	Q	400Δlog
实际商品和服务出口	Y	Q	400Δlog
实际商品和服务进口	Y	Q	400Δlog
制造业生产指数	Y	Q	400Δlog
工业生产指数	Y	Q	400Δlog
就业人数，季节调整	Y	M	400Δlog
M3 货币量，季节调整	N	M	400Δlog
广义货币，季节调整	N	M	400Δlog
90 天银行承兑汇票	N	M	no
银行间隔夜现金利率	N	M	no
实际汇率指标	N	Q	400Δlog
10 年期澳大利亚政府债券	N	M	Δ
商品价格指数	N	M	400Δlog
SP ASXAllOrds	N	M	400Δlog
贸易条件	N	M	400Δlog

除了金融相关变量，其余宏观经济变量都会随时间变化而被修订，因此，本章预测将使用实时数据。根据数据的可得性，2017 年 Q1 之前的数据来自墨尔本大学维护的澳大利亚实时宏观经济数据库。[①] 这些数据在不同年份来自各种经济数据资源，最初主要由澳大利亚统计局（ABS）和澳大利亚储备银行（RBA）发布。李等（Lee et al.，2012）描述了该数据库的构建，感兴趣的读者可以参考该论文以了解相关数据的详细信息。为

---

① https：//fbe. unimelb. edu. au/economics/macrocentre/artmdatabase # databases-and-documen-tation。

了更新数据集，本研究收集了从 2017 年 Q2 以来 ABS 和 RBA 网站上最新版本的数据。因此，本书使用的实时数据包括了从 1995 年 Q1～2020 年 Q2 以来的所有数据。进一步讲，每个时间序列都涵盖了从 1982 年 Q3～2019 年 Q1 以来的数据，而获得这些变量时间序列的第一个时间点为 1995 年，这是因为有一些变量的数据从 1982 年才可得。[①]

参数估计用的样本是在 1995 年 Q1 可以获得的所有历史数据开始的，样本的时间跨度足够长，可以进行合理的统计推断。具体而言，模型估计首先是使用 1982 年 Q3～1995 年 Q1 的数据，做出预测后，再使用从 1982 年 Q4～1995 年 Q2 的数据进行预测，再到 1995 年 Q3，直到 2019 年 Q1，以此样本窗口进行平移，并作模型参数递归估计与预测。需要注意的是，由于每期报告均有滞后性，在时间 t 发布的实时数据年份仅只截止到时间 t－1 的实际值。

预测分析将对当期季度的当期变量值做出预测，以及向前一个季度、向前两个季度和向前一年的宏观经济重要变量做出预测。除了评估期之外，另一个需要注意的问题是，在计算预测误差时，应将哪个时点的发布数据作为实际值。在实时预测的文献中，学者们通常会使用预测时点之后发布的第一个实际值或最新公布的数据。正如李等（Lee et al.，2012）所述，澳大利亚的实时数据由于各种原因，已被多次修订，同时反映了"定义变化"和"修订"这两种常见的情况。在这种情况下，最新年份发布的数据可能更接近时间序列的并不显露的"真实"值。因此，本书决定将最新年份作为评估预测准确性的实际数据（Garratt et al.，2009；Schorfheide and Song，2015；Carriero et al.，2015；Chan，2020a）。

6.3　灵活的贝叶斯 VAR

在本书的预测练习中，具有灵活协方差矩阵假设的 BVAR 被视为竞争

---

① 例如，从澳大利亚实时宏观经济数据库来看，实际 GDP 的第一个年份是 1971 年第三季度，样本收集始于 1959 年第三季度，而澳大利亚的商品价格仅从 1982 年第三季度开始。

模型的主要规格。在以下章节中，本书首先介绍具有传统误差假设的 BVAR，然后介绍常见的随机波动率（CSV）、重尾性（如学生 t 分布）和序列相关移动平均误差（MA）。

6.3.1 具有传统误差假设的标准 VAR

本书从标准 VAR 模型的表达式开始，该表达式可以转换成阶数为 p 的 VAR 的简化形式，如下所示：

$$\mathbf{y}_t = \mathbf{b} + \mathbf{B}_1\mathbf{y}_{t-1} + \cdots + \mathbf{B}_p\mathbf{y}_{t-p} + \boldsymbol{\varepsilon}_t^y, \quad \boldsymbol{\varepsilon}_t^y \sim \mathcal{N}(\mathbf{0}, \boldsymbol{\Sigma}) \tag{6.1}$$

其中，$\mathbf{y}_t = (y_{1t}, \cdots, y_{nt})'$ 表示 BVAR 中内生变量的 $n \times 1$ 向量，$\mathbf{b}$ 是截距的 $n \times 1$ 向量，$\mathbf{B}_1, \cdots, \mathbf{B}_p$ 是 $n \times n$ 系数矩阵，$\boldsymbol{\Sigma}$ 是 VAR 的 $n \times n$ 截面协方差矩阵。在标准的 VAR 模型中，可以假设 $\boldsymbol{\varepsilon}_t^y$ 服从独立且同分布的高斯分布（iid）。在实际中，公式（6.1）可以改写为如下形式用于参数估计：

$$\mathbf{y}_t = \mathbf{X}_t\boldsymbol{\beta} + \boldsymbol{\varepsilon}_t^y \tag{6.2}$$

其中，$\mathbf{X}_t = \mathbf{I}_n \otimes [1, \mathbf{y}_{t-1}', \cdots, \mathbf{y}_{t-p}']$，符号 $\otimes$ 表示克罗内克乘积，$\boldsymbol{\beta}$ 由 $[\mathbf{b}, \mathbf{B}_1, \cdots, \mathbf{B}_p]'$ 的行堆叠而成，向量长度为 $(1 + np)n \times 1$。设 $\mathbf{x}_t' = (1, \mathbf{y}_{t-1}', \cdots, \mathbf{y}_{t-p}')$ 为 $1 \times (1 + np)$ 向量，当在时间 T 上堆叠观测值时，可以得到 $\mathbf{X}$，它是一个 $T \times (1 + np)$ 的矩阵。然后有：

$$\mathbf{Y} = \mathbf{XB} + \mathbf{E} \tag{6.3}$$

其中，$\mathbf{Y}$ 是随时间 T 而堆叠的 $\mathbf{y}_t$，$\mathbf{B} = [\mathbf{b}, \mathbf{B}_1, \cdots, \mathbf{B}_p]'$，向量长度为 $(1 + np) \times n$，$\mathbf{E} = (\boldsymbol{\varepsilon}_1^y, \cdots, \boldsymbol{\varepsilon}_T^y)'$。于是有：

$$\mathrm{vec}(\mathbf{E}) \sim \mathcal{N}(0, \boldsymbol{\Sigma} \otimes \boldsymbol{\Omega}) \tag{6.4}$$

其中，$\boldsymbol{\Omega}$ 是 VAR 模型的序列协方差矩阵。

如上所述，考虑到提高模型的适应性和可预测性方面，标准 BVAR 模型可以从不同的方式对独立且同分布的高斯分布（iid）进行扩展，通过协方差矩阵对残差推演模式进行创新，以捕捉宏观经济时间序列的重要特征。接下来的部分将详细介绍这些模型范式扩展，以期得到更为灵活的 BVAR 模型形式。

6.3.2　具有共同随机波动率的 VAR 模型

对 VAR 模型最有用的扩展之一是对所有变量采用共同的随机波动率（common stochastic volatility，CSV）因子。学者们已经逐渐认识到，各种宏观经济变量的波动率会随时间变化，并且趋于一同变动（Carriero et al.，2016；Mumtaz and Theodoridis，2018；Poon，2018）。然而，具有同方差误差项的标准 VAR 模型并不能很好地捕捉到这一特征。而在模型中加入 CSV 这一模型误差范式，可以帮助 VAR 模型捕捉到宏观经济时间序列中结构上的任何共同变化。在含有 CSV 误差设定的 VAR 模型的建模框架中，参数估计首先考虑的是随时间变化而变化的随机波动率。假设 $\varepsilon_t^y \sim \mathcal{N}(0, e^{h_t}\Sigma)$，其中 h 是随机波动率参数 e^{h_t} 即为共同随机波动率（Carriero et al.，2016）。更为具体地，h 服从 AR(1) 过程：

$$h_t = \phi_h h_{t-1} + \varepsilon_t^h, \quad \varepsilon_t^h \sim \mathcal{N}(0, \sigma_h^2) \tag{6.5}$$

其中，$|\phi_h| < 1$。在此假设中，所有变量的方差均含有相同的随机波动率参数，这是一个限制性假设。有实证分析的经验证据表明，宏观经济时间序列的波动率都具有共同的运动特点（Carriero et al.，2016），因此，这也是参数估计的简约假设。

6.3.3　具有 CSV 和学生 t 误差的 VAR 模型

最近的一些实证研究成果还表明，当 VAR 模型的协方差矩阵中的正态分布被厚尾分布（如学生 t 分布）替代后，宏观经济变量的预测结果还可以得到进一步的改善。这种扩展的重要性在于，当 VAR 模型考虑了学生 t 误差扰动后，这种厚尾型的误差创新模型范式在预测结果上也呈现了良好的统计特性，例如，减少了估计值的过度变化，很好地处理了数据的异常值（如大衰退时期），从而保证了良好的模型适应性（Clark and Ravazzolo，2015；Cross and Poon，2016；Chiu et al.，2017）。这是由于残差项学生 t 分布的超参数 λ_t 在建模的参数估计过程中可以捕捉到此类厚尾事件。相关误差项 ε_y 的分布数学表达式为：

$$\varepsilon_t^y \sim \mathcal{N}(0, \lambda_t e^{h_t}\Sigma) \tag{6.6}$$

其中，$\lambda_t \sim \mathcal{IG}(\nu_\lambda/2, \nu_\lambda/2)$ 服从自由度参数为 ν_λ 的逆伽马分布，且 λ_1，$\cdots$，λ_T 相互独立。

6.3.4 具有 CSV 和 MA(1)t 误差的 VAR 模型

宏观经济变量另一个被广泛认同的特性是时间序列的相关性（Chan，2013）。为了表征这一属性，可以用误差项的移动平均假设来代替时间序列中独立同分布的常规假设。根据陈（2020b）的观点，协方差矩阵在时间上的序列相关性，可以通过假设误差项 ε_t^y 服从异方差形式的移动平均演化过程。更具体地说，假设 ε_t^y 具有以下 MA(1) 随机波动过程：

$$\varepsilon_t^y = u_t + \psi_\varepsilon u_{t-1}, \quad u_t \sim \mathcal{N}(0, \lambda_t e^{h_t}\Sigma) \tag{6.7}$$

其中，方程（6.4）中的协方差矩阵 Ω 在方程（6.7）中的具体形式是：在矩阵的主对角线上有 $((1 + \psi_\varepsilon^2)\lambda_1 e^{h_1}, \cdots, (1 + \psi_\varepsilon^2)\lambda_T e^{h_T})$，而在矩阵的主对角线上方和下方有 $(\psi_\varepsilon \lambda_1 e^{h_1}, \cdots, \psi_\varepsilon \lambda_{T-1} e^{h_{T-1}})$，其他地方为 0。

表 6.2 列出了本章预测分析中考察的各种模型范式的具体描述。以下模型从具有标准的误差项假设的小型 BVAR 模型开始（该模型也是随后的预测结果分析中的基准模型），随后是较大模型规模的含有 20 个变量的 BVAR 模型，以及将上述各种不同协方差结构扩展到标准 BVAR 模型中。

表 6. 2   **竞争模型列表**

模型	描述
小型 BVAR	包含传统误差假设的 3 个 VAR 模型
BVAR	包含传统误差假设的 20 个变量 VAR 模型
BVAR – CSV	包含共同随机波动率的 20 个变量 VAR 模型
BVAR – CSV – t	包含 CSV 和学生 t 的 20 个变量 VAR 模型
BVAR – CSV – t – MA	包含 CSV，学生 t 和 MA(1) 的 20 个变量 VAR 模型

所有模型的参数估计均使用马尔可夫链蒙特卡罗方法（Markov chain Monte Carlo method，MCMC）进行估计，有关参数估计的细节，可参阅本章附录。在实证过程中，模型的估计结果均基于 1000 次抽样准备期后得到了的 5000 次正式抽样的结果。对于模型参数的先验概率分布，为了便于模型预测结果的比较，模型之间共同参数的选择为完全相同的先验概率分布。具体而言，标准 VAR 模型使用明尼苏达先验概率分布（minnesota prior）和有灵活误差项设定的 VAR 模型使用自然共轭先验概率（the natural conjugate prior）。这些先验概率分布的超参数设定的详细信息参见本章附录。

6.4　预测结果

本节主要描述了递归样本向外预测的分析结果，具体评估表 6.2 中所列 VAR 模型在点预测和密度预测这两种预测方法下的表现，模型包括具有标准的误差项假设，含有 CSV、学生 t 和移动平均灵活误差设定的几种组合。

6.4.1　预测评估指标

对表 6.2 中所列出的每个 BVAR 模型的预测性能评估，其点预测和密度预测结果是通过递归样本外的预测方法而得到的。在递归方法中，在时间点 t 发布的截止到 t – 1 时期的可获得的数据来预测时间点为 t + k 的目标变量值，其中 k = 0，1，2，4（k = 0 为预测 t 时间点的变量值）。因此，预测的范围是当期预测、向前一个季度、向前两个季度和向前一年。本章重点关注的三个目标变量为：实际 GDP 增长率、CPI 通胀率和失业率。遵循文献中的一般做法，模型变量滞后期长度被设置为 p = 4。

具体而言，各竞争模型的点预测的准确性是通过预测误差均方根（root mean square forecast error，RMSFE）来评估。RMSFE 是具有相同单位的时间序列所常用的预测结果度量尺度。对于 RMSFE 评估标准指标，较小的指标值意味着较小的预测误差，代表较好的预测结果。在本章中，目标变量 $i(i = 1, 2, 3)$ 在预测范围 $k(k = 0, 1, 2, 4)$ 时的 RMSFE 值计算公式如下：

$$\text{RMSFE}_{i, k} = \frac{1}{T - k - T_0} \sum_{t = T_0 - 1}^{T - k - 1} \sqrt{(y_{i, t+k}^o - \mathbb{E}(y_{i, t+k} \mid \mathbf{y}_{1:t-1}^t))^2}$$

其中，T_0 是评估期的开始时点，$y_{i, t+k}^o$ 是最新发布数据中目标变量的实际观测值，$\mathbb{E}(y_{i, t+k} \mid \mathbf{y}_{1:t-1}^t)$ 是给定时期 t 下，截至时间点 $t - 1$ 的变量信息的预测样本均值。

由于点预测忽略了预测结果的分布情况，还需要通过对数预测似然值（ALPL）的平均值来评估密度预测的分布情况。在时间点 t 所预测得到的 $y_{i, t+k}$，ALPL 是通过在实际观测值 $y_{i, t+k}^o$ 处所评估得到的预测密度计算得到的。更具体地来说，ALPL 值计算公式为：

$$\text{ALPL}_{i, k} = \frac{1}{T - k - T_0} \sum_{t = T_0 - 1}^{T - k - 1} \log p(y_{i, t+k} = y_{i, t+k}^o \mid \mathbf{y}_{1:t-1}^t)$$

其中，$p(y_{i, t+k} = y_{i, t+k}^o \mid \mathbf{y}_{1:t-1}^t)$，是在时间点 t 时间序列截至时间 $t - 1$ 的目标变量的预测似然值。给定预测分布，预测似然值越大说明密度预测下观测到 $y_{i, t+k}^o$ 的可能性越大。换言之，ALPL 值越大，预测性能越好。

6.4.2 预测结果

本小节报告了各 BVAR 模型对 GDP 增长、CPI 通胀和失业率的预测结果。对每个变量的点预测和密度预测结果详见表 6.3 ~ 表 6.5。为便于比较，各模型的点预测指标是由竞争模型的 RMSFE 与基准 BVAR 的 RMSFE 的比值进行了转换的。因此，参比模型的相对预测指标小于 1 说明该模型的预测表现要优于基准 BVAR 模型。对于密度预测指标，其结果是竞争模型的 ALPL 与基准 BVAR 的差值计算得到的。在这种情况下，相对预测指标的正值表示竞争模型的预测表现要优于基准模型。

表 6.3 截至 2020 年第二季度数据的当期、向前一个和两个季度，

以及一年 GDP 预测的相对预测误差均方根 MSFE 和

相对对数预测似然值 ALPL

模型	相对 RMSFE				相对 ALPL			
	当期	k = 1	k = 2	k = 4	当期	k = 1	k = 2	k = 4
BVAR	0.982	0.965	0.991	0.988	− 0.015	− 0.028	− 0.051	− 0.057
BVAR − CSV	**0.978**	**0.988**	**0.998**	**0.985**	0.059	0.034	0.027	− 0.004
BVAR − CSV − t	0.983	0.990	1.000	0.989	**0.070**	**0.055**	**0.048**	**0.082**
BVAR − CSV − t − MA	0.988	0.992	1.000	0.988	0.061	0.049	0.044	0.078

注：粗体数值表示最佳相对 RMSFE 和 ALPL。灰色单元格表示竞争模型与基准模型小型 BVAR 模型之间的预测精度存在使用 Diebold and Mariano（1995）的相关渐近检验 1% 的显著性水平下具有显著差异。

表 6.4 截至 2020 年第二季度数据的当期、向前一个和两个季度，

以及一年 CPI 通胀率预测的相对预测误差均方根 MSFE 和

相对对数预测似然值 ALPL

模型	相对 RMSFE				相对 ALPL			
	当期	k = 1	k = 2	k = 4	当期	k = 1	k = 2	k = 4
BVAR	0.936	0.945	0.960	0.971	0.019	0.018	0.006	0.007
BVAR − CSV	0.932	0.922	0.923	0.918	0.116	0.152	0.153	0.192
BVAR − CSV − t	0.925	0.925	0.925	0.921	0.182	0.195	0.197	0.206
BVAR − CSV − t − MA	**0.920**	**0.917**	**0.919**	**0.912**	**0.188**	**0.203**	**0.198**	**0.209**

注：粗体数值表示最佳相对 RMSFE 和 ALPL。灰色单元格表示竞争模型与基准模型小型 BVAR 模型之间的预测精度存在使用 Diebold and Mariano（1995）的相关渐近检验 1% 的显著性水平下具有显著差异。

总体而言，预测的结果表明，在 BVAR 模型中加入灵活的协方差结构和模型的不同规模都会影响模型的预测效果。特别是对于澳大利亚宏观经济的客观情况，不同跨度期的预测结果有以下三种结论是一致的：首先，大型的 BVAR 模型对这三个目标变量的预测都优于小型 BVAR 模型，尤其是在当期预报之后的其他预报，这一结论更为明显。这一发现与科普（2013）、帕纳约托利斯等（2019）和陈（2020b）中的结论相一致。例如，陈（2020b）在使用美国的实时数据集进行研究时，发现具有 20 个宏观经济变量的 BVAR 模型往往比小型 BVAR 模型更能很好地预测目标变量。帕纳约托利斯等（2019）的研究也有类似的结论。在澳大利亚宏观经济的大背景下，本章的研究结果进一步表明，大型 VAR 模型对名义货币变量的预测也表现良好。更为具体的，当使用来自单个时间点的截断时间序列时，本研究发现，不超过 20 个变量的大型 BVAR 模型往往能为澳大利亚经济变量提供更为准确的预测。

表 6.5　　　截至 2020 年第二季度数据的当期、向前一个和两个季度，

以及一年失业率预测的相对预测误差均方根 MSFE 和

相对对数预测似然值 ALPL

模型	相对 RMSFE				相对 ALPL			
	当期	k = 1	k = 2	k = 4	当期	k = 1	k = 2	k = 4
BVAR	**0.892**	**0.928**	**0.884**	**0.842**	**0.215**	**0.301**	**0.335**	**0.348**
BVAR－CSV	1.014	0.969	0.934	0.888	0.167	0.229	0.258	0.582
BVAR－CSV－t	0.998	0.963	0.925	0.875	0.184	0.249	0.283	0.310
BVAR－CSV－t－MA	1.001	0.969	0.934	0.885	0.182	0.218	0.252	0.290

注：粗体数值表示最佳相对 RMSFE 和 ALPL。灰色单元格表示竞争模型与基准模型小型 BVAR 模型之间的预测精度存在使用 Diebold and Mariano（1995）的相关渐近检验 1% 的显著性水平下具有显著差异。

其次，预测结果还表明，具有更灵活的协方差结构的模型可以提高 GDP 增长和 CPI 通胀的预测准确性。对于 GDP 增长，BVAR－CSV 和 BVAR－CSV－t 的预测结果在点预测和密度预测基准下均相对更为优异。例如，BVAR－CSV 在点预测的所有向前预测时期里都表现最好，而 BVAR－CSV－t 则是密度预测基准里的最佳模型。值得注意的是，包含最多协方差结构灵活设置的 BVAR－CSV－t－MA 对 CPI 通胀率的预测，无

论是在点预测还是密度预测基准下，都要明显优于基准模型的预测结果。可以说，该模型在所有向前预测时期下将 BVAR 模型的 RMSFE 指标降低了约 7%。总的来说，本章对澳大利亚的预测结果进一步证实了相关预测文献中得到的结果。例如，克拉克（2011）、达格斯蒂诺等（D'Agostino et al.，2013）、克拉克和拉瓦佐洛（Clark and Ravazzolo，2015），以及陈（2020a）通过调查美国的实时数据集，均得出结论，即具有随机波动率的 BVAR 模型范式的预测准确率往往优于只含有常数方差的 BVAR 模型。除此之外，正如克罗斯和潘（2016）和陈（2020a）所强调的那样，对澳大利亚的预测结果还表明，在一般情况下，通过在 BVAR 模型的协方差矩阵中添加更多的模型特征（例如，学生 t 误差分布和移动平均分量），可以进一步提高预测的准确性。

最后，虽然包含更具一般性的灵活误差分布 BVAR 模型比基准模型对 GDP 增长和 CPI 通胀率的预测更好，但具有标准误差假设的 BVAR 模型对失业率的预测更为准确。如表 6.4 所示，这些模型均可看作是一类模型，即在标准 BVAR 模型下加入了同方差、正态分布和序列独立误差的传统假设。对澳大利亚宏观经济的研究也侧面印证了对美国宏观经济研究所观察到的结果。事实上，陈（2020a）发现，当运用一系列大型 BVAR 模型预测美国的失业率时，没有一个模型的预测结果能够始终优于标准的 BVAR 模型。这一发现很重要，因为它反映了宏观经济时间序列的自然属性，即失业率的波动性并没有产出增长和通货膨胀率的波动性那么大。换言之，更为灵活的 BVAR – CSV – t – MA 模型可能是预测通货膨胀的最佳模型，而基准模型则因为保留了足够的模型稳定性更适合用来预测失业率。

6.5　稳健性预测分析

为了检验上一节的模型预测效果与预测能力的研究是否受先验概率和数据时期的影响，即预测结果是否对先验概率密度分布的选择和新冠疫情对全球经济造成的前所未有的冲击是否敏感，本小节使用了另一组先验概率密度进行替代，并使用新冠疫情暴发之前的数据再次运用模型进行了预测。结果显示，本章的主要结论对基于以上模型变化的稳健性检查都是稳健有效的。以下是关于稳健性的具体说明与分析。

6.5.1　先验敏感性

近几年，有许多研究（Jochmann et al., 2010；Chan, 2020b；Cross et al., 2020）均强调，模型的预测结果可能受先验概率分布的替代选择所影响。受这些实证结果的启发，除了明尼苏达先验概率分布之外，本节的稳健性检验还考虑了标准 BVAR 模型的其他三个先验概率分布，包括：自然共轭先验概率分布、独立正态概率分布，正态 - 逆 Wishart 先验概率分布，以及随机搜索变量选择（stochastic search variable selection，SSVS）先验概率分布作为稳健性检验的分析对象。本章附录对这些先验概率分布的详细信息进行了具体说明。表 6.6 列出了本小节具有不同先验概率分布竞争模型的简称和具体特征描述，表 6.7 ~ 表 6.9 列出了相应的预测结果。为了便于比较，预测结果的相关表格还含有标准 BVAR 模型与使用了明尼苏达先验概率分布的模型的结果。与上一小节预测分析中使用的比较方法相一致，这些模型的预测结果还是用小型 BVAR 模型的 RMSFE 和 ALPL 的数值计算相对值，以便模型之间预测结果的比较。

表 6.6　　具有替代先验概率密度的大型 BVAR 竞争模型列表

模型	描述
BVAR - Minn	包含 20 个变量和明尼苏达先验概率分布的 BVAR 模型
BVAR - NCP	包含 20 个变量和自然共轭先验概率分布的 BVAR 模型
BVAR - IP	包含 20 个变量和独立正态概率分布的 BVAR 模型
BVAR - SSVS	包含 20 个变量 SSVS 先验概率分布的 BVAR 模型

表 6.7　　截至 2020 年第二季度数据的当期、向前一个和两个季度，

以及一年 GDP 预测的相对预测误差均方根 MSFE 和

相对对数预测似然值 ALPL

模型	相对 RMSFE				相对 ALPL			
	当期	k = 1	k = 2	k = 4	当期	k = 1	k = 2	k = 4
BVAR – Minn	0.982	0.965	0.991	0.988	− 0.015	− 0.028	− 0.051	− 0.057
BVAR – NCP	1.026	0.989	1.015	1.005	0.004	0.014	− 0.011	− 0.003
BVAR – IP	0.987	0.950	0.982	1.002	0.022	0.035	0.014	0.006
BVAR – SSVS	0.961	0.929	1.007	1.071	0.035	0.035	− 0.016	− 0.050

注：粗体数值表示最佳相对 RMSFE 和 ALPL。灰色单元格表示竞争模型与基准模型小型 BVAR 模型之间的预测精度存在使用 Diebold and Mariano（1995）的相关渐近检验 1% 的显著性水平下具有显著差异。

表 6.8　　截至 2020 年第二季度数据的当期、向前一个和两个季度，

以及一年 CPI 通胀率预测的相对预测误差均方根 MSFE 和

相对对数预测似然值 ALPL

模型	相对 RMSFE				相对 ALPL			
	当期	k = 1	k = 2	k = 4	当期	k = 1	k = 2	k = 4
BVAR – Minn	0.936	0.945	0.960	0.971	0.019	0.018	0.006	0.007
BVAR – NCP	0.998	1.008	1.001	1.017	0.021	0.017	0.014	0.015
BVAR – IP	0.945	0.965	0.978	0.974	0.061	0.045	0.051	0.054
BVAR – SSVS	1.016	1.010	1.030	0.975	− 0.011	0.005	− 0.007	0.034

注：粗体数值表示最佳相对 RMSFE 和 ALPL。灰色单元格表示竞争模型与基准模型小型 BVAR 模型之间的预测精度存在使用 Diebold and Mariano（1995）的相关渐近检验 1% 的显著性水平下具有显著差异。

　　可以看到，当对这些先验概率分布的稳健性进行检验时，本章的主要结论与之具有一致性。即，当对 GDP 增长率和通胀率运用实时数据进行预测时，没有一个具有这些备选先验概率分布的标准模型比具有灵活协方差设定 BVAR 模型表现更为优异。对于失业，结果表明标准 VAR

仍然是最好的模型。有趣的是，本书发现在特定的先验概率分布下，标准 VAR 模型的预测能力可以略有改善。也就是说，对于点预测，具有独立先验的 BVAR 模型可能会略微提高失业率的预测准确性。对于密度预测，具有自然共轭先验概率的模型相对优于其对应模型。如本章附录所示，本书还观察到截至 2020 年第一季度的数据的类似结果，不包括新冠疫情时期。本书将在下一节进一步讨论此事件及其对本书预测表现的潜在影响。

表 6.9   截至 2020 年第二季度数据的当期、向前一个和两个季度，

以及一年失业率预测的相对预测误差均方根 MSFE 和

相对对数预测似然值 ALPL

模型	相对 RMSFE				相对 ALPL			
	当期	k = 1	k = 2	k = 4	当期	k = 1	k = 2	k = 4
BVAR – Minn	0.892	0.928	0.884	0.842	0.215	0.301	0.335	0.348
BVAR – NCP	0.869	0.914	0.869	0.851	**0.279**	**0.403**	**0.404**	0.342
BVAR – IP	**0.851**	**0.914**	**0.862**	**0.808**	- 0.040	0.289	0.374	**0.411**
BVAR – SSVS	0.854	0.913	0.862	0.821	0.035	0.345	0.396	0.391

注：粗体数值表示最佳相对 RMSFE 和 ALPL。灰色单元格表示竞争模型与基准模型小型 BVAR 模型之间的预测精度存在使用 Diebold and Mariano（1995）的相关渐近检验 1% 的显著性水平下具有显著差异。

6.5.2   稳健性检验

新冠疫情导致全球经济体许多关键宏观经济变量发生极大变化，澳大利亚经济也不例外。因此，这种前所未有的冲击给宏观经济预测带来了巨大挑战，因为它需要不寻常的假设（Schorfheide and Song，2020；Primiceri and Tambalotti，2020；Lenza and Primiceri，2020）。考虑到这一点，本书通过使用危机前的数据（截至 2019 年底）重新估计模型来对本书的预测进行敏感性分析。GDP、CPI 通胀和失业率的点和密度预测结果分别报告在表 6.10 ~ 表 6.12 中。本书发现主要结果保持不变。也就是说，大型

BVAR 模型仍然是预测澳大利亚宏观经济的更好选择。具体而言，具有灵活协方差结构的模型在预测 GDP 和 CPI 通胀时仍然是具有竞争力的模型，而标准大型 BVAR 模型在预测失业率时很有用。

表 6. 10　截至 2020 年第一季度数据的当期、向前一个和两个季度，

以及一年 GDP 预测的相对预测误差均方根 MSFE 和

相对对数预测似然值 ALPL

模型	相对 RMSFE				相对 ALPL			
	当期	k = 1	k = 2	k = 4	当期	k = 1	k = 2	k = 4
BVAR	0. 982	0. 966	0. 988	0. 985	− 0. 016	− 0. 029	− 0. 050	− 0. 056
BVAR – CSV	**0. 979**	**0. 988**	**0. 998**	**0. 983**	0. 053	0. 036	0. 028	− 0. 009
BVAR – CSV – t	0. 982	0. 991	0. 998	0. 986	**0. 066**	**0. 056**	**0. 052**	**0. 086**
BVAR – CSV – t – MA	0. 988	0. 990	0. 997	0. 985	0. 058	0. 053	0. 048	0. 081

注：粗体数值表示最佳相对 RMSFE 和 ALPL。灰色单元格表示竞争模型与基准模型小型 BVAR 模型之间的预测精度存在使用 Diebold and Mariano（1995）的相关渐近检验 1% 的显著性水平下具有显著差异。

表 6. 11　截至 2020 年第一季度数据的当期、向前一个和两个季度，

以及一年 CPI 通胀率预测的相对预测误差均方根 MSFE 和

相对对数预测似然值 ALPL

模型	相对 RMSFE				相对 ALPL			
	当期	k = 1	k = 2	k = 4	当期	k = 1	k = 2	k = 4
L – BVAR	0. 940	0. 944	0. 959	0. 970	0. 017	0. 018	0. 011	0. 001
BVAR – CSV	0. 933	0. 923	0. 923	0. 918	0. 108	0. 145	0. 157	0. 197
BVAR – CSV – t	0. 927	0. 926	0. 927	0. 924	0. 186	0. 192	0. 194	0. 194
BVAR – CSV – t – MA	**0. 923**	**0. 917**	**0. 919**	**0. 912**	**0. 186**	**0. 197**	**0. 198**	**0. 202**

注：粗体数值表示最佳相对 RMSFE 和 ALPL。灰色单元格表示竞争模型与基准模型小型 BVAR 模型之间的预测精度存在使用 Diebold and Mariano（1995）的相关渐近检验 1% 的显著性水平下具有显著差异。

表 6. 12   截至 **2020 年第一季度数据的当期、向前一个和两个季度，**
以及一年失业率预测的相对预测误差均方根 MSFE 和
相对对数预测似然值 ALPL

模型	相对 RMSFE				相对 ALPL			
	当期	k = 1	k = 2	k = 4	当期	k = 1	k = 2	k = 4
BVAR	**0. 893**	**0. 931**	**0. 888**	**0. 847**	**0. 216**	**0. 300**	**0. 333**	**0. 345**
BVAR – CSV	1. 012	0. 969	0. 934	0. 889	0. 170	0. 230	0. 262	0. 588
BVAR – CSV – t	0. 997	0. 964	0. 925	0. 877	0. 187	0. 248	0. 283	0. 308
BVAR – CSV – t – MA	1. 005	0. 971	0. 937	0. 888	0. 180	0. 217	0. 250	0. 285

注：粗体数值表示最佳相对 RMSFE 和 ALPL。灰色单元格表示竞争模型与基准模型小型 BVAR 模型之间的预测精度存在使用 Diebold and Mariano（1995）的相关渐近检验 1% 的显著性水平下具有显著差异。

6.6 本 章 小 结

本章重点研究了一组 BVAR 对澳大利亚宏观经济的预测表现。鉴于 BVAR 模型的最新发展，本书考察了对标准 BVAR 模型范式的模型特征调整，这些调整包括对参数替代不同的先验概率分布，以允许各种灵活的误差协方差结构。此外，本书还构建了实时数据并首次将其用于预测澳大利亚的宏观经济核心指标。本书主要关注的三个核心指标为 GDP 增长、CPI 通胀和失业率，预测结果表明，具有 20 个变量的大型 BVAR 模型往往优于小型 BVAR 模型的预测。具体而言，有一致性证据表明，具有更灵活的误差协方差结构的模型比标准 VAR 更能预测 GDP 增长和 CPI 通胀，而使用传统协方差假设的标准 BVAR 在预测失业率时比同类模型表现更好。而稳健性检验结果表明，在使用备选先验概率分布的条件下，以及考察新冠疫情的早期阶段时，这些结论仍然保持不变。

本 章 附 录

附录 6A：数据

如第 2 节所述，澳大利亚实时宏观经济数据库（ARMD）的实时数据仅提供截至 2017 年第一季度的数据。本书通过收集 ABS 和 RBA 的数据，将数据库从 2017 年第二季度扩展到最新的年份。

附录 6B：估计

以 BVAR – CSV – MA – t 中的参数估计为例。每个参数的后验抽取循环中有七个步骤。具体来说，对 VAR 系数 **B**、横截面协方差矩阵 Σ、学生 t 分布的超参数 λ_t 和 ν、随机波动率参数 **h** 和相关的截断正态参数 ρ 和方差 σ_h^2 以及移动平均系数 ψ 进行后验抽取。参数抽样可以按以下方式实现：

（1）$p(\mathbf{B},\ \Sigma\,|\,\mathbf{Y},\ \lambda_t,\ \mathbf{h},\ \sigma_h^2,\ \rho_h,\ \psi_\varepsilon,\ \nu_\lambda)$；

（2）$p(\lambda_t\,|\,\mathbf{Y},\ \mathbf{B},\ \Sigma,\ \mathbf{h},\ \sigma_h^2,\ \rho_h,\ \psi_\varepsilon,\ \nu_\lambda)$；

（3）$p(\nu_\lambda\,|\,\mathbf{Y},\ \mathbf{B},\ \Sigma,\ \lambda_t,\ \mathbf{h},\ \sigma_h^2,\ \rho_h,\ \psi_\varepsilon)$；

（4）$p(\mathbf{h}\,|\,\mathbf{Y},\ \mathbf{B},\ \Sigma,\ \lambda_t,\ \sigma_h^2,\ \rho_h,\ \psi_\varepsilon,\ \nu_\lambda)$；

（5）$p(\sigma_h^2\,|\,\mathbf{Y},\ \mathbf{B},\ \Sigma,\ \lambda_t,\ \mathbf{h},\ \rho_h,\ \psi_\varepsilon,\ \nu_\lambda)$；

（6）$p(\rho_h\,|\,\mathbf{Y},\ \mathbf{B},\ \Sigma,\ \lambda_t,\ \mathbf{h},\ \sigma_h^2,\ \psi_\varepsilon,\ \nu_\lambda)$；

（7）$p(\psi_\varepsilon\,|\,\mathbf{Y},\ \mathbf{B},\ \Sigma,\ \lambda_t,\ \mathbf{h},\ \sigma_h^2,\ \rho_h,\ \nu_\lambda)$。

第一步，假设系数与协方差矩阵为自然共轭先验，则（**B**，Σ）的联合后验分布为正态 – 逆 Wishart 分布，因此后验分布可直接由其后验分布得到。

第二步和第三步对学生 t 分布的参数 λ_t 和 ν_λ 进行抽样，学生 t 分布可以写成高斯分布的尺度混合。该多元学生 t 分布具有均值向量 0、尺度矩阵 Σ 和自由度 ν，并且（$\lambda_t\,|\,\nu_\lambda$）服从逆伽马分布。然后本书有 Ω = diag

$(\lambda_1, \cdots, \lambda_T)$。$\lambda_t$ 的逆伽马分布中的超参数 ν_λ 可以通过陈和萧（Chan and Hsiao，2014）中描述的独立链 Metropolis-Hastings 步骤进行抽样。以下三个步骤与常见随机波动率参数：

h 及其超参数 σ_h^2 和 ρ_h 相关。常见随机波动率的抽样可以遵循卡里奥等（Carriero et al.，2016）的方法，并假设模型具有平稳 AR（1）随机波动率。本书假设 σ_h^2 具有逆伽马先验，ρ_h 具有独立截断正态分布。然后可以通过实施 Newton-Raphson 算法和接受-拒绝 Metropolis-Hastings 步骤来获得参数 **h** 的后验概率分布。

最后，移动平均参数 ψ_ε 的后验概率分布可以用独立链 Metropolis-Hastings 步骤进行抽样，而相关参数的估计方法和有效算法在陈（2013）中进行了讨论。

附录 6C：先验概率分布

参数先验概率的选择是 BVAR 模型估计中的关键步骤，因为需要估计的系数数量可能非常多。可以使用信息先验概率或正则化来消除这种过度参数化问题。在系数先验概率的设置中，标准 VAR 模型考虑明尼苏达先验概率，而具有各种灵活协方差结构的 VAR 模型则使用自然共轭先验概率。本书还给出了具有其他先验概率设置的模型的预测结果，用于敏感性分析（例如，正态-逆 Wishart 先验概率，以及随机搜索变量选择先验概率）。使用这些先验概率的目的是相同的，即尝试将 BVAR 模型参数拟合的表达式缩小到更简约的结构，以便参数抽样估计时使用。

（1）明尼苏达先验概率分布。

明尼苏达先验概率首先由多恩等（1984b）在小型 VAR 模型中引入。它使用 OLS 来估计的每个 VAR 方程中的误差协方差的近似值，因此它不受 VAR 模型大小的限制，可以应用于大型 BVAR 模型。在系数的先验概率分布中，均值和方差施加了与变量自身滞后期和另一个变量的滞后期长度为 1 的相关分布。具体而言，本书使用了科普和科罗比利斯（Koop and Korobilis，2010）中讨论的修改版本：

$$\beta \sim \mathcal{N}(\beta_{\text{Minn}}, V_{\text{Minn}}) \tag{6.8}$$

$$\mathbf{V}_{\text{Minn}} = \begin{cases} b_1 & \text{截距项} \\ b_2/l^2 & \text{滞后项} \\ b_3 \; \hat{\sigma}_i^2/(l^2 \; \hat{\sigma}_j^2) & \text{其他} \end{cases} \qquad (6.9)$$

其中，$\beta_{\text{Minn}} = 0$ 表示使用增长率数据，且为平稳时间序列。$\mathbf{V}$ 为方差算子，b_1、b_2 和 b_3 为 $\mathbf{V}_{\text{Minn}}$ 的超参数。

对于具有自身滞后期或交叉滞后期的参数，$\mathbf{V}_{\text{Minn}}$ 的收缩程度与变量自身滞后期一致，l^2。换句话说，滞后期越近，提供的信息越可靠，在估计中应赋予其更大的权重。在实践中，滞后期长度 l 越大，$\mathbf{V}_{\text{Minn}}$ 的值就越小。此外，$\mathbf{V}_{\text{Minn}}$ 的值还受两个变量先验方差比的控制。对于交叉滞后期，假设其他变量的滞后期不能比其自身滞后期解释更多的变量的变异，因此交叉滞后期的 $\mathbf{V}_{\text{Minn}}$ 应该小于自身滞后期的 $\mathbf{V}_{\text{Minn}}$。

在应用部分，对于具有明尼苏达先验概率的小型标准 BVAR 模型，方差算子的超参数设置为 $b_1 = 10^2$，$b_2 = 0.2^2$ 和 $b_3 = 0.1^2$，，其中 b_2 大于 b_3，表明变量自身的滞后期比交叉滞后期更重要。在明尼苏达先验概率下，BVAR 模型是具有常数方差的模型，然后可以使用两步 Gibbs 抽样法来估计模型。第一步，BVAR 模型系数 β 从多元正态条件后验分布中抽取，第二步，协方差矩阵 Σ 从逆 Gamma 分布中抽样出来。关于算法和先验概率的更多细节可以在科普和科罗比利斯（2010）中找到。对于具有明尼苏达先验概率的 20 个变量 BVAR 模型，模型的先验概率设置和估计与标准 BVAR 模型相同。

明尼苏达先验概率的设置提供了一种对具有大量系数的标准 VAR 模型进行收缩的方法，但明尼苏达先验概率的参数被限制为固定的，并且协方差矩阵是对角矩阵。为了解决这些问题，敏感性分析部分中的替代先验概率将超参数或其他对协方差矩阵的灵活规范引入 VAR 模型。

（2）自然共轭先验概率分布。

自然共轭先验概率（NCP）也可被用作具有灵活协方差结构的 VAR 模型的先验概率，它假设 VAR 模型的误差协方差矩阵是一个未知的对称矩阵。它可以被认为是对误差协方差矩阵 Σ 具有正态 – 逆 Wishart 假设的明尼苏达先验概率，而不是固定的对角矩阵。该先验概率考虑了误差协方差矩阵的不确定性。此外，与明尼苏达先验概率相比，它具有计算可处理性和边际似然的封闭形式。正态 – 逆 Wishart 先验概率具有以下形式：

$$B \mid \Sigma \sim \mathcal{N}(B_0, \Sigma \otimes V_B), \quad \Sigma \sim \mathcal{IW}(\nu_0, S_0) \tag{6.10}$$

其中，B_0，V_B，ν_0 和 S_0 是正态 – 逆 Wishart 分布的先验概率超参数，下标为 0 的参数代表先验概率分布的参数。等式（6.10）可以写成：

$$(B, \Sigma) \sim \mathcal{NIW}(B_0, V_B, \nu_0, S_0) \tag{6.11}$$

在自然共轭先验概率中，滞后期长度越大的参数进行更高程度的收缩。但是，与明尼苏达先验概率的特征相比，变量自身滞后期的先验概率的方差与其他滞后期的先验概率方差没有区别。自然共轭先验概率对变量自身滞后期和其他滞后期给出相同程度的收缩，因此，它们对变量滞后期共享相同的紧密度的超参数。

在应用部分，本书设置 $\beta_0 = 0$，协方差矩阵 V0 的超参数为 $b_1 = 10^2$，$b_2 = 0.2^2$（因此滞后期长度越大的参数收缩程度越高，这与明尼苏达先验概率的设置一致），$\nu_0 = n + 3$ 和 $S_0 = \mathrm{diag}(s_1^2, \cdots, s_n^2)$ 其中 $s_1^2, \cdots, s_n^2$ 是从每个方程的误差方差的标准 OLS 估计中获得的）。为了估计具有自然共轭先验概率的模型，可以考虑后验概率协方差矩阵的詹诺内 Kronecker 结构以进行快速抽样。该方法是基于从矩阵正态分布中进行抽样得到后验概率的算法。由于 VAR 系数 β 和协方差矩阵 Σ 的后验概率分布具有与先验概率相同的分布，因此可以从逆伽马分布中对 Σ 进行抽样，然后可以从正态分布中对 β 进行抽样。

包含自然共轭先验概率的 BVAR 模型参数拟合的详细算法在詹诺内等（Giannone et al.，2015a）和卡里奥等（Carriero et al.，2009b）中描述。在进行预测时，可以从预测密度的解析形式获得提前一步的预测，但没有针对提前一个时期的预测的解析公式。换句话说，当预测提前一步以上时，需要使用直接预测法。

（3）独立正态 – 逆 Wishart 先验概率分布。

独立正态 – 逆 Wishart 先验概率对系数 V 的先验概率协方差矩阵没有任何限制。因此，它对先验概率参数的假设更加灵活。根据假设，β 和 Σ 的先验概率分布是独立的，它们分别具有正态 – 逆 Wishart 分布：

$$\beta \sim \mathcal{N}(\beta_0, \mathbf{V}_\beta), \quad \Sigma \sim \mathcal{IW}(\nu_0, \mathbf{S}_0) \tag{6.12}$$

具有独立正态 – 逆 Wishart 先验概率的 β 和 Σ 的后验概率分布没有解析表达式。它们需要从它们的条件分布 $p(\beta | y, \Sigma)$ 和 $p(\Sigma | y, \beta)$ 中进行抽样。在后验概率分布的抽样中，应考虑前向 – 后向代换和基于精度的算法以实现快速计算（Chan，2020b）。对于独立正态 – 逆 Wishart 先验概率，β_0 和 $\mathbf{V}_0$ 的值设置与明尼苏达先验概率中的值相同，ν_0 和 $\mathbf{S}_0$ 的值设置与自然共轭先验概率中的值。β 和 Σ 的后验概率分布从两步 Gibbs 抽样中得出。在抽样中，可以考虑前向 – 后向代换和基于精度的算法以实现快速计算（Chan，2020b）。

（4）随机搜索变量选择先验概率分布。

随机搜索变量选择先验概率（SSVS）也是 VAR 模型系数的收缩先验概率，由乔治等（George et al.，2008）首次提出。参数先验概率的层次结构由独立的正态 – 逆 Wishart 先验概率组成。SSVS 与前几节中的先验概率不同之处在于，对变量滞后系数为零的限制需要遵循选择过程。与明尼苏达先验概率相比，SSVS 也是一种基于数据的先验概率，但使用 SSVS 时，变量交叉滞后系数不被限制为零或接近零。在其先验概率选择过程中，VAR 模型的参数在抽样过程中以独立的伯努利分布中的概率 q_s 和 $1 - q_s$ 从两组中进行"随机搜索"和"变量选择"。在这两组中的一组中，系数的先验概率强烈收缩至零，方差 σ_{s1}^2 较小，而在另一组中，先验概率相对无信息。更具体地说，SSVS 可以写成混合分布，如下所示：

$$\beta_{s,j} | q_s \sim \begin{cases} \mathcal{N}(0, \sigma_{s1,j}^2), & \text{概率为 } q_s \\ \mathcal{N}(0, \sigma_{s2}^2), & \text{概率为 } 1 - q_s \end{cases} \tag{6.13}$$

其中，$\beta_{s,j}$ 代表 SSVS 估计的系数。在应用部分，$\sigma_{s1,j}^2$ 由明尼苏达先验概率估计，是 $\mathbf{V}_{\text{Minn}}$ 对角线的元素。对于另一组，σ_{s2}^2 的非信息先验概率在估计中设置为 10。混合分布的权重 q_s 反映了先验概率的信息，即参数是否不为零，因此可以将其设置为 0 到 1 之间的任何值，也可以通过超参数估计。这里，为了简单起见，将其设置为 0.5 以获得均等机会。对于协方差矩阵 Σ，本书假设它具有逆 Wishart 先验概率：

$$\Sigma \sim \mathcal{IW}(\nu_0, \mathbf{S}_0) \tag{6.14}$$

其中，ν_0 和 $\mathbf{S}_0$ 是逆 Wishart 分布的先验概率超参数。具有 SSVS 先验概率的模型的估计可以使用三步 Gibbs 抽样法进行参数抽样。$\boldsymbol{\beta}$ 和 $\boldsymbol{\Sigma}$ 的前两步与独立正态 – 逆 Wishart 先验概率中的相同。在 $\boldsymbol{\beta}$ 后验概率分布步骤中，超参数 $\sigma_{s1,j}^2$ 由明尼苏达先验概率估计，是 $\mathbf{V}_{\text{Minn}}$ 对角线的元素，而另一组的估计中将 σ_{s2}^2 的非信息先验设置为 10。第三步是对混合高斯分布中概率 q_s 的成功率进行抽样。更多细节可参见乔治等（George et al., 2008）的研究。

附录 6D：附加结果

其他协方差结构组合下的结果：

表 6. 13 ~ 表 6. 19 显示了在考虑其他协方差结构组合时，在大型 VAR 模型下获得的附加结果。除了主要分析中检查的规范外，此扩展还提供了非标准误差假设的完整可能组合。如表 6. 13 所述，这些规范包括 BVAR – t、BVAR – MA、BVAR – t – MA 和 BVAR – CSV – MA。截至 2020 年第二季度的数据的 GDP、CPI 通胀和失业率的点和密度预测结果分别报告在表 6. 14 ~ 表 6. 16 中。截至 2020 年第一季度的数据的相应结果显示在表 6. 17 ~ 表 6. 19 中。总体而言，这些结果支持了本书的主要结论，即具有灵活协方差结构的模型往往比具有标准误差协方差假设的小型 VAR 模型预测效果更好。尽管这些模型范式往往能很好地预测，但没有一个模型范式的表现优于本书主要分析中讨论的选定模型范式。

表 6. 13　　　　　　　　　　**其他竞争模型的列表**

模型	描述
BVAR – t	包含学生 t 的 20 个变量 VAR 模型
BVAR – MA	包含 MA(1) 的 20 个变量 VAR 模型
BVAR – t – MA	包含学生 t 和 MA(1) 的 20 个变量 VAR 模型
BVAR – CSV – MA	包含 CSV 和 MA(1) 的 20 个变量 VAR 模型

表 6.14　　　截至 2020 年第二季度数据的当前预测、一、二和四步

GDP 预测的相对根 MSFE 和平均对数似然

模型	相对 RMSFE				相对 ALPL			
	当期	k = 1	k = 2	k = 4	当期	k = 1	k = 2	k = 4
BVAR – t	1.007	1.009	1.020	1.004	0.062	0.032	0.013	– 0.017
BVAR – MA	1.033	0.999	1.016	1.015	– 0.004	0.007	– 0.014	– 0.009
BVAR – t – MA	1.013	1.016	1.027	1.005	0.053	0.011	0.000	– 0.029
BVAR – CSV – MA	0.985	0.994	1.002	0.983	0.048	0.031	0.024	– 0.008

注：粗体数值表示最佳相对 RMSFE 和 ALPL。灰色单元格表示竞争模型与基准模型小型 BVAR 模型之间的预测精度存在使用 Diebold and Mariano（1995）的相关渐近检验 1% 的显著性水平下具有显著差异。

表 6.15　　　截至 2020 年第二季度的当前预测、一、二和四步

提前 CPI 通胀预测的相对根 MSFE 和平均对数似然

模型	相对 RMSFE				相对 ALPL			
	当期	k = 1	k = 2	k = 4	当期	k = 1	k = 2	k = 4
BVAR – t	0.934	0.949	0.949	0.952	0.236	0.277	0.279	0.267
BVAR – MA	0.992	1.014	1.014	1.029	0.034	– 0.006	0.003	– 0.001
BVAR – t – MA	0.932	0.947	0.963	0.952	0.238	0.293	0.296	0.283
BVAR – CSV – MA	0.926	0.919	0.932	0.917	0.124	0.156	0.145	0.199

注：粗体数值表示最佳相对 RMSFE 和 ALPL。灰色单元格表示竞争模型与基准模型小型 BVAR 模型之间的预测精度存在使用 Diebold and Mariano（1995）的相关渐近检验 1% 的显著性水平下具有显著差异。

表 6.16　　　截至 2020 年第二季度的当前预测、一、二和四步

提前失业率预测的相对根 MSFE 和平均对数似然

模型	相对 RMSFE				相对 ALPL			
	当期	k = 1	k = 2	k = 4	当期	k = 1	k = 2	k = 4
BVAR – t	0.943	0.942	0.903	0.865	0.212	0.439	0.501	0.583
BVAR – MA	0.869	0.916	0.869	0.845	0.279	0.398	0.413	0.365

模型	相对 RMSFE				相对 ALPL			
	当期	k = 1	k = 2	k = 4	当期	k = 1	k = 2	k = 4
BVAR – t – MA	0.944	0.943	0.903	0.857	0.208	0.445	0.516	0.603
BVAR – CSV – MA	1.019	0.972	0.936	0.882	0.163	0.225	0.262	0.617

注：粗体数值表示最佳相对 RMSFE 和 ALPL。灰色单元格表示竞争模型与基准模型小型 BVAR 模型之间的预测精度存在使用 Diebold and Mariano（1995）的相关渐近检验 1% 的显著性水平下具有显著差异。

表 6.17　　截至 2020 年第一季度的当前预测、一、二和四步提前 GDP 预测的相对根 MSFE 和平均对数似然

模型	相对 RMSFE				相对 ALPL			
	当期	k = 1	k = 2	k = 4	当期	k = 1	k = 2	k = 4
BVAR – t	1.006	1.010	1.019	1.004	0.063	0.033	0.010	– 0.015
BVAR – MA	1.033	1.002	1.019	1.006	– 0.004	0.005	– 0.014	– 0.009
BVAR – t – MA	1.011	1.016	1.024	1.002	0.052	0.008	– 0.008	– 0.033
BVAR – CSV – MA	0.983	0.994	1.001	0.981	0.047	0.034	0.027	– 0.012

注：粗体数值表示最佳相对 RMSFE 和 ALPL。灰色单元格表示竞争模型与基准模型小型 BVAR 模型之间的预测精度存在使用 Diebold and Mariano（1995）的相关渐近检验 1% 的显著性水平下具有显著差异。

表 6.18　　截至 2020 年第一季度的当前预测、一、二和四步提前 CPI 通胀预测的相对根 MSFE 和平均对数似然

模型	相对 RMSFE				相对 ALPL			
	当期	k = 1	k = 2	k = 4	当期	k = 1	k = 2	k = 4
BVAR – t	0.937	0.952	0.953	0.953	0.239	0.277	0.278	0.264
BVAR – MA	0.996	1.013	1.012	1.022	0.021	0.016	0.007	0.007
BVAR – t – MA	0.936	0.948	0.963	0.955	0.239	0.290	0.292	0.279
BVAR – CSV – MA	0.928	0.919	0.933	0.916	0.114	0.148	0.142	0.210

注：粗体数值表示最佳相对 RMSFE 和 ALPL。灰色单元格表示竞争模型与基准模型小型 BVAR 模型之间的预测精度存在使用 Diebold and Mariano（1995）的相关渐近检验 1% 的显著性水平下具有显著差异。

表 6.19　　截至 **2020** 年第一季度的当前预测、一、二和四步

提前失业率预测的相对根 **MSFE** 和平均对数似然

模型	相对 RMSFE				相对 ALPL			
	当期	k = 1	k = 2	k = 4	当期	k = 1	k = 2	k = 4
BVAR – t	0.943	0.945	0.906	0.866	0.215	0.432	0.504	0.586
BVAR – MA	0.870	0.919	0.873	0.849	0.278	0.401	0.414	0.359
BVAR – t – MA	0.946	0.946	0.906	0.861	0.211	0.445	0.523	0.612
BVAR – CSV – MA	1.018	0.972	0.937	0.885	0.165	0.231	0.265	0.620

注：粗体数值表示最佳相对 RMSFE 和 ALPL。灰色单元格表示竞争模型与基准模型小型 BVAR 模型之间的预测精度存在使用 Diebold and Mariano（1995）的相关渐近检验 1% 的显著性水平下具有显著差异。

使用新冠疫情前数据的替代先验下的结果如表 6.20 ~ 表 6.22 所示。

表 6.20　　截至 **2020** 年第一季度的当前预测、一、二和四步

提前 **GDP** 预测的相对根 **MSFE** 和平均对数似然

模型	相对 RMSFE				相对 ALPL			
	当期	k = 1	k = 2	k = 4	当期	k = 1	k = 2	k = 4
BVAR – Minn	0.982	0.966	0.988	0.985	– 0.016	– 0.029	– 0.050	– 0.056
BVAR – NCP	1.023	0.992	1.016	1.003	0.004	0.010	– 0.010	– 0.002
BVAR – IP	0.987	0.949	0.981	1.000	0.021	0.035	0.014	0.007
BVAR – SSVS	0.949	0.944	1.001	1.062	0.042	0.026	– 0.015	– 0.045

注：粗体数值表示最佳相对 RMSFE 和 ALPL。灰色单元格表示竞争模型与基准模型小型 BVAR 模型之间的预测精度存在使用 Diebold and Mariano（1995）的相关渐近检验 1% 的显著性水平下具有显著差异。

表 6.21　　截至 **2020** 年第一季度的当前预测、一、二和四步

提前 **CPI** 通胀预测的相对根 **MSFE** 和平均对数似然

模型	相对 RMSFE				相对 ALPL			
	当期	k = 1	k = 2	k = 4	当期	k = 1	k = 2	k = 4
BVAR – Minn	0.940	0.944	0.959	0.970	0.017	0.018	0.011	0.001
BVAR – NCP	0.999	1.010	1.002	1.017	0.019	0.015	0.005	– 0.004

续表

模型	相对 RMSFE				相对 ALPL			
	当期	k = 1	k = 2	k = 4	当期	k = 1	k = 2	k = 4
BVAR – IP	0.947	0.965	0.978	0.973	0.059	0.045	0.051	0.053
BVAR – SSVS	1.018	1.009	1.027	0.978	-0.022	0.006	0.009	0.031

注：粗体数值表示最佳相对 RMSFE 和 ALPL。灰色单元格表示竞争模型与基准模型小型 BVAR 模型之间的预测精度存在使用 Diebold and Mariano（1995）的相关渐近检验 1% 的显著性水平下具有显著差异。

表 6.22　截至 2020 年第一季度的失业率预测的相对根 MSFE 和平均对数似然

模型	相对 RMSFE				相对 ALPL			
	当期	k = 1	k = 2	k = 4	当期	k = 1	k = 2	k = 4
BVAR – Minn	0.893	0.931	0.888	0.847	0.216	0.300	0.333	0.345
BVAR – NCP	0.868	0.918	0.873	0.853	**0.281**	**0.396**	**0.404**	0.342
BVAR – IP	**0.852**	**0.917**	**0.866**	**0.812**	-0.046	0.286	0.371	**0.406**
BVAR – SSVS	0.855	0.918	0.866	0.825	0.027	0.339	0.391	0.388

注：粗体数值表示最佳相对 RMSFE 和 ALPL。灰色单元格表示竞争模型与基准模型小型 BVAR 模型之间的预测精度存在使用 Diebold and Mariano（1995）的相关渐近检验 1% 的显著性水平下具有显著差异。

第 7 章
随机波动在可再生能源预测中的重要性

7.1 本 章 概 述

人们普遍认为，煤炭和原油等传统能源会造成严重的环境问题。众所周知，这些资源的使用和消耗会释放导致气候变化的温室气体（Apergis and Payne，2010；Soytas and Sari，2009）。为了限制 CO_2 的排放，特别是限制 CO_2 在工业化国家的排放，《京都议定书》于 1997 年制定。在 20 世纪 90 年代初期，有学者提出了环境库兹涅茨曲线的概念，随后的学者对其进行了批判性地研究，研究结果表明，这一领域的研究开展还需要相关的前沿模型进一步考察 CO_2 排放与经济增长的关系（Grossman and Krueger，1991；Stern，2004）。最近，研究人员和政府开始考虑化石燃料燃烧、自然环境质量（尤其是大气）和经济增长之间的相互作用（Halicioglu，2009；Soytas and Sari，2009；Stern，2004）。

可再生能源越来越受到关注，因为能源安全是政府需要考虑的另一个因素。此外，推广可再生能源不仅可以减少温室气体的排放，还可以支持经济的可持续发展。在这一背景下，能够产生环境友好型可再生能源的技术继续得到政府的大力支持并吸引大量的工业投资。由于这些有利的政府政策、不断上涨的原油价格和市场投资，可再生能源现在是能源市场中一个快速增长的领域。因此，可再生能源与经济发展的关系越来越受到关注。越来越多的文献表明，可再生能源对经济增长做出了重大贡献，从长远来看，是可以增加一国 GDP 的（Apergis and Payne，2010；Menegaki，

2011；Pao and Fu，2013；Payne，2010；Sari and Soytas，2004；Tugcu et al.，2012）。

关于可再生能源发电量（REG）、GDP 增长率和 CO_2 排放量之间的关系，可以运用向量自回归（VAR）模型进行研究，该方法是研究模型中所有变量之间相互作用的有用模型（Silva et al.，2012）。在实践中，可以采用含有时变参数的向量自回归模型来探讨 REG、GDP 增长率和 CO_2 排放三者之间随时间变化而变化的交互作用。事实上，越来越多的学者都认为，具有固定方差的多变量模型不够灵活，无法捕捉宏观经济变量之间的可变关系（Baumeister and Peersman，2013；Clark and Ravazzolo，2015；Cross and Nguyen，2017；Nakajima et al.，2011；Primiceri，2005）。参考张（2018），本章重点考查了包含时变参数和随机波动率的 VAR 模型范式，并用该模型对可再生能源发电量的发展前景进行预测，即对 REG 的数据进行多期向前预测。将预测结果与只包含时变参数或随机波动率或两者均不包含的 VAR 模型进行对比，以确定这两者是否可以帮助 VAR 模型为 REG 提供更好的预测。

实证部分将首先介绍含有时变参数和随机波动率的模型，在模型拟合实证分析后给出这两者在模型中存在的必要性的实证证据。本章在实证分析中考虑令模型包含时变参数的一个重要原因是，尽管已有一些研究在模型中用宏观经济存在结构性断裂的假设方法来模拟宏观经济随时间变化而变化（Lee and Chang，2007），他们使用面板 VAR 模型来计算能源消耗和实际 GDP 增长率的关系；奥勒和费特斯（Ohler and Fetters，2014）使用误差校正模型来检验可再生能源消费与 GDP 增长率之间的关系。不过，这类模型仍然无法准确地预测目标变量在不断变化的宏观经济环境中各变量之间相互影响和作用的动态关系。还有一些研究使用具有固定参数的 VAR 模型来研究能源相关主题，包括探讨能源消费与实际 GDP 增长率，CO_2 排放量和原油价格之间关系的研究（Lee and Chang，2007；McPhail，2011；Narayan et al.，2008；Soytas and Sari，2009），以及采用固定参数 VAR 模型方法的可再生能源问题研究（Onafowora and Owoye，2015；Silva et al.，2012）。不过，这些研究都尚未考虑包含随机波动率的时变参数模型。另外，也有一些预测可再生能源发电量的研究，但主要是预测每小时和每天的发电量或价格。这类研究使用了频率较高的时间序列（Foley et al. ，2012；Ordiano et al. ，2017）。与这些研究不同，本研究采用了季度数据，预测期数包括从向前一个季度的短期预测到向前四年的长期预测。

　　本章的其余部分组织如下。在第二小节中，具体描述了具有不同模型范式的 VAR 模型，并讨论了贝叶斯估计方法的具体步骤。在第三小节中，介绍了实证研究的前期准备工作。在第四小节，重点讨论了随机波动率的经验证据和预测结果。第五小节给出了结论。

7.2　包含时变参数和随机波动率的 VAR 模型

　　本节重点介绍了同时包含时变参数和随机波动率的 VAR 模型范式，即 TVP – VAR – SV 的具体表达式，以及该模型参数的估计方法。

　　含有时变参数的 VAR 模型可以写成运用矩阵和向量的模型简化表达式。令 $\mathbf{y}_t = (y_{1t}, \cdots, y_{nt})'$ 表示 TVP – VAR – SV 在时间 t 下包含 $n \times 1$ 个内生变量的因变量向量。假设模型的截距和系数都是随时间变化而推演的。令 $\mathbf{B}_{1t}, \cdots, \mathbf{B}_{pt}$ 表示 $n \times 1$ 个内生变量的时变系数矩阵，令 β_{0t} 表示模型中随时间变化而变化的截距。

$$\mathbf{y}_t = \beta_{0t} + \mathbf{B}_{1t}\mathbf{y}_{t-1} + \cdots + \mathbf{B}_{pt}\mathbf{y}_{t-p} + \varepsilon_{yt}, \quad \varepsilon_{y_t} \sim \mathcal{N}(\mathbf{0}, \Sigma_{y_t}) \quad (7.1)$$

　　模型的协方差矩阵可以使用 Primiceri（2005）介绍的方法通过 Cholesky 分解进行因式分解。在外部冲击分析中，可用下三角矩阵 A 来帮助随后的脉冲响应研究，方便给定变量顺序后的识别过程。随机波动率可由冲击的标准差（SD）合并的对角矩阵 Ω_{yt} 中分解出：

$$\mathbf{A}_t \Sigma_{yt} \mathbf{A}_t' = \Omega_{yt} \Omega_{yt}'$$

其中，$\mathbf{A}_t$ 和 Σ_t 的参数都是时变参数，且有：

$$\mathbf{A}_t = \begin{pmatrix} 1 & & & 0 \\ \alpha_{1t} & \ddots & & \\ \vdots & \ddots & \ddots & \\ \alpha_{n,1t} & \cdots & \alpha_{n,n-1t} & 1 \end{pmatrix}, \quad \boldsymbol{\Omega}_{yt} = \begin{pmatrix} e^{\frac{1}{2}h_{1t}} & & 0 \\ & \ddots & \\ 0 & & e^{\frac{1}{2}h_{nt}} \end{pmatrix}$$

上式中 h_{1t}，$\cdots$，h_{nt}即为随机波动率参数。$\mathbf{A}_t$ 和 $\boldsymbol{\Omega}_{yt}$ 都用于方程（7.1）中协方差矩阵的分解。该分解可对时变参数 VAR 模型中估计协方差矩阵进行有效分解（Nakajima et al.，2011；Primiceri，2005）。由此，方程（7.1）可转换为：

$$\mathbf{y}_t = \boldsymbol{\beta}_{0t} + \mathbf{B}_{1t}\mathbf{y}_{t-1} + \cdots + \mathbf{B}_{pt}\mathbf{y}_{t-p} + \mathbf{A}_t^{-1}\boldsymbol{\Omega}_{yt}\boldsymbol{\varepsilon}_t, \quad \boldsymbol{\varepsilon}_t \sim \mathcal{N}(\mathbf{0}, \mathbf{I}_n) \quad (7.2)$$

其中，$\mathbf{I}_n$ 代表 $n \times n$ 的单位矩阵，即主对角线均为 1，其他部分值为 0。

$\boldsymbol{\beta}_{0t}$ 和 $\boldsymbol{\beta}_t$ 的参数分量被堆叠成向量 $\boldsymbol{\beta}_t$，$\mathbf{A}_t$ 的自由元素可以被堆叠成向量 $\boldsymbol{\alpha}_t$。值得注意的是，$\boldsymbol{\beta}_{0t}$，$\mathbf{B}_{1t}$，$\cdots$，$\mathbf{B}_{pt}$ 的元素总数为 $n + n^2 k$，$\boldsymbol{\alpha}_t$ 向量中的元素数为 $((n-1) \times n)/2$，$\mathbf{h}_t$ 向量长度为 n。假设这些向量的数值按独立的随机游走进行迭代更新：

$$\boldsymbol{\beta}_t = \boldsymbol{\beta}_{t-1} + \boldsymbol{\varepsilon}_{\beta_t}, \quad \boldsymbol{\beta}_1 \sim \mathcal{N}(0, \sigma_{0\beta}^2), \quad \boldsymbol{\varepsilon}_{\beta_t} \sim \mathcal{N}(\mathbf{0}, \boldsymbol{\Sigma}_\beta) \quad (7.3)$$

$$\boldsymbol{\alpha}_t = \boldsymbol{\alpha}_{t-1} + \boldsymbol{\varepsilon}_{\alpha_t}, \quad \boldsymbol{\alpha}_1 \sim \mathcal{N}(0, \sigma_{0\alpha}^2), \quad \boldsymbol{\varepsilon}_{\alpha_t} \sim \mathcal{N}(\mathbf{0}, \boldsymbol{\Sigma}_\alpha) \quad (7.4)$$

$$\mathbf{h}_t = \mathbf{h}_{t-1} + \boldsymbol{\varepsilon}_{h_t}, \quad h_1 \sim \mathcal{N}(0, \sigma_{0h}^2), \quad \boldsymbol{\varepsilon}_{h_t} \sim \mathcal{N}(\mathbf{0}, \boldsymbol{\Sigma}_h) \quad (7.5)$$

其中，

$$\boldsymbol{\Sigma}_\beta = \mathrm{diag}(\sigma_{\beta_1}^2, \cdots, \sigma_{\beta_{n+n^2}}^2) \quad (7.6)$$

$$\boldsymbol{\Sigma}_\alpha = \mathrm{diag}(\sigma_{\alpha_1}^2, \cdots, \sigma_{\alpha_{\frac{(n-1) \times n}{2}}}^2) \quad (7.7)$$

$$\boldsymbol{\Sigma}_h = \mathrm{diag}(\sigma_{h_1}^2, \cdots, h_n^2) \quad (7.8)$$

一般而言，宏观经济的季度时间序列可被看作是随机游走过程，而日频的金融时间序列通常可用一阶自回归模型来进行模型拟合。尽管随机游走过程有可能由于随机抽样的不确定性产生爆炸性的非平稳行为，但由于宏观经济时间序列长度有限，再通过仔细地先验概率分布假设，可以对一些不希望模型产生出的变化加以控制，还是可以得到合理的模型参数估计的（Primiceri，2005）。具体模型参数的估计方法使用了贝叶斯估计方法，参数拟合抽样的具体方法在本章附录中给出。

　　根据 VAR 模型是否包含时变参数或随机波动率，可以得到四个模型范式：包含固定参数和固定方差的 VAR 模型（C－VAR－C），包含固定参数和随机波动率的 VAR 模型（C－VAR－SV），具有时变参数和固定方差 VAR 模型（TVP－VAR－C），以及时变参数和随机波动率的 VAR 模型（TVP－VAR－SV）。这些模型中的每一个都适用于具有 REG、GDP 增长率和 CO_2 排放三个变量的研究。与 TVP－VAR－SV 相比，其他模型规范是限定了固定参数或固定方差，以更好的验证模型参数和方差的时变特性。

7.3　初步的实证研究

　　本小节将首先对实证分析中涉及的三个宏观经济变量时间序列进行描述，即可再生能源发电量、实际 GDP 增长率和 CO_2 排放。然后，讨论外部冲击的识别方案以构建对模型的结构冲击，并简要介绍模型的先验概率分布和超参数的初始值。最后，基于两个贝叶斯模型的常用比较指标，即平均对数预测似然值（average log-predictive-likelihood，ALPL）和连续分级概率得分（continuous ranked probability score，CRPS），讨论了滞后期长度的选择。

7.3.1　数　据

　　VAR 模型框架中使用的三个宏观经济变量的数据来源为：可再生能源发电量的增长率和 CO_2 排放量均来自美国能源信息署的在线数据库，实际 GDP 增长率来自 St. Louis FRED 数据库。根据美国能源信息署的分类，可再生能源发电量涵盖了由水力发电、木材、废物、地热、太阳能和风能所产生的电力。CO_2 排放量的数据来自美国电力部门出版物（例如美国能源信息署）的数据，该数据对研究人员和社会团体开放使用。数据的样本期从 1973 年第一季度开始，到 2014 年第四季度结束。该样本的时间跨度相对较短，这是因为可再生能源发电量的增长率和 CO_2 排放量直到 1973 年才可用。由于可再生能源发电量的增长率和 CO_2 排放量都是月度数据，因此使用了 X－13 季节调整方法来获得季节调整后的季度数据。GDP 增长率是经季节性调整的季度数据，因此不需要进一步的平滑方法进行处理。所有这三个变量（REG、GDP 增长率和 CO_2 排放量）都使用了一阶差分法进行去趋势化，并转换为增长率，因此数据的时间跨度为 1973 年 Q2～2014 年 Q4。

图 7.1～图 7.3 分别绘制了可再生能源发电量增长率、实际 GDP 增长率和 CO_2 排放量增长率的时间趋势图。图 7.1 显示了可再生能源发电量增长率在考查的时间段内的具体数值变化情况。自 1973 年原油危机以来，可再生能源发电量的增长率通常会增加，但偶尔也会收缩，例如，在 1978 年有大幅的增长。阿吉拉尔等（Aguilar et al., 2011）说明了 1978 年美国通过了可再生电力法令，降低了可再生能源的生产成本，进而推动了社会对可再生能源设施的投资，其在 1989 年也出现了不同于往年的增长率飙升，说明当年可再生能源发电量的增长率曾急剧增长，而事实确实是许多可再生能源发电设施在 1988 年建成。与此同时，常规水力发电的发电量并没有显著增加，但其他形式的可再生能源发电量却大幅增长。例如，从 1988 年 12 月～1989 年 1 月，木材能源的月发电量从 77 万兆瓦时增加到 240.8 万兆瓦时（1 兆瓦时 =1000 千瓦时），废物利用发电量从 54 万兆瓦时增加到 519 万兆瓦时，地热发电量从 849 万兆瓦时增加到 1279 万兆瓦时，太阳能发电从 0.06 万兆瓦时增加到 7 万兆瓦时，风能为 0.05 万～146 万兆瓦时。类似的，在随后的几年里，也有会影响到可再生能源发电量波动的各种政策出台：包括从 1990 年开始的国家级财政奖励项目；从 1992 年起可再生电力的税收抵免和补助；2005 年设立的可再生能源政府债券；2006 年住宅可再生能源税收抵免；2007 年对绿色电力采购的要求；自 2008 年以来的农业补助金；以及 2009 年制定的可再生能源补助计划。还有一些直接促进可再生能源产业发展的相关法律法规，同时也促进了各社会经济实体对可再生能源的使用，包括《国家能源法》（1978 年出台）、《能源政策法》（2005 年出台）和《能源独立与安全法》（2007 年出台）。

确实，可再生能源政策对其行业的快速发展起着至关重要的作用（Zhao et al.，2013）。尽管可再生能源部门具有可观的环境和社会效益，但高昂的固定成本和过长时期的回报仍然是可再生能源项目落地的主要障碍（Ver-bruggen et al.，2010）。因此，政府的上网电价和投资激励等可再生能源政策在降低可再生能源成本和渗透能源市场等方面发挥着决定性的作用（Beck and Martinot，2004）。还有一些可再生能源政策经过实践检验被证实有助于可再生能源的消费（Aguilar et al.，2011；Zhao et al.，2013）。还有一些知识密集型的可再生能源方面的技术创新，可为可再生能源的产业吸引到有效投资（Ragwitz et al.，2009）。显然，这些外部差异对可再生能源的相关工业部门产生了各种正向和负向的影响，并且，这些政策工具对可再生能源的长期发展有着不同的影响程度，因此，其对可再生能源发展的预测中所起的作用也不容忽视（Hillebrand et al.，2006；Lehr et al.，2008）。

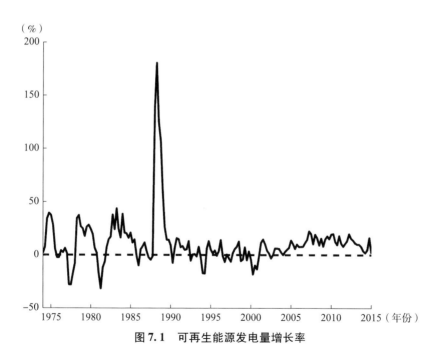

图 7.1　可再生能源发电量增长率

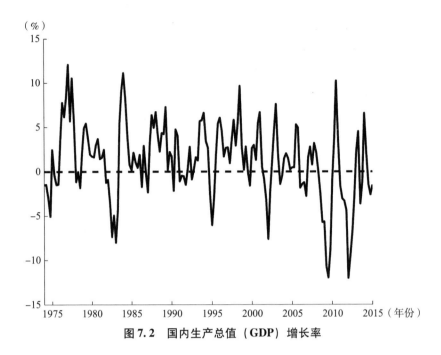

图 7.2　国内生产总值（GDP）增长率

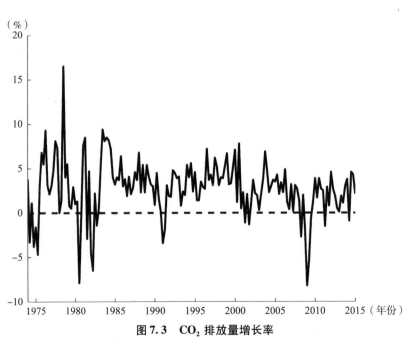

图 7.3　CO_2 排放量增长率

从图 7.2 中可以看出，1985 年以前，GDP 的增长率曾出现过剧烈地波动。1985 年以后，大缓和期开始，GDP 的增长率维持在较小的波动范围内，并一直持续到 2007 年。紧随其后的是全球金融危机，GDP 增长率曾经历了急剧下降。

在图 7.3 中，CO_2 排放量的增长率比其他两个变量表现出更大的波动。一方面，CO_2 的排放量随着经济的快速发展而增加。另一方面，减排政策和采用空气净化技术也在一定程度上显著降低了 CO_2 的排放量。

7.3.2　VAR 中的变量排序

对于 VAR 模型中所含变量的顺序，本章遵循希尔瓦等（Silva et al.，2012）和蒂瓦里（Tiwari，2011）的方法，即将变量排序如下：REG、GDP 增长率和 CO_2 排放量。变量排序的假设主要基于水力系统中有一定的蓄水量（Amundsen and Bergman，2002），因此来自 REG 的冲击会影响 GDP 增长率和 CO_2 排放量。同时，基于 Toda - Yamamoto 因果检验的结果，REG 与 GDP 增长率之间的因果关系采用增长假设，即从可再生能源到经济增长的单向因果关系（Payne，2011）。另外，已有文献认为，能源消费所产生的 CO_2 排放是经济增长的副产品（Amundsen and Bergman，2002；Silva et al.，2012；Stern，2004），这也是在 VAR 模型中排在 GDP 增长率后面的另一个原因。此外，假设第一个变量 REG 变化率对 GDP 增长率和 CO_2 排放量都有影响，但没有受到它们的任何同期影响。第二个变量 GDP 增长率受到 REG 变化率的影响，对当期 REG 变化率没有任何影响，它影响 CO_2 的排放量，但不受 CO_2 排放量的影响。第三个变量，当期的 CO_2 排放量对 REG 变化率或 GDP 增长率没有任何影响，但会受到它们的影响。

7.3.3　可再生电力发电量时间序列的选择

在实证研究部分，本书使用可再生能源的发电量而不是消费量作为指标进行研究。这主要考虑到有一部分电力的消费是来自进口，可能并不是由本地区生产。同时，这样也保证了这一变量与 GDP 增长率的含义保持一致，因为后者是一个地区区域内生产的商品和服务的指标。虽然关注可再生能源消费的研究不少，但可再生能源的生产与 GDP 增长率的关系尚未得到广泛研究（Silva et al.，2012；Yoo and Kim，2006）。

另一方面，虽然可以通过构建变量包含可再生能源的发电量在总发电量中的份额。但这一份额的变化可能并没有增加太多，且它与其他变量的变化相比也会不显著。有学者的研究表明，美国的可再生能源在总能源消耗中的份额在他们的研究时间内几乎没有增加。主要原因可能是随着时间的推移，可再生能源的发电量随着经济的快速增长在增加，但总发电量也在增加（Menyah and Wolde‑Rufael，2010）。此外，如果把可再生能源的份额作为 VAR 中的 GDP 增长率和 CO_2 排放增长率相关的内生变量时，可再生能源的发电量在总发电量中所占的份额的经济意义可能并不显著。

参数的先验概率分布和参数初始值在本章附录中有详述，VAR 模型的其他模型范式和滞后期长度的选择也可参见附录。

7.4　VAR 模型与可再生能源增长率的应用

本小节对前文提到的 4 个 VAR 模型范式进行实证应用，首先进行全样本分析。正如上一小节中提到的，4 个 VAR 模型中变量的顺序均为 REG、GDP 增长率和 CO_2 排放量。所有的后验概率中位数和置信区间均由 5000 次抽样准备期和 55000 次正式抽样得到，这与模型滞后期长度选择的步骤相一致。首先，本小节报告了来自 REG 方程、GDP 增长率方程和 CO_2 排放量方程中标准差随时间变动的结果；随后，对有和没有随机波动率的 VAR 模型的拟合结果进行了对比与分析；最后讨论了基准模型与各 VAR 模型的预测结果。

近年来，越来越多的学者指出，随机波动率 SV 是宏观经济时间序列建模中不可或缺的模型组成部分（Carriero et al.，2015；Chan and Eisenstat，2018）。图 7.4 给出了 C – VAR – SV 和 TVP – VAR – SV 两个模型范式中随机波动率参数存在的显著性。图 7.4 中的三个子图分别是三个变量在两个 VAR 模型中随机波动率标准误（SD）的估计值。它们由 exp（$h_t/2$）计算得到。具体来说，随机波动率在 C – VAR – SV 中的标准误（SD）用实线表示，在 TVP – VAR – SV 的用虚线表示。而两个具有固定方差的 VAR 模型（C – VAR – C 和 TVP – VAR – C）的后验概率分布的中位数和第 16 和第 84 分位数在表 7.1 中（第 16 和第 84 分位数用于表示具有固定参数的 VAR 模型中估计值的置信区间）。因此，可以通过检查 exp（$h_t/2$）的值是否在固定方差的置信区间内，来验证随机波动率在模型中的必要性。换言之，如果 exp（$h_t/2$）的取值明显超出了常数参数的置信区间，那么随机波动率在 VAR 模型中即为显著，因为固定参数已无法概括说明变量的随机波动特性。从图 7.4 可以看出，这三个方程中的所有 exp（$h_t/2$）曲线波动性很大，与固定方差完全不同。

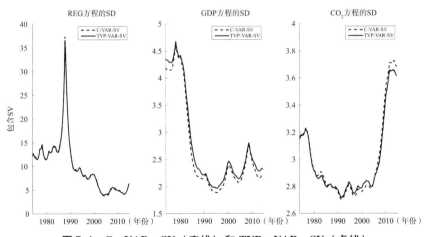

图 7.4　C – VAR – SV（实线）和 TVP – VAR – SV（虚线）

后验概率分布中位数的标准误

表 7.1   C – VAR – SV 和 TVP – VAR – SV 随机波动率标准误及其

第 16 和第 84 分位数置信间

模型	REG	GDP	CO_2
C – VAR – SV	[14.27　15.06　15.92]	[2.81　2.97　3.14]	[2.78　2.93　3.10]
TVP – VAR – SV	[14.45　15.24　16.13]	[2.77　2.93　3.11]	[2.81　2.97　3.15]

对比 C – VAR – SV 和 TVP – VAR – SV 这两个均含有随机波动率成分的模型的标准误（SD）曲线，可以观察到，当 TVP – VAR – SV 的 SD 曲线低于 C – VAR – SV 的曲线时，说明变量的时间序列中更多的变化分配给了 TVP – VAR – SV 时变参数成分，而对于 TVP – VAR – SV 高于 C – VAR – SV 标准误曲线时，表明变量的时间序列中随时间变化的部分被分配给了 TVP – VAR – SV 的随机波动率成分。对于 REG 方程，C – VAR – SV 和 TVP – VAR – SV 的两条标准误曲线位置几乎是一致的；而对于 GDP 增长率和 CO_2 排放量方程，标准误曲线的位置略有不同。

进一步来说，在图 7.4 的左图中，两个 VAR 模型中代表可再生能源变量方程的随机波动率标准误的虚线和实线在每个时间点上的位置都十分接近，不过其标准误变动的尺度要远大于 GDP 增长率方程中随机波动率标准误变动的尺度。在可再生能源变量方程中，最高的 SD 数值接近 40，而 GDP 增长率方程中的 SD 值均保持在数值 5 以下。在现实世界经济中，1989 年前后出现的 SD 峰值可能与当年出台了众多与可再生能源设施开工、建成和投产相关（见数据部分）。此后，可再生能源变量的随机波动率标准误波动的幅度逐渐变小，说明美国之后出台的一系列可再生能源法案确实刺激了可再生能源的增长率，而相关的法案对可再生能源行业的影响较为温和。

在图 7.4 中间的子图中，GDP 增长率方程的随机波动率 SV 的标准误在考察的时间范围内有着显著的变化，并超出了 C – VAR – C 固定误差的第 16 和第 84 分位数置信区间范围。具体来说，20 世纪 70 年代 GDP 增长率的波动性很高，而在经济危机大缓和的初期急剧下降。危机大缓和之后，GDP 增长率的波动性在 2000 年左右再次上升，具体可对应 21 世纪初期与 1997 年亚洲金融危机相关的衰退，类似的情况在 2007 年全球金融危机期间也可以观察到。一般而言，C – VAR – SV 的随机波动率标准误的波动程度在一些时间点比 TVP – VAR – SV 要大，说明了由于 C – VAR – SV 中不含时变参数模型，GDP 增长率方程中的随机波动率中无法解释的部分被归为随机波动率的标准误，同时也说明了模型包含时变参数的必要性。

在图 7.4 右图中，CO_2 排放量方程相关标准误（SD）的表现与 GDP 增长率方程中相类似，SD 的数值范围略小，表明 CO_2 排放量增长率与 REG 相比，也是一个相对较为稳定的时间序列。在 1980 年以前，CO_2 排放量方程的随机波动率标准误远高于其他时间段，到 1990 年开始急剧下降，在 2005 年之后出现了持续的较大增长率。以上结果表明，CO_2 排放量方程的随机波动率标准误不是一个常数值，也即随机波动率是 VAR 模型中不可或缺的组成部分。

对于没有随机波动率的 VAR 模型，TVP – VAR – C 的固定误差标准误后验概率估计与 C – VAR – C 的非常接近。更为具体地，TVP – VAR – C 的 REG 和 CO_2 排放量方程的固定误差标准误略高于 C – VAR – C 的标准误的结果。这也说明了变量的时间序列的标准误变化被在模型拟合中被处理为 REG 和 CO_2 排放量方程中时变参数的变动。

相比之下，TVP – VAR – C 的 GDP 增长率方程的 SD 值低于 C – VAR – C 的 SD 值，说明 TVP – VAR – C 在时间序列有波动时，并不会总是增加 SD 部分。简言之，含有时变参数的 VAR 模型比具有固定参数的 VAR 模型更能提供相关变量的数据变动适应性。

总体而言，模型中参数固定不变的误差项并不足以捕捉不断变化的宏观经济状况，实证结果表明，在使用 VAR 模型对宏观经济变量进行研究时，在模型中包含随机波动率参数是有益且重要的。

7.5　预测结果

本小节对本章所涉及的 VAR 模型进行了对可再生能源发电量（REG）

的样本外推方法的预测分析。预测分析使用了包含一个滞后期的 AR 的自回归模型作为基准模型，并报告了含有两个和四个滞后期的自回归模型 AR（2）和 AR（4）的预测结果。预测结果部分，含有滞后一期和滞后二期的 VAR 模型的结果分别在表 5.2 的两部分报告。预测期分别为向前一个季度、向前一年、向前两年、向前三年和向前四年（k = 1，4，8，12 和 16），预测方法为递归预测，即每期对模型进行参数估计后，再进行向前预测。预测开始的时间为 1995 年 Q1。

7.5.1　预测指标

预测分析部分中模型的滞后期数与全样本实证分析中的滞后期数相一致，并对各 VAR 模型使用了两种预测评价指标，即与相对 ALPL 相同的平均对数预测似然值（Average LPL）和平均连续分级概率得分（Average CRPS）进行了计算和比较。为了便于比较，每个竞争模型相对于基准 AR（1）的相对 Average LPL 和相对 Average CRPS 指标报告在表 7.2 中。

表 7.2　　　　自 1995 年以来 VAR 模型相对 Average LPL 和
相对 Average CRPS 的预测结果

模型	相对 Average LPL					相对 Average CRPS				
	k = 1	k = 4	k = 8	k = 12	k = 16	k = 1	k = 4	k = 8	k = 12	k = 16
AR（1）	0.00	0.00	0.00	0.00	0.00	0.00	0.00	0.00	0.00	0.00
AR（2）	0.03	− 0.08	− 0.03	− 0.01	0.00	− 0.02	0.58	0.25	0.00	− 0.16
AR（4）	0.04	− 0.08	− 0.03	− 0.01	0.00	− 0.04	0.65	0.29	0.07	− 0.10
滞后一期										
TVP − VAR − SV	0.51	0.64	0.62	0.55	0.47	− 1.11	− 2.21	− 2.41	− 2.39	− 1.81
C − VAR − SV	0.56	0.63	0.61	0.52	0.47	− 1.16	− 2.19	− 2.46	− 2.39	− 2.24
TVP − VAR − C	− 0.27	− 0.07	− 0.06	− 0.06	− 0.08	0.28	0.57	0.99	1.42	2.28
C − VAR − C	− 0.02	− 0.02	− 0.02	− 0.02	− 0.02	0.16	0.23	0.19	0.16	0.17

续表

模型	相对 Average LPL					相对 Average CRPS				
	k = 1	k = 4	k = 8	k = 12	k = 16	k = 1	k = 4	k = 8	k = 12	k = 16
滞后两期										
TVP – VAR – SV	0.34	0.54	0.55	0.51	0.47	− 0.79	− 1.54	− 1.86	− 1.81	− 1.41
C – VAR – SV	0.47	0.52	0.56	0.53	0.53	− 0.81	− 1.54	− 2.19	− 2.42	− 2.54
TVP – VAR – C	− 0.36	− 0.18	− 0.15	− 0.17	− 0.20	0.50	2.04	2.13	3.11	4.92

其中，Average LPL 预测指标的定义式为：

$$
\text{AverageLPL}_{\text{Model}_i} = \frac{1}{T - T_0 - k + 1} \sum_{t=1}^{T-T_0-k+1} \text{logp}(\hat{y}_{(T_0+t+k-1, \text{Model}_i)})
$$

$$
= y_{(T_0+t+k-1)} \mid y_{(1:T_0+t)}
$$

与边际对数似然之和（MLL）（参见本章附录）类似，较大的 ALPL 值代表更好的预测性能。而相对 ALPL 报告了竞争模型和基准模型之间的差异，因此，相对 ALPL 为正数表示竞争模型比基准模型有着更好的预测性能，反之亦然。Average CRPS 预测指标的定义式为：

$$
\text{AverageCRPS}_{\text{Model}_i} = \frac{1}{T - T_0 - k + 1} \sum_{t=1}^{T-T_0-k+1} p(\mid \hat{y}_{1,(T_0+t+k-1, \text{Model}_i)} - y_{(T_0+t+k-1)} \mid
$$

$$
- 0.5 \times \mid \hat{y}_{1,(T_0+t+k-1, \text{Model}_i)} - \hat{y}_{2,(T_0+t+k-1, \text{Model}_i)} \parallel y_{(1:T_0+t)})
$$

与相对 Average LPL 相同，相对 Average CRPS 也是通过计算拟合模型在预测中的概率表现来检查标准模型与基准之间差异的预测评价指标。只是与相对 Average LPL 相比，相对 Average CRPS 的负分表示更好的预测性能，而正分表示竞争模型的预测性能比基准模型更差。

7.5.2　相对 Average LPL 结果

相对 Average LPL 预测结果报告在表 7.2 的左列中。显然，包含随机波动率的 TVP – VAR – SV 和 C – VAR – SV 的 VAR 模型在所有预测范围内都比基准模型和其他竞争模型对 REG 具有更好的预测性能。具体来说，包含变量滞后一期的 C – VAR – SV 模型在预测 REG 向前一期时的表现最好，包含变量滞后一期的 TVP – VAR – SV 模型在预测向前一年、两年和三年的预测效果最好，而具有滞后两期的 C – VAR – SV 模型是对 REG 向前预测四期的最佳模型。从表 7.2 可以看到，滞后期较多的 AR 模型的预测效果均较差，但当预测期数更大时，并不会出现预测结果也迅速恶化的情况。同样，在大多数情况下，具有两个滞后期的 VAR 模型的预测结果在短期内并不比含有一个滞后期的 VAR 模型更好，这说明模型含有较长的滞后期对多变量模型的短期预测没有帮助。值得注意的是，具有随机波动率的 TVP – VAR – SV 和 C – VAR – SV 的 VAR 模型，预测结果并没有比具有固定方差的 TVP – VAR – SV 和 C – VAR – SV 更好。换句话说，时变系数的模型范式（TVP – VAR – SV 和 TVP – VAR – C）并不比没有该成分的模型（C – VAR – SV 和 C – VAR – SV）表现更好。总体而言，对 REG 预测的主要改进来自方差中加入了随机波动率的成分，而不是来自模型的时变参数，这与已有的宏观经济研究在关于模型包含时变参数和随机波动系数得出的结论相一致（Clark and Ravazzolo，2015）。

7.5.3　LPL 的累计加总

为了计算得到 LPL 的累积加总，需要先将模型在每个模型拟合期在每个时点上的 LPL 数值相加，然后再将预测开始的时间点到下一个时间点累积的 LPL 进行加总。图 7.5 中，绘制了 VAR 模型相对于基准模型 AR(1) 的 LPL 向前一个季度的累积加总，并给出了各模型在每个时点上的预测表现。

在图 7.5 中，含有随机波动率成分的 VAR 模型要比基准模型和其他 VAR 模型的预测结果好很多。此外，在整个预测时间段内，滞后一期的 TVP – VAR – SV 和 TVP – VAR – C 的预测性能优于滞后两期的预测性能。TVP – VAR – C 也是如此。从图中可以看出 TVP – VAR – SV 和 C – VAR – SV 对 REG 产生的 LPL 累计加总相近，而且，在大多数情况下，C – VAR – SV 的累积量更大。在大多数情况下，LPL 的累计加总比 TVP –

VAR – SV 要大。此外，TVP – VAR – SV 和 C – VAR – SV 的 LPL 相对累计加总在预测时间段内随时间变化的速度增长，这与 C – VAR – C 和 TVP – VAR – C 表现不同。

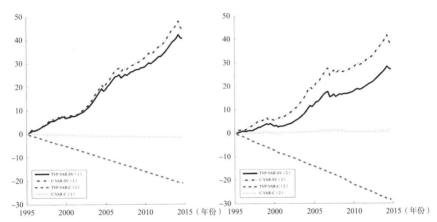

图 7.5　TVP – VAR – SV、C – VAR – SV、TVP – VAR – C 和 C – VAR – C

相对于基准模型 AR(1) 的 LPL 向前一个季度的累积加总，

一阶滞后期见左图，二阶滞后期见右图

7.5.4　相对 Average CRPS 结果

相对 Average CRPS 结果显示在图 7.6 中。从 CRPS 的结果可以看出，在对可再生能源的发电量的所有预测范围内，具有一阶滞后和二阶滞后的 TVP – VAR – SV 和 C – VAR – SV 的预测表现都优于基准模型。具有两个滞后期的 C – VAR – SV 在向前 12 和 16 期的预测中具有最佳预测效果，而其他预测结果与相对平均 LPL 结果大致相似。对于 VAR 模型，显然，具有随机波动成分的模型，无论是具有时变参数还是常数系数，在所有预测范围内都比没有随机波动成分的模型预测水平显著提高。除了向前 12 和 16 期外，TVP – VAR – SV 和 C – VAR – SV 的大多数预测结果与含有两个滞后期的模型的结果并不比只有一个滞后期模型的预测结果好，这与相对平均 LPL 的预测结论一致。

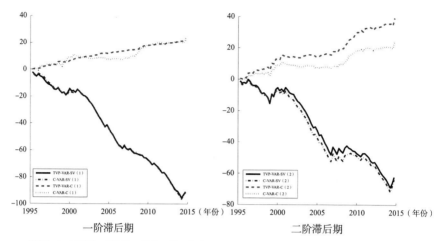

图 7.6 TVP – VAR – SV、C – VAR – SV、TVP – VAR – C 和 C – VAR – C
相对于基准模型 AR(1) 的 CRPS 累计加总向前一个季度的累积加总

7.5.5 CRPS 的累计加总

CRPS 累计加总的计算方法与计算 LPL 累计加总的方法类似。与 LPL 不同，CRPS 的累计加总值越小，预测结果越好，反之亦然。图 7.6 描绘了 CRPS 提前四分之一累计加总的结果，以显示 VAR 模型在预测时间段内的相对预测效果。

从图 7.6 中可以看出，具有时变参数变化的 VAR 模型比固定参数的 VAR 模型对可再生能源的发电量具有更好的预测性能。在所有向前一期的预测中，具有固定参数的 VAR 模型的预测模型比基准模型更差。包含一个滞后期的 TVP – VAR – SV 和 C – VAR – SV 两个模型具有相似的预测性能，且它们产生的预测结果比含有两个滞后的模型更为准确。与 LPL 的累计加总不同，TVP – VAR – C 和 C – VAR – C 的一个滞后期和两个滞后期模型所做的预测结果均比基准模型差。此外，它们的 CRPS 相对累计加总结果随时间变化而变化。

本小节使用 1990Q1 和 1985Q1 两个不同的预测起始点进行实证分析。表 7.3 和表 7.4 中报告了对可再生能源的发电量预测的相对平均 LPL 和 CRPS。一般而言，参数估计期少而预测期多的样本集并没有提供与表 7.2

不同的预测结果。当预测从 1985 年和 1990 年开始时，具有一个滞后期和两个滞后期的 TVP – VAR – SV 和 C – VAR – SV 在所有预测范围内的预测结果都优于基准模型，并且它们在没有随机波动率的情况下始终占据预测表现的主导地位。此外，C – VAR – SV 并不总是优于 TVP – VAR – SV、TVP – VAR – C 和 C – VAR – C 之间也是如此。这表明模型包含时变参数并不能提高对可再生能源发电量的预测精度，但包含随机波动率可以显著提高模型的预测性能。

表 7.3　　　　自 1990 年以来各模型预测的相对平均 LPL 和 CRPS

模型	相对平均 LPL					相对平均 CRPS				
	$k=1$	$k=4$	$k=8$	$k=12$	$k=16$	$k=1$	$k=4$	$k=8$	$k=12$	$k=16$
AR(1)	0.00	0.00	0.00	0.00	0.00	0.00	0.00	0.00	0.00	0.00
AR(2)	0.03	– 0.08	– 0.02	0.00	0.00	– 0.02	0.60	0.19	– 0.02	– 0.20
AR(4)	0.03	– 0.08	– 0.03	– 0.01	– 0.01	– 0.04	0.66	0.29	0.05	– 0.07
滞后一期										
TVP – VAR – SV	0.45	0.57	0.58	0.54	0.47	– 0.98	– 1.90	– 1.96	– 2.06	– 1.39
C – VAR – SV	0.49	0.57	0.56	0.52	0.48	– 1.00	– 1.94	– 2.23	– 2.33	– 2.21
TVP – VAR – C	– 0.27	– 0.08	– 0.07	– 0.08	– 0.10	0.25	– .64	1.15	1.72	2.59
C – VAR – C	– 0.02	– 0.02	– 0.02	– 0.02	– 0.02	0.16	0.27	0.31	0.33	0.30
滞后两期										
TVP – VAR – SV	0.27	0.44	0.47	0.42	0.40	– 0.66	– 1.00	– 1.39	– 1.17	– 0.54
C – VAR – SV	0.42	0.46	0.50	0.49	0.49	– 0.74	– 1.24	– 1.96	– 2.18	– 2.32
TVP – VAR – C	– 0.36	– 0.18	– 0.16	– 0.18	– 0.21	0.48	2.21	2.36	3.41	5.47
C – VAR – C	0.01	– 0.11	– 0.04	– 0.02	– 0.02	0.25	1.36	0.52	0.31	0.14

表 7.4　　　　自 1985 年以来各模型预测的相对平均 LPL 和 CRPS

模型	相对平均 LPL					相对平均 CRPS				
	$k=1$	$k=4$	$k=8$	$k=12$	$k=16$	$k=1$	$k=4$	$k=8$	$k=12$	$k=16$
AR(1)	0.00	0.00	0.00	0.00	0.00	0.00	0.00	0.00	0.00	0.00
AR(2)	0.69	1.00	0.84	0.55	0.43	0.16	– 4.73	– 5.82	– 5.76	– 4.71

模型	相对平均 LPL					相对平均 CRPS				
	k = 1	k = 4	k = 8	k = 12	k = 16	k = 1	k = 4	k = 8	k = 12	k = 16
AR(4)	0.66	0.96	0.81	0.54	0.43	0.65	− 3.44	− 5.26	− 6.20	− 4.71
滞后一期										
TVP – VAR – SV	0.56	0.90	0.82	0.50	0.29	− 0.90	− 2.35	− 2.96	− 3.74	− 5.19
C – VAR – SV	0.58	0.88	0.78	0.48	0.37	− 0.99	− 2.47	− 3.45	− 4.54	− 6.87
TVP – VAR – C	− 0.07	0.24	0.30	0.03	− 0.11	0.38	0.84	1.21	2.09	3.89
C – VAR – C	0.01	− 0.08	0.13	0.02	− 0.03	0.19	0.34	0.33	0.47	0.78
滞后两期										
TVP – VAR – SV	0.27	0.44	0.47	0.42	0.40	− 0.66	− 1.00	− 1.39	− 1.17	− 0.54
C – VAR – SV	0.42	0.46	0.50	0.49	0.49	− 0.74	− 1.24	− 1.96	− 2.18	− 2.32
TVP – VAR – C	− 0.36	− 0.18	− 0.16	− 0.18	− 0.21	0.48	2.21	2.36	3.41	5.47
C – VAR – C	0.02	0.04	0.26	− 0.05	− 0.01	0.09	0.01	− 1.37	− 2.37	− 4.38

7.6 本 章 小 结

本章使用了含有时变参数和随机波动率的 VAR 模型来研究可再生能源的发电量、GDP 增长率和 CO_2 排放量的相互作用。TVP – VAR – SV 的全样本估计和样本外对可再生能源发电量的短期、中期和长期预测比较是使用 AR 模型和其他三个 VAR 模型进行的：C – VAR – C、C – VAR – SV 和 TVP – VAR – C。

在这些模型的全样本模型拟合结果中，含有随机波动率的模型规范显示出比包含同方差的模型更好的对可再生能源的发电量、GDP 增长率和 CO_2 排放量这三者实证数据的适应性。样本外预测的结果还表明，与自回归（AR）模型和具有固定方差的 VAR 模型相比，具有随机波动率的 VAR 模型可以显著提高对可再生能源的发电量增长的预测准确性。不过，时变参数在本章所考察的模型范式中所起的作用在预测结果中并不明显。

本 章 附 录

附录 7A：

1. 贝叶斯估计

本章使用蒙特卡洛马尔可夫链（MCMC）方法对 TVP – VAR – SV 模型的时变参数和随机波动率进行估计。首先，可将 TVP – VAR – SV 模型改写成看似时间序列不相关的回归模型表达式：假设 $\mathbf{X}_t$ 是滞后的内生变量矩阵，则有 $\mathbf{X}_t = \mathbf{I}_p \otimes (\mathbf{1}, \mathbf{y}'_{t-1}, \cdots, \mathbf{y}'_{t-p})$（$\otimes$ 是克罗内克积），那么，模型可以改写成：

$$\mathbf{y}_t = \mathbf{X}_t \boldsymbol{\beta}_t + \mathbf{A}_t^{-1} \boldsymbol{\Omega}_{y_t} \boldsymbol{\varepsilon}_t$$

模型参数的后验概率分布的抽样可以通过 Gibbs 抽样算法中的 Metropolis – Hastings 方法进行。具体抽样步骤如下：

（1）$p(\boldsymbol{\beta} \mid \mathbf{y}, \boldsymbol{\alpha}, \mathbf{h}, \sigma_{\beta}^2, \boldsymbol{\beta}_0)$；

（2）$p(\mathbf{h} \mid \mathbf{y}, \boldsymbol{\beta}, \sigma_h^2, \mathbf{h}_0)$；

（3）$p(\boldsymbol{\alpha} \mid \mathbf{y}, \boldsymbol{\beta}, \mathbf{h}, \sigma_{\alpha}^2, \boldsymbol{\alpha}_0)$；

（4）$p(\sigma_{\beta}^2, \sigma_h^2, \sigma_{\alpha}^2 \mid \boldsymbol{\beta}, \mathbf{h}, \boldsymbol{\alpha}) = p(\sigma_{\beta}^2 \mid \boldsymbol{\beta}) p(\sigma_h^2 \mid \mathbf{h}) p(\sigma_{\alpha}^2 \mid \boldsymbol{\alpha})$；

（5）$p(\boldsymbol{\beta}_1, \mathbf{h}_1, \boldsymbol{\alpha}_1 \mid \boldsymbol{\beta}, \mathbf{h}, \boldsymbol{\alpha}, \sigma_{\beta}^2, \sigma_h^2, \sigma_{\alpha}^2) = p(\boldsymbol{\beta}_1 \mid \boldsymbol{\beta}, \sigma_{\beta}^2) p(\mathbf{h}_1 \mid \mathbf{h}, \sigma_h^2) p(\boldsymbol{\alpha}_1 \mid \boldsymbol{\alpha}, \sigma_{\alpha}^2)$。

在上述顺序抽样步骤中，具体使用的抽样方法包括：

（1）$\boldsymbol{\beta}$ 的后验概率抽样方法可参照线性回归相关教科书中的做法（Koop，2003），因为 TVP – VAR – SV 模型的状态空间形式可以写成线性高斯回归的形式。采用基于精度的算法可以提高仿真速度（Chan and Jeliazkov，2009）；

（2）本书使用 Kim et al.（1998）中的辅助混合抽样方法对 $\mathbf{h}$ 进行抽样。该方法可以提供对随机波动率的有效近似值，并广泛用于宏观经济随机波动率的研究；

（3）$\boldsymbol{\alpha}$ 的后验概率抽样可遵循用于线性高斯回归的抽样方法；

（4）σ_β^2、σ_h^2 和 σ_α^2 的后验概率分布可以直接使用教科书中关于共轭逆伽马分布的相关结果（Koop，2003）；

（5）β_1，h_1 和 α_1 的后验概率密度可以直接从线性高斯回归的标准结果中得到。

2. 参数的先验概率密度和初始值

考虑到参数和时间点的数量，TVP – VAR – SV 中参数的后验概率分布对其先验概率分布较为敏感。因此，为了避免对 TVP – VAR – SV 的进行非平稳的模型估计，需要对模型参数的先验概率密度的超参数合理假设。同时，本书还将 σ_β^2、σ_h^2 和 σ_α^2 的初始值作为模型的参数进行估计。随着每个参数的后验概率的方差的更新，参数 β_1，h_1 和 α_1 的初始值也可以在每个循环之后进行不断地更新。

具体而言，假设 β_1、h_1 和 α_1 的先验概率分布都是无信息的。同时，所有这些先验概率分布都是相互独立的，因此有：

$$p(\beta_1，h_1，\alpha_1，\sigma_\beta^2，\sigma_h^2，\sigma_\alpha^2) = p(\beta_1)p(h_1)p(\alpha_1)p(\sigma_\beta^2)p(\sigma_h^2)p(\sigma_\alpha^2)$$

参数 β 比 h 和 α 包含更多的状态和元素，因此对 β 的初始值需要进行更为严格的假设，即 β 的方差初始值假设为 0.001。对于其他参数，假设有以下互为独立的先验概率分布：

$$\beta_1 \sim \mathcal{N}(\beta_0，V_{\beta_0})，\beta_h^2 \sim \mathcal{IG}(\nu_\beta，S_{h\beta})$$

$$h_1 \sim \mathcal{N}(h_0，V_{h_0})，\sigma_h^2 \sim \mathcal{IG}(\nu_h，S_h)$$

$$\alpha_1 \sim \mathcal{N}(\alpha_0，V_{\alpha_0})，\sigma_\alpha^2 \sim \mathcal{IG}(\nu_\alpha，S_\alpha)$$

本书假设 β_0，h_0，α_0 和 α_0 均为 0，并令 $V_{\beta_0} = V_{h_0} = V_{\alpha_0} = 10$。然后为 β_1、h_1 和 α_1 选择相对的非信息性先验值。类似地，本书为 σ_β^2、σ_h^2 和 σ_α^2 的形状参数选择相对无信息的值 5，令 $S_h = S_\beta = 0.01^2 \times (5-1)$ 和 $S_\alpha = 0.1^2 \times (5-1)$。因此，$\mathbb{E}\sigma_\beta^2 = \mathbb{E}\sigma_h^2 = 0.01^2$ 和 $\mathbb{E}\sigma_\alpha^2 = 0.1^2$。这些超参数是根据之前的宏观经济学对 TVP – VAR – SV 模型的相关研究（Nakajima et al.，2011；Primiceri，2005）选择的，目的是实现时间序列的趋势状态和非突发事件脉冲之间的平滑型的过渡。

对于本书所使用的宏观经济变量，模型系数的方差值不宜取过大值，因为这些变量均为季度数据。此外，由于 TVP – VAR – SV 模型中的系数数量非常多，因此系数的稍大变化即可导致错误的建模结果。错误建模的直接后果是后续的脉冲响应可能会具有爆炸性，因而相关的分析结论也不可靠。如果有任何相关的政策结论，也很可能是错误的，与现实情况相去甚远。因此，需要适当预设系数方差先验概率密度的超参数，本书假设系数的先验方差均值等于 0.01^2。

附录 7B：VAR 模型范式的选择和滞后期长度

本书中使用了边际对数似然值（marginal log likelihood，MLL）和连续分级概率得分（continuous ranked probability score，CRPS）对模型的滞后期长度进行了全样本适应性的比较与选择。虽然传统的模型比较准则也可用于 VAR 模型的滞后期选择，如 Akaike 信息准则、贝叶斯信息准则和 Hannan – Quinn 信息准则，但这些准则在使用前需要先计算边际似然值对模型进行比较，然后才能确定 VAR 模型的滞后期。因为 TVP – VAR – SV 具有高维时变参数，它的协方差矩阵不是常数，而是在 TVP – VAR – C 中。

虽然已经有研究讨论了不包含随机波动的时变参数 VAR 模型，例如，Ljung – Box 统计（Santis，2007）和通过观测数据的偏差信息准则（Chan and Grant，2016a），以及具有固定参数和随机波动率通过自适应重要性抽样实现的施瓦茨信息标准（Chan and Grant，2016b），然而，计算边际似然值在实践中仍然相当困难。此外，模型估计还需要计算综合似然度，但它并没有封闭形式（Chan and Eisenstat，2018）。在这种情况下，一些学者建议可以将滞后期长度直接设置为一期或两期，来实现对经济动态变化进行建模（Cao，2012；Nicolini，2007；Santis，2007）。事实上，仅包含一个滞后期的长度就会显著增加时变参数的数量，从而导致错误的模型拟合结果。本小节的 MLL 和 CRPS 结果还表明，较少的滞后期长度可以提供更好的模型适应度。

以下介绍了 MLL 和 CRPS 的计算公式，然后是具有不同滞后期长度的

VAR 模型的具体数值。根据上一节中讨论的 MCMC 过程，以上结果均通过总共 55000 次正式抽样和 5000 次抽样准备期得到。

通常，MLL 可以对全样本性能的预测密度进行时间节点上的平均化评估，同时，也会考虑模型参数估计中的不确定性。在实践中，较大的 MLL 值意味着模型拟合度较高；而较小的值意味着模型拟合度较低。MLL 的表达式如下：

$$MLL_{VAR_i} = \frac{1}{T} \sum_{t=1}^{T} logp(\hat{y}_{(t+1, VAR_i)} = y_{(t+1)} \mid y_{(1:t)})$$

CRPS 则为预测值和实际值的累积分布之间的平均差异。与 MLL 相比，CRPS 对具有更小距离和更高清晰度的预测概率密度打分更高（Hersbach，2000；Panagiotelis and Smith，2008；Ravazzolo and Vahey，2014）。CRPS 的表达式如下：

$$CRPS_{VAR_i} = \frac{1}{T} \sum_{t=1}^{T} p(\mid \hat{y}_{1,(t+1, VAR_i)} - y_{(t+1)} \mid - 0.5$$
$$\times \mid \hat{y}_{1,(t+1, VAR_i)} - \hat{y}_{2,(t+1, VAR_i)} \parallel y_{(1:t)})$$

其中，$\hat{y}_{1,(t+1)}$ 和 $\hat{y}_{2,(t+1)}$ 是来自预测概率密度的 VAR 模型的两个独立抽样，y_{t+1} 是 y 在时间 t+1 的真实值，每个 CRPS 项是由截止时间 t 的观察数据计算的，且一般为正值。CRPS 的值越小，说明该模型的预测概率密度对真实值有更好的预测；而 CRPS 的值越大，表明候选模型的预测性能越差。表 7.5 报告了 MLL 和 CRPS 的全样本估计结果：

表 7.5　VAR 模型的边际对数似然值（MLL）和连续分级概率得分（CRPS）

模型	MLL			CRPS		
	REG	GDP	CO_2	REG	GDP	CO_2
TVP – VAR – SV						
lag1	**−624.3**	**−404.0**	**−432.6**	**1104.2**	**309.1**	**337.1**
lag2	−639.1	−420.1	−448.3	1150.6	377.3	355.7
lag3	−644.9	−432.4	−455.7	1243.1	462.3	443.5

续表

模型	MLL			CRPS		
	REG	GDP	CO$_2$	REG	GDP	CO$_2$
C – VAR – SV						
lag1	**– 608. 0**	**– 406. 1**	**– 415. 2**	**1075. 5**	**302. 8**	**313. 7**
lag2	– 608. 9	– 408. 2	– 415. 5	1101. 7	343. 0	332. 3
lag3	– 618. 7	– 417. 6	– 426. 3	1173. 4	422. 0	397. 3
TVP – VAR – C						
lag1	**– 693. 4**	**– 425. 0**	**– 430. 1**	**1235. 1**	**316. 2**	**334. 8**
lag2	– 824. 8	– 458. 7	– 463. 5	1481. 6	543. 2	454. 0
lag3	– 977. 7	– 467. 2	– 458. 1	1417. 0	548. 8	482. 4
C – VAR – C						
lag1	**– 608. 0**	**– 406. 1**	**– 415. 7**	**1075. 5**	**302. 8**	**313. 7**
lag2	– 608. 9	– 408. 2	– 417. 5	1101. 7	343. 0	332. 3
lag3	– 618. 7	– 417. 6	– 426. 3	1173. 4	422. 0	397. 3

　　MLL 和 CRPS 结果均表明，对于 TVP – VAR – SV、C – VAR – SV、TVP – VAR – C 和 C – VAR – C 这 4 个 VAR 模型，包含一个滞后期是最佳的滞后期长度。此外，以上结果还表明，较长的滞后期对样本内模型拟合度的提高没有帮助。因此，本书在实证部分使用一期滞后的 VAR 模型进行全样本模型参数分析，在预测估计部分同时使用了一期滞后和两期滞后的 VAR 模型进行比较分析。

第 8 章

预测国际原油价格：大型 BVAR 模型能有所帮助吗

大型贝叶斯向量自回归模型（Bayesian vector autoregressions，BVAR）一直是预测文献中的成功工具，并且大部分工作都集中在宏观经济变量的研究上。本书参考张等（2024），使用了一个包含 100 多个变量的大型数据集来研究大型 BVAR 模型预测原油实际价格的能力。研究中得出的一致性结果是，大型 BVAR 模型在短期预测范围内并不比小型和中型 BVAR 模型更有优势，但在长期预测方面能够提供更好的预测。与其他预测宏观经济变量的文献相一致，本书还发现大型模型如果包含了灵活误差的结构特征，其预测能力会在标准 BVAR 模型之上，使预测准确性得到进一步的提高。

8.1　本　章　概　述

近年来，宏观经济学家从使用大数据集的研究中受益匪浅。因为，拥有更多的宏观经济相关信息通常可以更好地预测经济现象，并可以改善经济变量之间的因果推断。为了更好地使用大数据集，文献中提出了两种主要的替代方法。第一种方法和较早的方法一致，主要是使用因子模型作为降低模型维度的手段（Bernanke et al.，2005；Geweke，1977；McCracken and Ng，2016；Stock and Watson，2002）。第二种方法是在贝叶斯向量自回归模型（BVAR）中使用收缩先验概率的方法来处理大型动态系统（Bańbura et al.，2010；Carriero et al.，2019；Chan，2020a；Koop，2013）。

尽管有关上述方法的文献迅速增多，且这些文献在预测宏观经济和金融变量方面的优势已经得到了充分的证实，但本研究观察到很少有实证研究关注其他重要变量，这些变量也引起了学术研究人员、商业从业者和政府规划者的兴趣，例如原油价格。最引人注目的是鲍迈斯特等的研究（Baumeister et al.，2020）（以下简称 BKL）。本章主要探讨了使用大型数据集来预测原油价格和全球原油消费的实用性。更具体地说，为了获取与能源需求相关的重要信息，本研究主要考察了广泛的宏观经济指标，并整理了两组数据。第一组中等数据集包含了 16 个宏观经济变量，第二组大数据集共包含 256 个变量。基于因子方法，BKL 发现从第一个数据集中提取的第一个主成分可用于预测原油价格，而从较大数据集中获得的相应主成分则不然。本书运用这一做法，验证大型 BVAR 模型作为因子模型的有效替代方案在 BKL 构建的大型数据集下是否仍然有用。该研究结论非常具有学术参考价值，因其展示了如何使用大型 BVAR 模型来克服变量互相关且有异方差的实际问题，当变量数量非常大时，该问题通常出现在因子模型中（Boivin and Ng，2006）。事实上，正如 BKL 所提到的，当从同一数据类别中添加更多的时间序列时，异方差中的相关性变得过大，因此提取的因子对预测的帮助较小。

本书的研究工作不仅补充了 BKL 的工作，而且为规模虽小但不断增长的文献做出了贡献，这些文献探讨了使用大型多元模型预测能源和商品价格的好处。为此，本书也探讨了宏观经济研究中运用因子模型进行预测效果［请参阅 Bai and Ng（2008）和 Stock and Watson（2016）中关于对大型 BVAR 模型扩展的最新研究进展的讨论］。为了计算原油实际价格的表现，研究首先从一组小型 BVAR 模型开始，这组 BVAR 模型包含全球原油市场的四个核心变量：全球原油产量、全球原油库存代理、原油实际价格和全球实际经济活动指数。最后一个变量是本研究感兴趣的变量。虽然 BKL 分别用文献中常用的替代变量以及从他们提出的数据集中提取的因子替换了这个变量，但本书直接将他们的数据集纳入了提出的模型中。然后，本书将第一组选定了 16 个变量的 BVAR 模型视为中等模型，将使用第二个数据集的模型视为大型模型。为了保持与 BKL 相同的样本期，例如 1973 年 2 月~2018 年 8 月，本书删除了一些数据开始较晚的时间序列，并为大型模型中准备了一个由 108 个变量组成的大数据集。这个大型模型系统使本书与最近也使用大量信息预测能源价格的研究相关，如法拉利等（Ferrari et al.，2021）和吉安弗雷达等（Gianfreda et al.，2020）。前一项研究使用了一个包含 33 个国家和地区约 200 个经济变量的大型数据集，并预测了季度能源价格，包括原油价格。与本书的方法不同，为了处理较大的横截面维度，他们使用惩罚最大似然法提取潜在因子并通过各种因子模型修改来评估预测的效果。后一项工作评估了大型 BVAR 模型的预测能力，但重点主要是关注意大利和德国的电力市场。本研究还考虑了具有灵活误差项等不同误差形式的 BVAR 模型。

除了使用大型数据集外，本书还通过考察包含更灵活的误差协方差结构的不同模型范式，为快速增长的大型 BVAR 模型的相关文献做出了贡献。传统上，对 BVAR 模型的误差假设一般为标准误差，例如同方差、高斯分布，以及序列独立。然而，最近的扩展，例如异方差、非高斯和误差序列在时间上迭代创新，这些扩展在实证分析中均被发现可以增强 BVAR 模型的预测能力的关键特征（Carriero et al.，2016；Chan，2020a；Clark and Ravazzolo，2015；Hou et al.，2022）。BKL 考虑了一种允许随机波动的模型范式，这是上述的模型误差项扩展之一，他们发现在模型中纳入这一成分可以提高长期原油价格的预测能力。一些文献在预测电力价格和天然气价格方面也得出了类似的结论（Gianfreda et al.，2020；Gao et al.，2021）。本书通过采用其他形式的灵活扰动（包括常见随机波动、厚尾分布和具有异方差结构）以及这些特征的组合，进一步扩展了 BKL 的分析结构。需要强调的是，本书提供了运用多元变量对原油价格进行分析的思路，该分析考察了目前文献中几乎所有可能的非标准误差模型组合。

本书的预测分析部分得出了几个有价值的结果，突出了模型大小和误差项模型范式对预测准确性的重要性。这些发现在替代了原油的衡量标准下仍然是稳健的，例如美国炼油厂原油进口的收购成本（the U. S. refiner acquisition cost，RAC）和 Brent 原油价格，并且当原油产量被原油消费衡量标准取代时，结论也成立。总体而言，本书预测的主要结果表明，在模型中纳入灵活误差和使用大数据集可以改善实际原油价格的点预测和密度预测结果。此外，通过联合使用这些成分，尤其是长期预测，可以进一步提高它们的预测性能。这些结果与预测宏观经济和金融变量的结果相符（Carriero et al. , 2019）。

关于模型大小，点预测和密度预测的结果都一致表明，在长度为 6 个月的短期预测中，包含 4 个关键变量的小型 BVAR 模型优于中型和大型模型。然而，在较长的预测期内，中型和大型 BVAR 模型往往比小型模型更能预测实际原油价格。这一发现在原油预测文献中具有创新性，不过它仍然印证了费拉里斯等（Ferrari et al. , 2021）和 BKL 的发现，尽管他们使用了不同的模型。例如，费拉里斯等（2021）发现，他们的因子模型只有在预测一个季度后的原油价格时才会表现良好。同样，BKL 也观察到，从他们的大数据集中提取的因子模型并没有胜过基于小数据集的相应模型，甚至导致长期预测性能的下降。不过，在长期预测中，与因子模型相比，大型 BVAR 模型在预测原油价格方面更有帮助。

在模型范式方面，本书发现，与具有传统误差假设的模型相比，具有灵活误差项结构的模型可以进一步提高预测准确性。与 BKL 和吉安弗雷达（Gianfreda et al. , 2020）的研究结果一致，本书结果也表明，随机波动是一个重要因素，尤其是对于长期预测而言。在许多情况下，引入随机波动、相关误差和厚尾分布的组合可以进一步提高预测准确性，证实了预测宏观经济文献中的普遍结论（Carriero et al. , 2019；Chan, 2020a；Hou et al. , 2022）。

本章的其余部分组织如下。在第二小节中，描述了所使用的大数据集；第三小节介绍了 BVAR 模型的各个替代协方差误差项的结构；第四小节介绍了详细的预测结果并讨论；第五小节是稳健性检验与分析，第六小节总结了本章内容。

8.2 数 据

本小节简要介绍了文中使用的选定数据。具体可以在 BKL 及其线上附录中找到关于数据来源和相应转换方法的详细描述。如上所述，本章小型 BVAR 模型的全球原油市场的核心变量包括全球原油产量的百分比变化、全球原油库存变化的估计值、原油实际价格的对数和实际全球经济活动的代理。在预测分析中，本章重点评估了各竞争模型对 Brent 原油实际价格的预测性能，并在稳健性检验中报告了对美国炼油厂原油进口采购成本（RAC）的预测。稳健性检验小节还参考 BKL 的做法，使用基于生产和消费的模型对原油价格进行预测，而后一种模型是用全球原油消费指标取代原油产量的模型范式。

关于全球经济活动的替代指标，BKL 评估了研究原油文献中使用的替代指标，包括基利恩（Kilian，2009）开发的干散货运输费率指数、汉密尔顿（Hamilton，2021）构建的实际运输成本因子、阿奎斯蒂等（Alquist et al.，2020）以及德勒·基亚伊等（Delle Chiaie et al.，2022）提出的实际商品价格因子、阿瓦佐洛和韦斯皮尼亚尼（Ravazzolo and Vespignani，2020）提出的全球钢铁生产因子，以及鲍迈斯特和汉密尔顿（Baumeister and Hamilton，2019）开发的世界工业生产指数。他们的一个关键结论是，世界工业生产指数是预测原油价格最有用的备选指标。因此，本书使用该指数作为全球实际经济活动的替代指标。

为了研究不同模型规模下的预测能力，本书首先考虑中等规模，具体使用 BKL 的方法构建全球经济状况指标的一系列经济活动来代替全球能源需求指标。为了找到一个能够更好地反映全球经济状况，并与全球能源需求相关的新指标，BKL 仔细挑选了 16 个宏观经济变量，这些变量涵盖了从 1973 年第一季度到 2018 年第四季度的全球经济的八个维度，包括：实体经济活动、商品价格、金融指标、运输、不确定性、预期、天气和能源等相关的指标。第一类仍然是小数据集，主要是世界工业生产相关的各种变量。为了得到平衡的面板数据，本书舍弃了 5 个开始时间靠后的时间序列，包括：经合组织消费者信心指数、长期世界原油价格不确定性、美国消费者预期以及长期和短期原油价格预期之间的世界差距。因此，中等规模的模型共包含了 14 个变量。对于大规模模型，本书使用 BKL 中考虑的 256 个变量大数据集。这个大数据集包含了上述八个类别的所有可能的相关数据。在删除了一些不是从 1973 年开始的时间序列后，大数据集最后得到了一个包含 108 个变量的面板数据。

8.3　竞争的 BVAR 模型

附录的表（8.1）列出了本书所考虑的模型范式。本小节首先介绍了具有传统误差假设的 BVAR 模型，然后介绍具有异方差的随机波动率（SV）、各方程具有共同随机波动率（CSV）、厚尾分布特性（例如，学生 t 分布）和时间序列移动平均误差（MA）的模型。

8.3.1　具有传统误差假设的标准 VAR 模型

模型介绍先从标准 VAR 模型的表达式开始，该表达式可以转换为阶数为 p 的 VAR 模型的简化形式，如下所示：

$$\mathbf{y}_t = \mathbf{b} + \mathbf{B}_1 \mathbf{y}_{t-1} + \cdots + \mathbf{B}_p \mathbf{y}_{t-p} + \boldsymbol{\varepsilon}_t^y, \quad \boldsymbol{\varepsilon}_t^y \sim \mathcal{N}(\mathbf{0}, \boldsymbol{\Sigma}) \tag{8.1}$$

其中，$\mathbf{y}_t = (y_{1t}, \cdots, y_{nt})'$ 表示 BVAR 模型中内生变量的 $n \times 1$ 向量，$\mathbf{b}$ 是截距的 $n \times 1$ 向量，$\mathbf{B}_1, \cdots, \mathbf{B}_p$ 是 $n \times n$ 系数矩阵，$\boldsymbol{\Sigma}$ 是 VAR 模型的 $n \times n$ 横截面协方差矩阵。在标准 VAR 模型中，$\boldsymbol{\varepsilon}_t^y$ 可以假设为独立同分布的高斯分布（iid）。在实际中，公式可以改写为如下形式，用于参数估计：

$$\mathbf{y}_t = \mathbf{X}_t \boldsymbol{\beta} + \boldsymbol{\varepsilon}_t^y \tag{8.2}$$

其中，$\mathbf{X}_t = \mathbf{I}_n \otimes [1, \mathbf{y}'_{t-1}, \cdots, \mathbf{y}'_{t-p}]$，符号 $\otimes$ 表示克罗内克积，$\boldsymbol{\beta}$ 由 $[\mathbf{b}, \mathbf{B}_1, \cdots, \mathbf{B}_p]'$ 的行堆叠而成，大小为 $(1 + np)n \times 1$。设 $\mathbf{x}'_t = (1, \mathbf{y}'_{t-1}, \cdots, \mathbf{y}'_{t-p})$ 为 $1 \times (1 + np)$ 向量，当在时间 T 上堆叠观测值时，即得到 $\mathbf{X}$，它是一个 $T \times (1 + np)$ 矩阵，然后有：

$$\mathbf{Y} = \mathbf{X}\mathbf{B} + \mathbf{E} \tag{8.3}$$

其中，$\mathbf{Y}$ 是在时间 T 上堆叠的 $\mathbf{y}_t$，$\mathbf{B} = (\mathbf{b}, \mathbf{B}_1, \cdots, \mathbf{B}_p)'$，矩阵大小为 $(1 + np) \times n$，$\mathbf{E} = (\boldsymbol{\varepsilon}_1^y, \cdots, \boldsymbol{\varepsilon}_T^y)'$，因此有：

$$\text{vec}(\mathbf{E}) \sim \mathcal{N}(0, \Sigma \otimes \Omega) \tag{8.4}$$

其中，Ω 是 VAR 模型的序列协方差矩阵。

如上所述，考虑到提高模型对宏观经济变量的适应度和变量的可预测性，当标准 BVAR 模型的协方差矩阵具有（iid）高斯分布时，可以从不同的方向对模型误差项进行扩展，以捕捉宏观经济时间序列的重要特征。接下来将详细介绍这些扩展形式，并将所提出的模型视为灵活的 BVAR 模型。

8.3.2 具有特质随机波动性的 VAR 模型

与 BKL 一样，本书也考虑具有异方差随机波动特性的 VAR 模型（VAR – SV）。VAR – SV 模型的框架通过扩展方程（8.1）获得，如下所示：

$$\mathbf{y}_t = \mathbf{b} + \mathbf{B}_1 \mathbf{y}_{t-1} + \cdots + \mathbf{B}_p \mathbf{y}_{t-p} + \varepsilon_t^y, \quad \varepsilon_t^y \sim \mathcal{N}(\mathbf{0}, \Sigma_t) \tag{8.5}$$

其中，模型系数（$\mathbf{b}$，$\mathbf{B}_1$，$\cdots$，$\mathbf{B}_p$）采用明尼苏达先验概率分布。Σ_t 为时变方差 – 协方差矩阵，假设 $\Sigma_t = \mathbf{B}_0^{-1} \text{diag}(e^{h_{1,t}}, \cdots, e^{h_{n,t}}) \mathbf{B}_0^{-1'}$，其中 $\mathbf{B}_0$ 是无限制的非奇异矩阵。每个对数波动率的过程都指定为以下平稳 AR(1) 过程：

$$h_{i,t} = \phi_{h,i} h_{i,t-1} + \varepsilon_{i,t}^h, \quad \varepsilon_{i,t}^h \sim \mathcal{N}(0, \sigma_{h,i}^2), \quad i = 1, \cdots, n$$

其中，$h_{i,t} \sim \mathcal{N}(0, \sigma_{h,i}^2/(1 - \phi_{h,i}^2))$，且 $|\phi_{h,i}| < 1$。

8.3.3 具有共同随机波动率的 VAR 模型

VAR 模型最有用的扩展之一是采用共同随机波动率（common stochastic volatility，CSV）因子。人们已经认识到，各种宏观经济变量的波动率都是随时间变化的，并且倾向于一起变动（Carriero et al.，2016；Mumtaz and Theodoridis，2018；Poon，2018）。然而，具有同方差误差的标准 VAR 模型无法捕捉到这一特征。CSV 误差的加入允许 VAR 模型捕捉宏观经济时间序列中的任何常见结构变化。在具有 CSV 的 VAR 模型建模框架中，本书首先考虑时变波动率。假设 $\varepsilon_t^y \sim \mathcal{N}(\mathbf{0}, e^{h_t}\Sigma)$，其中 h_t 是随机波动率参数，e_t^h 是常见随机波动率（Carriero et al.，2016）。更具体地说，h_t 遵循一阶自回归过程：

$$h_t = \phi_h h_{t-1} + \varepsilon_t^h, \quad \varepsilon_t^h \sim \mathcal{N}(0, \sigma_h^2) \tag{8.6}$$

其中，$|\phi_h| < 1$。在此假设中，所有变量的方差都有相同的随机波动率参数，这是一个限制性假设。经验证据表明，宏观经济时间序列的波动具有联动性，因此，这也是参数估计中一个合理的简约假设。

8.3.4　具有 CSV 和学生 t 误差的 VAR 模型

最近的实证研究还表明，当 VAR 模型的协方差矩阵中的正态分布被厚尾分布（如学生 t 分布）取代时，宏观经济变量的预测效果可以得到改善。这种扩展的重要性在于，当模型考虑学生 t 分布扰动时，这种含有厚尾分布的模型范式呈现出良好的特性，例如，减少估计值的变化，很好地处理异常值（如大衰退），从而提供良好的模型适应度（Chiu et al.，2017；Clark and Ravazzolo，2015；Cross and Poon，2016）。对于可以捕捉此类厚尾事件的 VAR 模型，其误差项 ε_t^y 的分布对于学生 t 分布还有一个超参数 λ_t：

$$\varepsilon_t^y \sim \mathcal{N}(0, \lambda_t e^{h_t}\Sigma) \tag{8.7}$$

其中，$\lambda_t \sim \mathcal{IG}(\nu_\lambda/2, \nu_\lambda/2)$ 服从自由度参数为 ν_λ 的逆伽马分布，并且 $\lambda_1, \cdots, \lambda_T$ 彼此独立。

8.3.5　具有 CSV、MA(1) 和学生 t 误差的 VAR 模型

宏观经济变量的另一个已被认可的属性是时间序列依赖性。为了体现这一属性，时间序列在世界上独立迭代的传统假设可以用对误差项的移动平均假设来代替。根据陈（2020b）的研究结论，对于协方差矩阵随时间变化而变化的序列依赖性，假设误差项 ε_t^y 遵循异方差移动平均迭代过程。更准确地说，本研究假设误差项 ε_t^y 具有 MA(1) 随机波动过程：

$$\varepsilon_t^y = u_t + \psi_\varepsilon u_{t-1}, \quad u_t \sim \mathcal{N}(0, \lambda_t e^{h_t}\Sigma) \tag{8.8}$$

上式表明，方程（8.4）中的协方差矩阵 Ω 的主对角线上有（$(1 + \psi_\varepsilon^2)\lambda_1 e^{h_1}$，$\cdots$，$(1 + \psi_\varepsilon^2)\lambda_T e^{h_T}$），主对角线上方和下方有（$\psi_\varepsilon \lambda_1 e^{h_1}$，$\cdots$，$\psi_\varepsilon \lambda_{T-1} e^{h_{T-1}}$），其他元素为 0。本章的预测分析，将从具有传统误差假设的 BVAR 模型开始，然后将上述协方差结构特征加入标准 BVAR 模型。随后还考虑了这些误差结构的各种可能组合。所有模型均使用马尔可夫链蒙特卡罗方法（MCMC）进行估计，有关模型拟合的详细信息，请参阅附录。本书实证研究中的估计结果均基于舍弃前 5000 个抽样准备期，使用随后的 10000 个后验概率抽样作为样本。关于先验概率，为了进行比较，本书尽可能为模型之间的共同参数选择相同的先验概率分布。具体而言，在标准 VAR 模型和灵活 VAR 模型中分别使用了明尼苏达先验概率分布和自然共轭先验概率分布。这些先验概率分布的超参数值的详细信息在附录中有详细说明。

8.4　预　测　结　果

本章的预测方法主要使用递归样本向外预测分析，以评估所提出的 VAR 模型在点和密度预测方面的性能，并重点关注表 8.1 中列出的模型的预测效果。值得注意的是，对于像本书这样的大型模型系统，某些模型的计算量非常大，例如，具有跨所有变量的异方差随机波动性的模型。因此，本书仅在中小型 BVAR 模型中考虑这类模型范式，并采用陈（2020a）和陈（2021）最近提出的快速算法。本书也考虑了各方程具有共同随机波动性的模型。按照 BKL，本书使用无漂移的随机游走模型（即无变化预测模型）作为评估本书提出的模型的预测能力的基准模型。该模型假设原油的现货价格的变化是不可预测的，因此对原油价格的最佳预测就是当前价格。滞后期长度设置为 p = 12，并使用 1973 年 2 月至 1991 年 12 月的数据来估计模型参数，进而用来预测向前一个月、向前三个月等的原油价格对数。基于实际原油价格水平，预测期的时间跨度为 1992 年 1 月至 2018 年 8 月。

8.4.1　预测评估指标

递归预测主要使用了从 T_0 到时间 T 的所有可得数据来预测变量在时间 t + k 的数值（k = 1，3，6，12 和 24）。因此，预测范围为向前 1 个月、向前 1 个季度、向前半年、向前一年和向前两年。点预测的准确性通过均方根预测误差（RMSFE）来评估。RMSFE 是每个时间序列中常用的度量指标。目标变量 i 的在预测期 k 的 RMSFE 值计算如下：

$$\text{RMSFE}_{i,k} = \sqrt{\frac{1}{T - k - T_0 + 1} \sum_{t=T_0}^{T-T_0-k+1} (y_{i,t+k}^o - \mathbb{E}(y_{i,t+k} \mid \mathbf{y}_{1:t}))^2}$$

其中，T_0 是评估期的开始时间点，$y_{i,t+k}^o$ 是感兴趣变量的观测值，$\mathbb{E}(y_{i,t+k} \mid \mathbf{y}_{1:t})$ 是给定变量信息（截止时间 T）的预测样本均值。对于 RMSFE，较小的值表示较小的预测误差，代表更好的预测性能。由于点预测忽略了了预测结果的预测分布，本书还通过 BKL 使用均方预测误差来评估点预测性能。相关研究结果在这种替代方法下保持不变。

对数预测似然的平均值（ALPL）。对于估计 $y_{i,t+k}$ 预测似然是通过在观测 y_0 处评估的预测密度获得的。更具体地说，ALPL 的定义式为：

$$\text{ALPL}_{i,k} = \frac{1}{T - k - T_0 + 1} \sum_{t=T_0}^{T-T_0-k+1} \log p(y_{i,t+k} = y_{i,t+k}^o \mid \mathbf{y}_{1:t})$$

其中，$p(y_{i,t+k} = y_{i,t+k}^o \mid \mathbf{y}_{1:t})$ 是包含截止时间 T 的感兴趣变量信息的预测可能性。给定预测分布，预测可能性值越大意味着在预测密度预测下，观测值 $y_{i,t+k}^o$ 更有可能出现。换句话说，ALPL 值越大表示预测性能越好。

8.4.2　预测结果

本小节报告了附录中表 8.1 中列出的本书提出的模型的预测性能。本研究对 Brent 价格的预测表现被用作为主要研究结果，而对 RAC 原油价格的预测结果作为稳健性分析在下一节中进行报告，这一全球原油价格替代的衡量指标预测结果在数值上相似。为了判断基准模型和竞争模型在给定时间范围内的优越性，本书实施了 Diebold – Mariano（DM）检验（Diebold and Mariano，1995）。在表格中，深灰色单元格和浅灰色单元格分别表示在 1% 和 5% 的显著性水平下，竞争模型和基准模型之间的预测准确度存在显著差异。所有竞争模型的 RMSFE 值均根据无变化模型的预测进行了对比的标准化计算，即低于 1% 的比率表示该模型比基准模型表现更好。对于 ALPL，本书报告了竞争模型与基准之间的差值，因此，相对 ALPL 值越大，竞争模型的预测性能越好。

RMAFE 和 ALPL 的计算结果表明，小型模型在短期预测中的表现优于中型和大型模型，但在较长的预测期内，中型和大型模型往往比小型模型更能预测 Brent 原油价格。并且，具有灵活误差结构的模型有助于提高预测准确性，并且这些特征带来的收益随着长期预测的系统规模而增加。这一研究结果不仅进一步支持了 BKL 中的发现，而且证实了宏观经济文献中的发现。例如，卡里奥等（Carriero et al.，2019）强调了这种优势联合使用大数据集和异方差模型对提高预测水平的重要性，并且发现，对较长预测期的帮助更大。以下小节将更详细地描述这些发现，探讨模型大小的影响，以及使用灵活误差结构对预测是否有益处。

8.4.2.1 模型大小的作用

附录中表 8.2 和表 8.3 的结果是分别基于原油生产和消费的模型，两组预测结果分别比较了各竞争模型对实际 Brent 原油价格的预测能力。可以清楚地看到，在两个主要关注的竞争模型下，结果是相似的。首先，如果只关注小型模型，基于 RMSFE 的预测结果表明，标准 VAR 模型在短期预测期内（例如，向前 1 个月和向前 3 个月）优于其相应的竞争模型。对于较长的预测期，具有随机波动率的小型模型是预测 Brent 原油价格的最佳模型。这与 BKL 的发现一致。在密度预测方面，具有异方差随机波动率或共同随机波动率的小型 VAR 模型在短期预测中仍然在很大程度上优于其他模型，尽管标准 VAR 模型在长期预测中表现略好。

对于中型模型，从表 8.2、表 8.3 可以看出，包含异方差的模型在基于点预测的整个预测期内均可提供更高的预测精度。然而，相对于具有四个变量的小型模型，增加几个变量似乎并不一定能保证提高点预测的准确性。VAR - SV 模型的预测效果在小型和中型模型之间在数量上相似。然而，基于密度预测，本书的结论是，使用中型模型的预测在长期预测中要好一些。更进一步讲，包含同方差的 BVAR 模型是对向前 24 个月密度预测的最佳模型。这一发现也反映了卡里奥等（2019）记录的使用大型数据集与模型包含灵活误差结构之间的相互作用关系。

与中小型模型相比，基于大型模型的 Brent 原油价格的预测表现更为优异。关于点预测，本书发现当模型包含厚尾分布误差时，其对向前 12 个月和向前 24 个月的预测具有更高的准确性。当允许误差依赖时，模型的预测能力可以进一步提高，可以看出，向前 3 个月和向前 6 个月的预测结果的相对 RMSFE 值有所降低。虽然有更多的信息能够持续改善长期的点预测，但在密度预测下使用更大的数据集预测效果并不明显，例如，虽然 VAR - CSV - MA 或 VAR - CSV 的大型模型的预测结果优于基准模型，但与中小型模型相比，这些范式的改进并不显著；而在某些情况下，根据密度预测来比较竞争模型和基准模型时，其结果并不总是具有显著的统计意义，尤其是在较长期的预测中。事实上，在较长的预测期内，同时使用大数据集和异方差模型的好处更大。本书的以下部分将更详细地描述这些相关结论，并重点关注模型规模大小的作用，以探讨在模型中使用灵活误差结构的额外收益。

8.4.2.2 灵活误差结构的作用

一般而言，当模型的规模扩大时，包含不同形式的误差结构变得越来越重要，这一模型特征对长期预测尤为重要。在点预测的情况下，基于生产和消费的模型都表明，具有传统误差假设的 VAR 模型最适合在短期对 Brent 原油价格进行预测。值得注意的是，当模型考虑随机波动性的时候，模型的预测表现可以得到进一步的提高，具有这一特征的好处在小型模型下的长期预测中尤为明显。这一发现与 BKL 一致，BKL 还强调随机波动性是 Brent 原油实际价格长期预测的重要因素。当转向中等 VAR 模型，预测结果仍然支持该模型规范，与其他模型相比，其预测性能仍然突出。本书的预测结果也表明，当从较少数据转向大数据时，竞争模型的预测性能会发生显著变化。从表中可以观察到，当预测为 1 个月且使用大数据时，这些竞争模型的预测结果并没有比无变化模型的结果更好，其中也包括标准的 VAR 模型，即小型模型下的最佳模型。然而，当预测期超过 1 个月时，尽管标准 VAR 模型仍然表现不佳，但具有灵活误差结构的模型的表现变得越来越好，预测精度得到了显著提高。值得注意的是，厚尾误差和移动平均（MA）也是预测 Brent 原油价格的模型最重要特征。

对于密度预测的结果，即使在小型模型下，结果也可能有利于具有灵活误差的模型。这不仅是因为与随机波动率相结合的模型的预测精度可以得到提高，而且模型的其他范式，比如 CSV、MA 或学生 t 误差也较为重要。例如，VAR – CSV 在模型大小和各种预测期上均改进了标准 VAR 模型。这些结果与吉安弗雷达等（Gianfreda et al.，2020）以及高等（Gao et al.，2021）的结论相一致。他们的研究还发现，学生 t 误差和随机波动性是预测电价和天然气价格的重要因素。尽管本书结果与前人研究存在一些差异，但该预测指标下的主要结论仍与点预测相一致。即较短的预测范围内，小规模的 VAR 模型足以产生最佳的预测精度，而包含异方差的误差结构可以进一步提高小型模型的性能。这一发现与 BKL 及其他宏观经济预测文献相一致（Carriero et al.，2019；Chan，2020a；Hou et al.，2022）。

8.5 稳健性检验

本小节报告了前文所提出的全球油价替代指标（如 RAC）的预测结果。表 8.4 和表 8.5 给出了基于生产模型和消费模型下各自的结果。稳健性检验表中的结果显示，当使用实际 RAC 价格时，模型对原油价格的预测结果与本书主体部分中 Brent 价格下的结果相一致。

首先，对于小型模型，根据基准模型计算的相对 RMSFE 比率表明，标准 VAR 模型仍然比 RAC 的短期预测的随机游走模型结果要好。这一发现与 BKL、鲍迈斯特和基利恩（Baumeister and Kilian，2012）中的结论一致。例如，鲍迈斯特和基利恩（2012）使用实时数据预测实际 RAC，结果发现，BVAR 模型仅在短期内优于无变化预测。与 Brent 原油价格结论一致的是，具有异方差误差假设的模型也比基准模型预测得更好，最好的误差修正模型范式是具有移动平均的 VAR 模型。对于向前 1 个月和向前 3 个月的预测，该模型甚至略好于标准 VAR。与 Brent 原油价格相比，在小型模型下，实际 RAC 的密度预测结果变化不大；也即具有随机波动性的模型预测表现仍然很突出。其次，当转向中型模型，可以看到，虽然点预测下的结果仍然与运用 Brent 原油价格的发现相一致，但实际 RAC 的密度预测为具有设定的随机波动性的 VAR 模型提供了有力的证据。这类模型在几乎所有的预测期水平上的预测结果均优于其他模型范式，尤其是在基于生产模型下，并成为三组不同大小的数据集中预测实际 RAC 的最佳模型。最后，当运用大型模型时，与 Brent 原油价格的预测性能相比较，也可以得到类似的结论：大型 VAR 模型，尤其是当模型包含了灵活误差项时，是在长期预测实际 RAC 时最为有用的模型。

8.6　本章小结

本章的研究结果表明，拥有大数据集和允许灵活的误差结构是大型 VAR 模型预测宏观经济和金融变量的重要工具。到目前为止，关于如何使用这些模型范式预测原油价格，以及这些模型对预测结果提升的讨论仍然很少。因此，本书评估了不同数据集规模和各种误差分布假设的 VAR 模型在预测实际原油价格时的益处。分析发现，在短期预测中，含有 108 个变量的大型模型与含有 4 个变量的小型模型及含有 14 个变量的中型 VAR 模型的预测效果较为一致。但是，在较长的预测期内，大型模型变得更有优势，也最为有用。这表明大型 VAR 模型不仅是预测宏观经济文献中因子模型的有效替代模型，同时也是预测原油价格的有力模型。与文献结论相一致，本书结果还说明了使用大数据集的益处将随着在模型中增加灵活误差项的改进而提高。

本 章 附 录

附录 8A：相关表格

表 8.1 竞争模型列表

模型简写	模型描述
VAR	VAR 包含传统误差假设
VAR – SV	VAR 包含异方差随机波动率
VAR – CSV	VAR 包含同方差随机波动率
VAR – CSV – t	VAR 包含学生 t 和异方差随机波动率
VAR – CSV – MA	VAR 包含同方差随机波动率和移动平均
VAR – CSV – t – MA	VAR 包含学生 t，异方差随机波动率和移动平均
VAR – MA	VAR 包含移动平均
VAR – t	VAR 包含学生 t 误差
VAR – t – MA	VAR 包含学生 t 和移动平均

表 8.2 产出模型的 RMSFE 和 ALPL 相对于不变模型
对实际 Brent 原油价格的预测

模型	相对 RMSFE					相对 ALPL				
	月度数据									
	1	3	6	12	24	1	3	6	12	24
	小型模型（4 个变量）									
VAR	**0.944**	**0.953**	0.988	0.991	0.973	0.506	0.098	0.002	**0.221**	**0.814**
VAR – SV	0.947	0.962	0.975	0.966	0.944	**0.568**	0.092	0.024	0.163	0.667
VAR – CSV	0.956	0.962	0.991	1.016	1.037	0.516	**0.124**	**0.064**	0.214	0.784
VAR – CSV – t	0.957	0.964	0.992	1.014	1.034	0.519	0.123	0.056	0.205	0.771

续表

模型	相对 RMSFE					相对 ALPL				
	月度数据									
	1	3	6	12	24	1	3	6	12	24
小型模型（4 个变量）										
VAR – CSV – MA	0. 955	0. 959	0. 993	1. 028	1. 068	0. 510	0. 099	0. 018	0. 179	0. 671
VAR – CSV – t – MA	1. 035	0. 991	0. 997	1. 010	1. 035	0. 487	0. 045	– 0. 065	0. 036	0. 615
VAR – MA	0. 945	0. 954	0. 990	0. 996	0. 999	0. 495	0. 066	– 0. 004	0. 189	0. 686
VAR – t	0. 957	0. 966	0. 994	1. 012	1. 030	0. 503	0. 114	0. 034	0. 201	0. 778
VAR – t – MA	0. 957	0. 961	0. 994	1. 023	1. 063	0. 496	0. 089	0. 020	0. 171	0. 658
中型模型（14 个变量）										
VAR	0. 977	1. 005	1. 040	1. 009	0. 956	0. 478	0. 060	– 0. 082	**0. 229**	**0. 842**
VAR – SV	**0. 948**	**0. 964**	**0. 976**	**0. 961**	**0. 946**	**0. 567**	0. 093	0. 021	0. 164	0. 689
VAR – CSV	0. 984	0. 992	1. 009	1. 010	0. 994	0. 524	**0. 108**	**0. 040**	0. 166	0. 723
VAR – CSV – t	0. 984	0. 995	1. 015	1. 018	1. 001	0. 529	0. 081	– 0. 018	0. 138	0. 703
VAR – CSV – MA	0. 970	0. 975	1. 028	1. 094	1. 222	0. 524	0. 017	– 0. 151	– 0. 071	0. 244
VAR – CSV – t – MA	1. 020	1. 004	1. 011	1. 023	1. 014	0. 504	0. 011	– 0. 142	– 0. 030	0. 519
VAR – MA	0. 977	1. 004	1. 074	1. 125	1. 253	0. 451	– 0. 064	– 0. 277	– 0. 062	0. 330
VAR – t	0. 990	1. 012	1. 037	1. 024	0. 988	0. 488	0. 080	0. 018	0. 186	0. 789
VAR – t – MA	0. 985	1. 004	1. 061	1. 116	1. 228	0. 470	– 0. 025	– 0. 175	– 0. 104	0. 240
大型模型（108 个变量）										
VAR	1. 175	1. 109	1. 096	1. 024	0. 957	0. 293	– 0. 138	– 0. 275	– 0. 128	0. 653
VAR – CSV	1. 180	1. 020	0. 936	0. 920	0. 887	0. 450	0. 044	– 0. 015	**0. 143**	**0. 784**
VAR – CSV – t	1. 181	1. 024	0. 939	0. 920	0. 884	0. 456	0. 033	– 0. 038	0. 083	0. 743
VAR – CSV – MA	1. 169	1. 006	0. 932	0. 924	0. 904	**0. 461**	**0. 050**	– 0. 018	0. 125	0. 737
VAR – CSV – t – MA	1. 238	1. 050	0. 952	0. 932	0. 903	0. 427	– 0. 010	– 0. 089	0. 023	0. 661
VAR – MA	1. 250	1. 333	1. 382	1. 467	2. 146	0. 298	– 0. 219	– 0. 409	– 0. 319	0. 249
VAR – t	1. 154	1. 009	0. 931	**0. 910**	**0. 863**	0. 127	– 0. 482	– 0. 593	– 0. 442	0. 513
VAR – t – MA	1. 139	**0. 991**	**0. 924**	0. 913	0. 880	0. 108	– 0. 533	– 0. 698	– 0. 574	0. 402

注：加粗和蓝色数值代表所有模型中最佳相对 RMSFE 和 ALPL。粗体表示每类模型中的最佳模型范式。深灰和浅灰底色代表预测值与基准模型相比，预测精度在 1% 和 5% 显著水平上有差异（Diebold and Mariano，1995）。

表 8.3 产出模型的 RMSFE 和 ALPL 相对于不变模型

对实际 Brent 原油价格的预测

模型	相对 RMSFE					相对 ALPL				
	月度数据									
	1	3	6	12	24	1	3	6	12	24
小型模型（4 个变量）										
VAR	**0.944**	**0.953**	0.988	0.991	0.973	0.506	0.098	0.002	**0.221**	**0.814**
VAR – SV	0.947	0.962	**0.975**	**0.966**	**0.944**	**0.568**	0.092	0.024	0.163	0.667
VAR – CSV	0.956	0.962	0.991	1.016	1.037	0.516	**0.124**	**0.064**	0.214	0.784
VAR – CSV – t	0.957	0.964	0.992	1.014	1.034	0.519	0.123	0.056	0.205	0.771
VAR – CSV – MA	0.955	0.959	0.993	1.028	1.068	0.510	0.099	0.018	0.179	0.671
VAR – CSV – t – MA	1.035	0.991	0.997	1.010	1.035	0.487	0.045	– 0.065	0.036	0.615
VAR – MA	0.945	0.954	0.990	0.996	0.999	0.495	0.066	– 0.004	0.189	0.686
VAR – t	0.957	0.966	0.994	1.012	1.030	0.503	0.114	0.034	0.201	0.778
VAR – t – MA	0.957	0.961	0.994	1.023	1.063	0.496	0.089	0.020	0.171	0.658
中型模型（14 个变量）										
VAR	0.977	1.005	1.040	1.009	0.956	0.478	0.060	– 0.082	**0.229**	**0.842**
VAR – SV	**0.948**	**0.964**	**0.976**	**0.961**	**0.946**	**0.567**	0.093	0.021	0.164	0.689
VAR – CSV	0.984	0.992	1.009	1.010	0.994	0.524	**0.108**	**0.040**	0.166	0.723
VAR – CSV – t	0.984	0.995	1.015	1.018	1.001	0.529	0.081	– 0.018	0.138	0.703
VAR – CSV – MA	0.970	0.975	1.028	1.094	1.222	0.524	0.017	– 0.151	– 0.071	0.244
VAR – CSV – t – MA	1.020	1.004	1.011	1.023	1.014	0.504	0.011	– 0.142	– 0.030	0.519
VAR – MA	0.977	1.004	1.074	1.125	1.253	0.451	– 0.064	– 0.277	– 0.062	0.330
VAR – t	0.990	1.012	1.037	1.024	0.988	0.488	0.080	0.018	0.186	0.789
VAR – t – MA	0.985	1.004	1.061	1.116	1.228	0.470	– 0.025	– 0.175	– 0.104	0.240
大型模型（108 个变量）										
VAR	1.175	1.109	1.096	1.024	0.957	0.293	– 0.138	– 0.275	– 0.128	0.653
VAR – CSV	1.180	1.020	0.936	0.920	0.887	0.450	0.044	– 0.015	**0.143**	**0.784**
VAR – CSV – t	1.181	1.024	0.939	0.920	0.884	0.456	0.033	– 0.038	0.083	0.743
VAR – CSV – MA	1.169	1.006	0.932	0.924	0.904	**0.461**	**0.050**	– 0.018	0.125	0.737

续表

模型	相对 RMSFE					相对 ALPL				
	月度数据									
	1	3	6	12	24	1	3	6	12	24
	大型模型（108 个变量）									
VAR – CSV – t – MA	1.238	1.050	0.952	0.932	0.903	0.427	– 0.010	– 0.089	0.023	0.661
VAR – MA	1.250	1.333	1.382	1.467	2.146	0.298	– 0.219	– 0.409	– 0.319	0.249
VAR – t	1.154	1.009	0.931	**0.910**	**0.863**	0.127	– 0.482	– 0.593	– 0.442	0.513
VAR – t – MA	1.139	**0.991**	**0.924**	0.913	0.880	0.108	– 0.533	– 0.698	– 0.574	0.402

注：加粗和蓝色数值代表所有模型中最佳相对 RMSFE 和 ALPL。粗体表示每类模型中的最佳模型范式。深灰和浅灰底色代表预测值与基准模型相比，预测精度在 1% 和 5% 显著水平上有差异（Diebold and Mariano，1995）。

附录 8B：模型估计

1. 参数估计

BVAR 模型的参数后验概率分布估计可以通过马尔可夫链蒙特卡罗（MCMC）方法按顺序抽样得到。本书以 VAR – CSV – t – MA 模型中参数估计为例。每个参数的后验概率抽取循环中共有七个步骤。具体来说，对 VAR 模型系数 $\mathbf{B}$、横截面协方差矩阵 Σ、学生 t 分布的超参数 λ_t 和 ν、随机波动率参数 $\mathbf{h}$ 以及相关的截断正态参数 p 和方差 σ^2 以及移动平均系数 ψ 进行后验概率抽取。模型拟合可以按如下方式实现：

（1）$p(\mathbf{B}, \Sigma \mid \mathbf{Y}, \lambda_t, \mathbf{h}, \sigma_h^2, \rho_h, \psi_\varepsilon, \nu_\lambda)$；

（2）$p(\lambda_t \mid \mathbf{Y}, \mathbf{B}, \Sigma, \mathbf{h}, \sigma_h^2, \rho_h, \psi_\varepsilon, \nu_\lambda)$；

（3）$p(\nu_\lambda \mid \mathbf{Y}, \mathbf{B}, \Sigma, \lambda_t, \mathbf{h}, \sigma_h^2, \rho_h, \psi_\varepsilon)$；

（4）$p(\mathbf{h} \mid \mathbf{Y}, \mathbf{B}, \Sigma, \lambda_t, \sigma_h^2, \rho_h, \psi_\varepsilon, \nu_\lambda)$；

（5）$p(\sigma_h^2 \mid \mathbf{Y}, \mathbf{B}, \Sigma, \lambda_t, \mathbf{h}, \rho_h, \psi_\varepsilon, \nu_\lambda)$；

（6）$p(\rho_h \mid \mathbf{Y}, \mathbf{B}, \Sigma, \lambda_t, \mathbf{h}, \sigma_h^2, \psi_\varepsilon, \nu_\lambda)$；

（7）$p(\psi_\varepsilon \mid \mathbf{Y}, \mathbf{B}, \Sigma, \lambda_t, \mathbf{h}, \sigma_h^2, \rho_h, \nu_\lambda)$。

在第一步中，假设系数和协方差矩阵是自然共轭先验概率分布，（$\mathbf{B}$,

Σ）的联合后验概率分布是正态 – 逆 Wishart 分布，因此后验概率分布抽取可以直接从其后验分布中获得。

第二步和第三步抽取学生 t 分布的参数 λ_t 和 ν_λ，该分布可以写成高斯分布在尺度上的混合。此多元学生 t 分布具有均值向量 0、尺度矩阵 Σ 和自由度 ν，并且（$\lambda_t | \nu_\lambda$）服从逆伽马分布。$\Omega = \mathrm{diag}(\lambda_1, \cdots, \lambda_T)$，$\lambda_t$ 的逆伽马分布中的超参数 ν_λ 可以通过独立链 Metropolis – Hastings 步骤进行抽样。

以下的三个步骤与随机波动率参数相关：

$\mathbf{h}$ 及其超参数 σ^2 和 ρ_h。常见的随机波动率的抽样可以遵循卡里奥等（2016）的方法，并假设模型具有平稳的 AR(1) 随机波动率。本书假设 σ^2 具有逆伽马先验概率分布，ρ_h 具有独立的截断正态分布。可以通过实施 Newton – Raphson 算法和接受 – 拒绝 Metropolis – Hastings 步骤获得参数 $\mathbf{h}$ 的后验概率分布。最后，可以通过独立链 Metropolis – Hastings 步骤对移动平均参数 ψ_ε 的后验分布进行抽样，相关的估计方法和有效算法在陈（2013）中进行了讨论。

2. 先验概率分布

先验概率的选择是 BVAR 模型估计中的关键步骤，因为需要估计的系数数量可能非常多。可以使用信息先验或正则化来消除这种模型过度参数化问题。在系数先验概率的设置中，标准 VAR 模型和具有异方差随机波动性的 VAR 模型考虑了明尼苏达先验概率分布，而具有各种灵活协方差结构的 VAR – CSV 模型则使用了自然共轭先验模型。

明尼苏达先验概率分布最早由多恩等（Doan et al.，1984a）在小型 VAR 模型中引入。它通过 OLS 估计对 VAR 模型中每个方程中的误差协方差使用近似值 σ^2，因此它不受 VAR 模型大小的限制，可以应用于大型 BVAR 模型。在系数的先验概率分布中，均值和方差施加了与变量自身滞后期和另一个变量滞后期的长度 l 相关的分布。具体来说，本书使用了科普和科罗比利斯（Koop and Korobilis，2010）中讨论的修改版本：

$$\beta \sim \mathcal{N}(\beta_{\mathrm{Minn}}, \mathbf{V}_{\mathrm{Minn}}) \tag{8.9}$$

$$\mathbf{V}_{\text{Minn}} = \begin{cases} \kappa_1 & \text{截距项} \\ \kappa_2/l^2 & \text{滞后项} \\ \kappa_3\ \hat{\sigma}_i^2/(l^2\ \hat{\sigma}_j^2) & \text{其他} \end{cases} \qquad (8.10)$$

其中，$\beta_{\text{Minn}} = 0$ 表示模型使用了增长率数据，且为平稳时间序列。$\mathbf{V}$ 为方差算子，κ_1、κ_2 和 κ_3 为 $\mathbf{V}_{\text{Minn}}$ 的超参数。

对于 $\mathbf{V}_{\text{Minn}}$，较近的滞后提供的信息更可靠，因此在估计中应赋予其更大的权重。实际上，滞后长度越大，$\mathbf{V}_{\text{Minn}}$ 的值越小。此外，$\mathbf{V}_{\text{Minn}}$ 的值还受两个变量先验方差比的控制。对于交叉滞后，假设其他变量的滞后期不能比自身滞后期解释一个变量的更多变化，因此交叉滞后期的 $\mathbf{V}_{\text{Minn}}$ 应该小于自身滞后期的 $\mathbf{V}_{\text{Minn}}$。在实证部分，对于具有明尼苏达先验概率的标准 BVAR 模型，方差算子的超参数设置 $\kappa_1 = 10^2$，$\kappa_2 = 0.2^2$ 和 $\kappa_3 = 0.1^2$，其中 κ_2 大于 κ_3，表明变量自身滞后期比交叉滞后期更为重要。对于明尼苏达先验概率，BVAR 模型是具有固定方差的模型，然后可以使用两步 Gibbs 抽样法来估计模型。第一步，VAR 模型系数 β 服从多元正态分布的条件后验概率分布中抽取，第二步，协方差矩阵 Σ 从逆 Gamma 分布中抽样。关于算法和先验概率分布的更多细节可以在科普和科罗比利斯（Koop and Korobilis，2010）中找到。

明尼苏达先验概率的设置提供了一种具有大量系数的标准 VAR 模型的收缩方法，但明尼苏达先验的参数被限制为固定的，协方差矩阵是对角矩阵的。为了解决这些问题，本书在稳健性分析部分中的替代先验概率在 VAR 模型的协方差矩阵上引入了超参数或其他灵活的模型范式。

自然共轭先验概率用作具有灵活协方差结构的 VAR – CSV 模型的先验概率，它假设 BVAR 模型的误差协方差矩阵是一个未知的对称矩阵。它可以被视为明尼苏达先验概率，对误差协方差矩阵 Σ 而不是固定对角矩阵采用正态 – 逆 Wishart 分布假设。该先验考虑了误差协方差矩阵的不确定性。此外，与明尼苏达先验概率相比，它在计算上易于处理，并且具有边际似然的封闭形式。正态 – 逆 Wishart 先验分布具有以下形式：

$$B \mid \Sigma \sim \mathcal{N}(B_0, \Sigma \otimes V_B), \quad \Sigma \sim \mathcal{IW}(v_0, S_0) \qquad (8.11)$$

其中，$\mathbf{B}_0$，$\mathbf{V}_B$，v_0 和 $\mathbf{S}_0$ 分别为正态 – 逆 Wishart 分布的先验概率超参数，

下标为 0 的参数代表先验概率分布的超参数。公式（8.11）可以写成：

$$(\mathbf{B}, \Sigma) \sim \mathcal{NIW}(\mathbf{B}_0, \mathbf{V}_\mathrm{B}, \nu_0, \mathbf{S}_0) \tag{8.12}$$

对于具有自然共轭先验概率的模型，滞后期长度越大的参数收缩程度越高。但是，与明尼苏达先验概率的特征相比，变量自身滞后期和其他滞后期的先验概率方差没有差异。自然共轭先验概率对变量自身滞后期和其他滞后期的收缩程度相同，因此，它们对变量滞后期具有相同的密度超参数。卡里奥等（2015b）以及卡里奥等（2009a）描述了具有自然共轭先验概率的 BVAR 模型的详细算法。在应用部分，本书设置 $\beta_0 = \mathbf{0}$，协方差矩阵 $\mathbf{V}_0$ 的超参数为 $\kappa_1 = 10^2$，$\kappa_2 = 0.2^2$（因此滞后长度较大的参数会进行更高程度的收缩，这与明尼苏达先验概率的设置一致），$\nu_0 = n + 3$ 和 $\mathbf{S}_0 = \mathrm{diag}(s_1^2, \cdots, s_n^2)$（其中，$s_1^2, \cdots, s_n^2$ 从标准每个方程的误差方差的 OLS 估计中获得）。为了估计具有自然共轭先验概率的模型，可以考虑后验概率协方差矩阵的 Kronecker 结构以进行快速模型拟合。该方法基于从矩阵正态分布中抽取后验概率的算法。由于 VAR 模型系数 β 和协方差矩阵 Σ 的后验概率分布具有与先验概率相同的分布，因此可以从逆伽马分布中的边际概率分布中抽取 Σ，然后可以从正态分布中抽样得到 β。

第9章
总　　结

9.1　结　　论

　　本书重点考察了如何实现让经济模型更好地包含经济系统的时间变化，以及如何能够更好地运用时间序列中历史经验信息，进而更好地对时间序列短期到长期的持续性信息进行区分与使用。已有文献对重要宏观经济变量的研究均表明，特定的宏观变量实证研究需要确定适合其变量特征的模型规范。本书以不同宏观经济主题为研究范围，通过建立模型、对模型进行参数估计，进而对各重要宏观经济变量进行预测分析，重点研究了误差结构的各种模型规范、时变参数、随机波动率，以及贝叶斯向量自回归模型在宏观经济高质量发展中的重要作用，实现了对宏观经济金融变量进行多样性的统计分析。本书中的高维参数模型的统计分析方法，为相关文献提出的过度参数化与高维参数难以识别等问题提供贝叶斯计量学对数据分析的几种处理方法。同时，通过对经济时间序列高维数据进行样本内拟合模型比较，以及样本外多期预测最优模型选择，为相关计量学研究提供了更为全面的数据分析处理方法上的参考。

　　在本书中，第2章～第4章的研究主体为世界各主要经济体的通胀率这一宏观经济重要经济变量，各章在模型拟合之后，均进行了变量预测，并与竞争模型的结果进行了比较与系统分析；第5章、第6章主要研究了20余个宏观经济重要变量的适用模型范式，包括运用包含不可观测成分和随机波动率的模型，以及贝叶斯向量自回归模型对美国和澳大利亚宏观经济大数据集进行实证研究与预测；第 7 章、第 8 章聚焦能源经济，研究了随机波动率在可再生能源预测中的作用，以及运用大数据集和大型贝叶斯向量自回归模型对国际原油价格的参数分析与预测表现。

各章更为细致的结论总结如下：

第 2 章介绍了一种新的快速算法，该算法可用于提高具有灵活误差结构和随机波动率的新型动态模型的计算效率。所提出的算法基于模型的堆叠矩阵形式和基于精度的高效算法。在对工业七国两大通胀率指标的预测实证结果表明，包含灵活误差结构和随机波动率的模型可提供极具竞争力的预测，尤其可提高所有国家 CPI 通胀率的预测准确性。

第 3 章首先在建模时考虑包含不同误差形式的模型范式，进而探讨了运用时变权重和相等权重对各模型进行组合，细致研究了如何运用时变系数模型来提高对美国通胀率的预测准确性。实证结果表明，在模型中增加对通胀率的解释变量可以显著提高对通胀率的预测准确性；另外，随机波动率对提高对通胀率的密度预测具有显著意义。

第 4 章考察了趋势模型在澳大利亚经济政策发生变动的时期，能够很好地预测通胀率的变化趋势，这是经典模型自回归模型和菲利普斯曲线模型无法做到的。

第 5 章运用不可预测成分和灵活误差结构对美国宏观经济大数据进行了系统分析与检验，预测结果表明，本章所提出的新模型范式在点预测和密度预测的所有预测考察期均有较优的表现。

第 6 章在运用一组贝叶斯向量自回归模型对澳大利亚宏观经济大数据进行模型拟合和预测后，研究表明，具有更为灵活的误差协方差的向量自回归模型可以更好地预测 GDP 增长和 CPI 通货膨胀水平。

第 7 章研究了贝叶斯向量自回归模型中可再生能源、GDP 增长率和 CO_2 排放的时变参数和随机波动率的模型范式。在这些模型的全样本应用中，随机波动率显示出比同方差模型更好的数据适应性。样本外预测的结果还表明，与具有固定方差的向量自回归相比，具有随机波动率的向量自回归可以显著提高预测表现。不过，包含时变参数的模型范式对可再生能源这一变量的预测表现并不明显。

第 8 章运用大数据集和灵活误差模型结构对原油价格这一国际经济重要指数进行了分析与预测，研究结果表明，大型贝叶斯向量自回归模型在短期预测与中小型模型表现一致，在长期预测中表现更有优势，说明大型模型是原油价格预测研究中的强而有力的替代模型。

9.2　未　来　研　究

在未来的研究中，可考虑实证主题的中国经济背景运用，以及使用适应中国特色的宏观经济大数据的贝叶斯计量经济学方法。可以考察和采用许多最近开发的技术来更好地展现模型中的时间变化模型规范，例如，可以从误差项混合或马尔可夫混合的模型中检查宏观经济变量中的时间变化过程。在对中国宏观经济重要经济变量进行研究和预测时，可对随机波动率的各种表现形式在大型时变参数模型中所起的作用，通过系统地实证研究和预测、运用大数据集来对其进行比较和遴选。

本书所提出的计量模型和估计方法也可运用到经济学其他研究领域，包括宏观经济政策对金融市场的影响与冲击、全球性突发事件对世界各国重要经济指标的冲击与预测、石油与能源价格变动与预测等。在宏观经济学研究中，这些问题都有重要的现实意义。但由于计量数据分析工具的不足而延缓了对其分析研究的步伐，希望本书能促进贝叶斯计量经济学在中国的发展与应用，促进相关研究的进一步发展，改善文献中的计量数据分析方法，实现将整体经济环境的时变性与经济金融系统的高维复杂性更好地纳入经济计量模型，为维护我国经济稳健发展提供创新性的计量经济实证研究视角。

参 考 文 献

1. Aguilar, F. X. , Song, N. , & Shifley, S. (2011) . Review of consumption trends and public policies promoting woody biomass as an energy feedstock in the U. S. *Biomass and Bioenergy*, 35 （8）: 3708 – 3718.

2. Alquist, R. , Bhattarai, S. , & Coibion, O. (2020) . Commodity-price comovement and global economic activity. *Journal of Monetary Economics*, 112, 41 – 56.

3. Amundsen, E. , & Bergman, L. (2002) . Will cross-ownership re-establish market power in the Nordic power market? *The Energy Journal*, 23 （2）, 73 – 95.

4. Ang, A. , Bekaert, G. , & Wei, M. (2007) . Do macro variables, asset markets, or surveys forecast inflation better? *Journal of Monetary Economics*, 54 （4）, 1163 – 1212.

5. Apergis, N. , & Payne, J. E. (2010) . Renewable energy consumption and economic growth: Evidence from a panel of OECD countries. *Energy Policy*, 38 （1）, 656 – 660.

6. Athanasopoulos, G. , & Vahid, F. (2008) . VARMA versus VAR for Macroeconomic Forecasting. *Journal of Business and Economic Statistics*, 26 （2）, 237 – 252.

7. Atkeson, A. , & Ohanian, L. E. (2001) . Are Phillips curves useful for forecasting inflation? *Federal Reserve Bank of Minnesapolis Quarterly Review*, 25 （1）, 2 – 11.

8. Bai, J., & Ng, S. (2008). Large dimensional factor analysis. *Now Publishers Inc.*

9. Bańbura, M., Giannone, D., & Reichlin, L. (2010). Large Bayesian vector auto regressions. *Journal of Applied Econometrics*, 25 (1), 71 – 92.

10. Baumeister, C., & Hamilton, J. D. (2019). Structural interpretation of vector autoregressions with incomplete identification: Revisiting the role of oil supply and demand shocks. *American Economic Review*, 109 (5), 1873 – 1910.

11. Baumeister, C., & Kilian, L. (2012). Real-time forecasts of the real price of oil. *Journal of Business & Economic Statistics*, 30 (2), 326 – 336.

12. Baumeister, C., Korobilis, D., & Lee, T. K. (2020). Energy markets and global economic conditions. *The Review of Economics and Statistics*, 104 (4), 1 – 45.

13. Baumeister, C., & Peersman, G. (2013). Time-varying effects of oil supply shocks on the {US} economy. *American Economic Journal: Macroeconomics*, 5 (4), 1 – 28.

14. Bauwens, L., Koop, G., Korobilis, D., & Jeroen, J. V. K. (2015). The contribution of Structural Break Models to Forecasting Macroeconomic Series. *Journal of Applied Econometrics*, 30 (4), 596 – 620.

15. Beck, F., & Martinot, E. (2004). Renewable energy policies and barriers. In: Cleveland C. (Ed.). *Encyclopedia of Energy*, 5 (7), 365 – 383.

16. Beechey, M., & Österholm, P. (2010). Forecasting inflation in an inflation-targeting regime: A role for informative steady-state priors. *International Journal of Forecasting*, 26 (2), 248 – 264.

17. Bernanke, B. S., Boivin, J., & Eliasz, P. (2005). Measuring the effects of monetary policy: a factor-augmented vector autoregressive (FAVAR) approach. *The Quarterly Journal of Economics*, 120 (1), 387 – 422.

18. Bjørnland, H. C., Ravazzolo, F., & Thorsrud, L. A. (2017). Forecasting GDP with global components: This time is different. *International*

Journal of Forecasting, 33 (1), 153 – 173.

19. Boivin, J. , & Ng, S. (2006). Are more data always better for factor analysis? *Journal of Econometrics*, 132 (1), 169 – 194.

20. Bollerslev, T. (1986). Generalized autoregressive conditional heteroskedasticity. *Journal of Econometrics*, 31 (3), 307 – 327.

21. Box, G. E. , & Jenkins, G. M. (1970). *Time series analysis: Forecasting and control*: Holden – Day.

22. Brayton, F. , Roberts, J. M. , & Williams, J. C. (1999). What happened to the Phillips curve? *Finance and Economics Discussion Series*, 1999 – 49.

23. Cao, G. (2012). Time-varying effects of changes in the interest rate and the RMB exchange rate on the stock market of China: Evidence from the long-memory TVP – VAR model. *Emerging Markets Finance and Trade*, 48 (2), 230 – 248.

24. Carriero, A. , Clark, T. , & Marcellino, M. (2016). Common Drifting Volatility in Large Bayesian VARs. *Journal of Business & Economic Statistics*, 34 (3), 375 – 390. doi: 10. 1080/07350015. 2015. 1040116.

25. Carriero, A. , Clark, T. E. , & Marcellino, M. (2019). Large Bayesian vector autoregressions with stochastic volatility and non-conjugate priors. *Journal of Eco-nometrics*, 212 (1), 137 – 154.

26. Carriero, A. , Clark, T. E. , & Marcellino, M. (2020). Capturing macroeconomic tail risks with Bayesian vector autoregressions. *Federal Reserve Bank of Cleveland working paper*, 20 – 02.

27. Carriero, A. , Clements, M. P. , & Galvão, A. B. (2015). Forecasting with Bayesian multivariate vintage-based VARs. *International Journal of Forecasting*, 31 (3), 757 – 768.

28. Carriero, A. , Kapetanios, G. , & Marcellino, M. (2009b). Forecasting exchange rates with a large Bayesian VAR. *International Journal of Forecasting*, 25 (2), 400 – 417.

29. Chan, J. C. C. (2013). Moving average stochastic volatility models with application to inflation forecast. *Journal of Econometrics*, 176 (2), 162 – 172.

30. Chan, J. C. C. (2020a). Large Bayesian VARs: A Flexible Kronecker Error Covariance Structure. *Journal of Business & Economic Statistics*, 38 (1), 68 – 79. doi: 10. 1080/07350015. 2018. 1451336.

31. Chan, J. C. C. (2020b). Large Bayesian Vector Autoregressions. In Peter Fuleky (Ed.), *Macroeconomic Forecasting in the Era of Big Data: Theory and Practice* (pp. 95 – 125). Cham: Springer International Publishing.

32. Chan, J. C. C. (2021). Minnesota-type adaptive hierarchical priors for large Bayesian VARs. *International Journal of Forecasting*, 37 (3), 1212 – 1226.

33. Chan, J. C. C. , & Eisenstat, E. (2018). Bayesian model comparison for time-varying parameter VARs with stochastic volatility. *Journal of Applied Econometrics*, *forthcoming*.

34. Chan, J. C. C. , & Grant, A. L. (2016a). Fast computation of the deviance information criterion for latent variable models. *Computational Statistics and Data Analysis*, 100, 847 – 859.

35. Chan, J. C. C. , & Grant, A. L. (2016b). Modeling energy price dynamics: GARCH versus stochastic volatility. *Computational Statistics and Data Analysis*, 54, 182 – 189.

36. Chan, J. C. C. , & Hsiao, C. Y. – L. (2014). Estimation of Stochastic Volatility Models with Heavy Tails and Serial Dependence. In *Bayesian Inference in the Social Sciences* (pp. 155 – 176).

37. Chan, J. C. C. , & Jeliazkov, I. (2009). Efficient Simulation and Integrated Likelihood Estimation in State Space Models. *International Journal of Mathematical Modelling and Numerical Optimisation*, 1 (2), 101 – 120.

38. Chan, J. C. C. , Koop, G. , Leon – Gonzalez, R. , & Strachan, R. W. (2012). Time Varying Dimension Models. *Journal of Business and Economic*

Statistics, 30 (3), 358 – 367.

39. Chan, J. C. C. , Koop, G. , & Potter, S. M. (2013). A New Model of Trend Inflation. *Journal of Business and Economic Statistics*, 31 (1), 94 – 106.

40. Chib, S. , & Greenberg, E. (1994). Bayes inference in regression models with ARMA (p, q) errors. *Journal of Econometrics*, 64, 183 – 206.

41. Chib, S. , & Greenberg, E. (1995). Understanding the Metropolis – Hastings algorithm. *The American Statistician*, 49 (4), 327 – 335.

42. Chib, S. , Nardari, F. , & Shephard, N. (2002). Markov chain Monte Carlo methods for stochastic volatility models. *Journal of Econometrics*, 108, 281 – 316.

43. Chiu, C. – W. J. , Mumtaz, H. , & Pintér, G. (2017). Forecasting with VAR models: Fat tails and stochastic volatility. *International Journal of Forecasting*, 33 (4), 1124 – 1143.

44. Clark, T. E. (2011). Real – Time Density Forecasts From Bayesian Vector Autoregressions With Stochastic Volatility. *Journal of Business & Economic Statistics*, 29 (3), 327 – 341. doi: 10. 1198/jbes. 2010. 09248.

45. Clark, T. E. , & Doh, T. (2014). Evaluating althernative models of trend inflation. *International Journal of Forecasting*, 30 (3), 426 – 448.

46. Clark, T. E. , & McCracken, M. W. (2001). Tests of equal forecast accuracy and encompassing for nested models. *Journal of Econometrics*, 105 (1), 85 – 110.

47. Clark, T. E. , & McCracken, M. W. (2009). Averaging forecasts from VARs with uncertain instabilities. *Journal of Applied Econometrics*, 25 (1), 5 – 29.

48. Clark, T. E. , & Ravazzolo, F. (2015). Macroeconomic Forecasting performance under alternative specifications of time-varying volatility. *Journal of Applied Econometrics*, 30 (4), 551 – 575.

49. Clements, M. P. (2017). Assessing Macro Uncertainty in Real – Time

When Data Are Subject To Revision. *Journal of Business & Economic Statistics*, 35（3）, 420 – 433. doi：10. 1080/07350015. 2015. 1081596.

50. Clements, M. P. , & Galvão, A. B. （2013）. Real-time forecasting of inflation and output growth with autoregressive models in the presence of data revision. *Journal of Applied Econometrics*, 28 （3）, 458 – 477.

51. Cogley, T. , & Sargent, T. J. （2005）. Drifts and volatilities：Monetary policies and outcomes in the post WWII US. *Review of Economic Dynamics*, 8 （2）, 262 – 302.

52. Cogley, T. , & Sbordone, A. M. （2008）. Trend inflation and inflation persistence in the new Keynesian Phillips curve. *American Economic Review*, 98 （5）, 2101 – 2126.

53. Corradi, V. , Fernandez, A. , & Swanson, N. R. （2009）. Information in the revision process of real-time datasets. *Journal of Business and Economic Statistics*, 27, 455 – 467.

54. Cross, J. L. （2019）. On the reduced macroeconomic volatility of the Australian economy：Good policy or good luck? *Economic Modelling*, 77, 174 – 186.

55. Cross, J. L. , Hou, C. , & Poon, A. （2020）. Macroeconomic forecasting with large Bayesian VARs：Global-local priors and the illusion of sparsity. *International Journal of Forecasting*, 36 （3）, 899 – 915.

56. Cross, J. L. , & Nguyen, B. （2017）. The relationship between global oil price shocks and China's output：A time-varying analysis. *Energy Economics*, 62 （79 – 91）.

57. Cross, J. L. , & Poon, A. （2016）. Forecasting structural change and fat-tailed events in Australian macroeconomic variables. *Economic Modelling*, 58, 34 – 51.

58. Croushore, D. （2010）. An evaluation of inflation forecasts from surveys using real-time data. *The BE Journal of Macroeconomics*, 10 （1）.

59. Croushore, D. （2011a）. Forecasting with Real – Time Data Vintages.

In Michael P. Clements & David F. Hendry (Eds.), *The Oxford Handbook of Economic Forecasting* (pp. 247 – 267): Oxford University Press.

60. Croushore, D. (2011b). Frontiers of Real – Time Data Analysis. *Journal of Economic Literature*, 49 (1), 72 – 100. doi: 10. 1257/jel. 49. 1. 72.

61. Croushore, D., & Stark, T. (2001). A real-time data set for macro-economists. *Journal of Econometrics*, 105 (1), 111 – 130.

62. Croushore, D., & Stark, T. (2003). A real-time data set for macro-economists: Does the data vintage matter? *The Review of Economics and Statistics*, 85 (3), 605 – 617.

63. D'Agostino, A., Gambetti, L., & Giannone, D. (2013). Macro-economic forecasting and structural change. *Journal of Applied Econometrics*, 28 (1), 82 – 101.

64. Delle Chiaie, S., Ferrara, L., & Giannone, D. (2022). Common factors of commodity prices. *Journal of Applied Econometrics*, 37 (3), 461 – 476.

65. Diebold, F. X., & Mariano, R. S. (1995). Comparing Predictive Accuracy. *Journal of Business & Economic Statistics*, 13 (3), 134 – 144.

66. Dixon, R., & Lim, G. C. (2004). Underlying inflation in Australia: Are the existing measures satisfactory. *Economic Record*, 80 (251), 373 – 386.

67. Doan, T., Litterman, R., & Sims, C. (1984a). Forecasting and conditional projec-tion using realistic prior distribution. *Econometric Reviews*, 3 (1), 1 – 100.

68. Eickmeier, S., & Ng, T. (2011). Forecasting national activity using lots of international predictors: An application to New Zealand. *International Journal of Forecasting*, 27 (2), 496 – 511.

69. Engle, R. F. (1982). Autoregressive conditional heteroscedasticity with estimates of the variance of United Kingdom inflation. *Econometrica: Journal of the Econometric Society*, 987 – 1007.

70. Faust, J. , & Wright, J. H. (2009). Comparing Greenbook and reduced form forecasts using a large realtime dataset. *Journal of Business & Economic Statistics*, 27, 468 –479.

71. Faust, J. , & Wright, J. H. (2013). Forecasting Inflation. In (Vol. 2, pp. 2 –56): Elsevier.

72. Ferrari, D. , Ravazzolo, F. , & Vespignani, J. (2021). Forecasting energy commodity prices: A large global dataset sparse approach. *Energy Economics*, 98, 105268.

73. Foley, A. M. , Leahy, P. G. , Marvuglia, A. , & McKeogh, E. J. (2012). Current methods and advances in forecasting of wind power generation. *Renewable Energy*, 37 (1), 1 –8.

74. Friedman, M. (1968). The role of monetary policy. *American Economic Review*, 58 (1), 1 –17.

75. Gao, S. , Hou, C. , & Nguyen, B. H. (2021). Forecasting natural gas prices using highly flexible time-varying parameter models. *Economic Modelling*, 105, 105652.

76. Garnier, C. , Mertens, E. , & Nelson, E. (2015). Trend Inflation in Advanced Economies. *International Journal of Central Banking*, 11 (4), 5 –136.

77. Garratt, A. , Koop, G. , Mise, E. , & Vahey, S. P. (2009). Real –Time Prediction With U. K. Monetary Aggregates in the Presence of Model Uncertainty. *Journal of Business & Economic Statistics*, 27 (4), 480 –491.

78. Garratt, A. , Mitchell, J. , Vahey, S. P. , & Wakerly, E. C. (2011). Real-time inflation forecast densities from ensemble Phillips curve. *The North American Journal of Economics and Finance*, 22 (1), 77 –87.

79. George, E. I. , Sun, D. , & Ni, S. (2008). Bayesian stochastic search for VAR model restrictions. *Journal of Econometrics*, 142 (1), 553 –580.

80. Geweke, J. (1977). The dynamic factor analysis of economic time se-

ries. 365 – 383.

81. Geweke, J. (1999). Using simulation methods for Baysian econometric models: Inference, development, and communication. *Econometric Reviews*, 18 (1), 1 – 73.

82. Gianfreda, A. , Ravazzolo, F. , & Rossini, L. (2020). Large time-varying volatility models for electricity prices. *Centre for Applied Macro-and Petroleum Economics (CAMP)*.

83. Giannone, D. , Lenza, M. , & Primiceri, G. E. (2015a). Prior selection for vector auto regressions. *The Review of Economics and Statistics*, 97 (2), 436 – 451.

84. Giannone, D. , Lenza, M. , & Primiceri, G. E. (2015b). Prior selection for vector autoregressions. *The Review of Economics and Statistics*, 97 (2), 436 – 451.

85. Groen, J. J. J. , Paap, R. , & Ravazzolo, F. (2013). Real-time inflation forecasting in a changing world. *Journal of Business and Economic Statistics*, 31 (1), 29 – 44.

86. Grossman, G. M. , & Krueger, A. B. (1991). Environmental impacts of a North American Free Trade Agreement. *National Bureau of Economic Research Working Paper* 3914.

87. Gruen, D. , Robinson, T. , & Stone, A. (2005). Output gaps in real time: How reliable are they? *Economic Record*, 81 (252), 6 – 18.

88. Guo, N. , Zhang, B. , & Cross, J. L. (2022). Time-varying trend models for forecasting inflation in Australia. *Journal of Forecasting*, 41 (2), 316 – 330.

89. Halicioglu, F. (2009). An econometric study of CO_2 emissions, energy consumption, income and foreign trade in Turkey. *Energy Policy*, 37 (3), 1156 – 1164.

90. Hamilton, J. D. (2021). Measuring global economic activity, Journal of Applied Econometrics. *Journal of Applied Econometrics*, 36 (3), 293 – 303.

91. Hersbach, H. (2000). Decomposition of the continuous ranked probability score for ensemble prediction systems. *Weather and Forecasting*, 15 (5), 559 – 570.

92. Hillebrand, B., Buttermann, H. G., Behringer, J. M., & Bleuel, M. (2006). The expansion of renewable energies and employment effects in Germany. *Energy Policy*, 34 (18), 3484 – 3494.

93. Hinkley, D. (1979). Predictive likelihood. *The Annals of Statistics*, 7 (4), 718 – 728.

94. Hou, C., Nguyen, B., & Zhang, B. (2023). Real-time forecasting of the Australian macroeconomy using flexible Bayesian VARs. *Journal of Forecasting*, 42 (2), 418 – 451.

95. Hou, C., Nguyen, B. H., & Zhang, B. (2022). Real-time forecasting of the Aus-tralian macroeconomy using flexible Bayesian VARs. *Journal of Forecasting*, *forth-coming*.

96. Hyvärinen, A., Karhunen, J., & Oja, E. (2001). *Independent Component Analysis*: Wiley.

97. Jochmann, M., Koop, G., & Strachan, R. W. (2010). Bayesian forecasting using stochastic search variable selection in a VAR subject to breaks. *International Journal of Forecasting*, 26 (2), 326 – 347.

98. Jore, A. S., Mitchell, J., & Vahey, S. P. (2010). Combining forecast densities from VARs with uncertain instabilities. *Journal of Applied Econometrics*, 25 (4), 621 – 634.

99. Kilian, L. (2009). Not all oil price shocks are alike: Disentangling demand and supply shocks in the crude oil market. *American Economic Review*, 99 (3), 1053 – 1069.

100. Kim, S., Shepherd, N., & Chib, S. (1998). Stochastic volatility: Likelihood inference and comparison with ARCH models. *The Review of Economic Studies*, 65, 361 – 393.

101. Koop, G. (2003). *Bayesian Econometrics*. New York: John Wiley

and Sons.

102. Koop, G. , & Korobilis, D. (2009). Bayesian multivariate time series methods for empirical macroeconomics. *Foundations and Trends in Econometrics*, 3 (4), 267 – 358.

103. Koop, G. , & Korobilis, D. (2010). Bayesian Multivariate Time Series Methods for Empirical Macroeconomics. *Foundations and Trends in Econometrics*, 3 (4), 267 – 358.

104. Koop, G. , & Korobilis, D. (2012). Forecasting inflation using dynamic model averaging. *International Economic Review*, 53 (3), 867 – 886.

105. Koop, G. M. (2013). Forecasting with medium and large Bayesian VARs. *Journal of Applied Econometrics*, 28 (2), 177 – 203.

106. Kroese, D. P. , Taimre, T. , & Botev, Z. I. (2011). *Handbook of Monte Carlo Methods*. New York: John Wiley and Sons.

107. Lee, C. C. , & Chang, C. P. (2007). Energy consumption and GDP revisited: A panel analysis of developed and developing countries. *Energy Economics*, 29 (6), 1206 – 1223.

108. Lee, K. , Olekalns, N. , Shields, K. , & Wang, Z. (2012). Australian Real – Time Database: An Overview and an Illustration of its Use in Business Cycle Analysis. *Economic Record*, 88 (283), 495 – 516.

109. Lehr, U. , Nitsch, J. , Kratzat, M. , Lutz, C. , & Edler, D. (2008). Renewable energy and employment in Germany. *Energy Policy*, 36 (1), 108 – 117.

110. Lenza, M. , & Primiceri, G. E. (2020). How to Estimate a VAR after March 2020. *Technical report, National Bureau of Economic Research*.

111. Litterman, R. B. (1986). Forecasting with Bayesian vector autoregressions—five years of experience. *Journal of Business & Economic Statistics*, 4 (1), 25 – 38.

112. Ludbergh, S. , Teräsvirta, T. , & Dijk, D. v. (2003). Time-varying smooth transition autoregressive models. *Journal of Business and Economic*

Statistics, 21 (1), 104 – 121.

113. Macfarlane, I. J. (1999). Australian Monetary Policy in the Last Quarter of the Twentieth Century. *Economic Record*, 75 (3), 213 – 224.

114. Marcellino, M. (2004). Forecasting EMU macroeconomic variables. *International Journal of Forecasting*, 20 (2), 359 – 372.

115. Marcellino, M., Stork, J. H., & Watson, M. W. (2006). A comparison of direct and iterated multistep ｛AR｝ methods for forecasting macroeconomic time series. *Journal of Econometrics*, 135, 499 – 526.

116. McCausland, W. J., Miller, S., & Pelletier, D. (2011). Simulation smoothing for state-space models: A computational efficiency analysis. *Computational Statistics and Data Analysis*, 55 (1), 199 – 212.

117. McCracken, M. W., & Ng, S. (2016). FRED – MD: A monthly database for mac-roeconomic research. *Journal of Business & Economic Statistics*, 34 (4), 574 – 589.

118. McKibbin, W. J., Morris, A. C., Panton, A., & Wilcoxen, P. (2017). Climate Change and Monetary Policy: Dealing with Disruption.

119. McPhail, L. L. (2011). Assessing the impact of US ethanol on fossil fuel markets: A structural VAR approach. *Energy Economics*, 33 (6), 1177 – 1185.

120. Menegaki, A. N. (2011). Growth and renewable energy in Europe: A random effect model with evidence for neutrality hypothesis. *Energy Economics*, 33 (2), 257 – 263.

121. Menyah, K., & Wolde – Rufael, Y. (2010). CO_2 emissions, nuclear energy, renewable energy and economic growth in the US: An empirical note. *Energy Policy*, 38, 2911 – 2915.

122. Mumtaz, H., & Theodoridis, K. (2018). The Changing Transmission of Uncertainty Shocks in the U. S. *Journal of Business & Economic Statistics*, 36 (2), 239 – 252. doi: 10. 1080/07350015. 2016. 1147357.

123. Nakajima, J., Kasuya, M., & Watanabe, T. (2011). Bayesian

analysis of time-varying parameter vector autoregressive model for the Japanese economy and monetary policy. *Journal of the Japanese and International Economies*, 25 (3), 225 – 245.

124. Nakatsuma, T. (2000). Bayesian analysis of ARMA – GARCH models: A Markov chain sampling approach. *Journal of Econometrics*, 95 (1), 57 – 69.

125. Narayan, P. , Narayan, S. , & Prasad, A. (2008). A structural VAR analysis of electricity consumption and real GDP: Evidence from the G7 countries. *Energy Policy*, 36 (7), 2765 – 2769.

126. Nicolini, E. A. (2007). Was Malthus right? A VAR analysis of economic and demographic interactions in pre-industrial England. *European Review of Economic History*, 11 (1), 99 – 121.

127. Ohler, A. , & Fetters, I. (2014). The causal relationship between renewable electricity generation and GDP growth: A study of energy sources. *Energy Economics*, 43, 125 – 139.

128. Omori, Y. , Chib, S. , Shephard, N. , & Nakajima, J. (2007). Stochastic volatility with leverage: Fast and efficient likelihood inference. *Journal of Econometrics*, 140 (2), 425 – 449.

129. Onafowora, O. A. , & Owoye, O. (2015). Structural vector auto regression analysis of the dynamic effects of shocks in renewable electricity generation on economic output and carbon dioxide emissions: China, India and Japan. *International Journal of Energy Economics and Policy*, 5 (4), 1022 – 1032.

130. Ordiano, J. A. G. , Wacowicz, S. , Hagenmeyer, V. , & Mikut, R. (2017). Energy forecasting tools and services. *Wiley Interdisciplinary Reviews: Data Mining and Knowledge Discovery*, 8 (2), e1235.

131. Panagiotelis, A. , Athanasopoulos, G. , Hyndman, R. J. , Jiang, B. , & Vahid, F. (2019). Macroeconomic forecasting for Australia using a large number of predictors. *International Journal of Forecasting*, 35 (2), 616 – 633.

132. Panagiotelis, A. , & Smith, M. (2008). Bayesian density forecas-

ting of intraday electricity prices using multivariate skew t distributions. *International Journal of Forecasting*, 24 (4), 710 – 727.

133. Pao, H. T., & Fu, H. C. (2013). Renewable energy, non-renewable energy and economic growth in Brazil. *Renewable Sustainable Energy Reviews*, 25, 381 – 392.

134. Payne, J. E. (2010). Survey of the international evidence on the casual relationship between energy consumption and growth. *Journal of Economic Studies*, 37 (1), 53 – 95.

135. Payne, J. E. (2011). On biomass energy consumption and real output in the US. *Energy Sources, Part B: Economics, Planning, and Policy*, 6 (1), 47 – 52.

136. Poon, A. (2018). Assessing the Synchronicity and Nature of Australian State Business Cycles. *Economic Record*, 94 (307), 372 – 390.

137. Potter, S., & Koop, G. (2007). Estimation and Forecasting in Models with multiple breaks. *The Review of Economic Studies*, 74, 763 – 789.

138. Primiceri, G. (2005). Time varying structural vector autoregressions and monetary policy. *The Review of Economic Studies*, 72 (3), 821 – 852.

139. Primiceri, G. E., & Tambalotti, A. (2020). *Macroeconomic Forecasting in the Time of COVID* – 19.

140. Ragwitz, M., Schade, W., Breitaschopf, B., Walz, R., Helfrich, N., Rathmann, M., ⋯Haas, R. (2009). The impact of renewable energy policy on economic growth and employment in the European union. *European Commission, DG energy and Transport*.

141. Ravazzolo, F., & Vahey, S. P. (2014). Forecast densities for economic aggregates from disaggregate ensembles. *Studies in Nonlinear Dynamics and Econometrics*, 18 (4), 367 – 381.

142. Ravazzolo, F., & Vespignani, J. (2020). World steel production: A new monthly indicator of global real economic activity. *Canadian Journal of Economics/Revue canadienne d'economique*, 53 (2), 743 – 766.

143. Robinson, T. , Stone, A. , & van Zyl, M. (2003). Results | RDP 2003 – 12: The real-time forecasting performance of Phillips curves. *Reserve Bank of Australia Research Discussion Papers.*

144. Santis, M. D. (2007). Movements in the equity premium: Evidence from a time varying \ uppercase { VAR} . *Studies in Nonlinear Dynamics and Econometrics*, 11 (4), 1 – 39.

145. Sari, R. , & Soytas, U. (2004). Disaggregate energy consumption, employment and income in Turkey. *Energy Economics*, 26 (3), 335 – 344.

146. Schorfheide, F. , & Song, D. (2015). Real – Time Forecasting With a Mixed – Frequency VAR. *Journal of Business & Economic Statistics*, 33 (3), 366 – 380. doi: 10. 1080/07350015. 2014. 954707.

147. Schorfheide, F. , & Song, D. , et al. . (2020). Real-time forecasting with a (standard) mixedfrequency VAR during a pandemic. *Technical report.*

148. Sheehan, P. , & Gregory, R. G. (2013). The resources boom and economic policy in the long run. *Australian Economic Review*, 46 (2), 121 – 139.

149. Silva, S. , Soares, I. , & Pinho, C. (2012). The impact of renewable energy sources on economic growth and CO_2 emissions-a SVAR approach. *European Research Studies*, *XV*, *Special Issue on Energy*, 133 – 144.

150. Soytas, U. , & Sari, R. (2009). Energy consumption, economic growth, and carbon emissions: Challenges faced by an EU candidate member. *Ecological Economics*, 68 (6), 1667 – 1675.

151. Staiger, D. , Stock, J. , & Watson, M. (1997). The NAIRU, unemployment and monetary policy. *Journal of Economic Perspectives*, 11 (1), 33 – 49.

152. Stella, A. , & Stock, J. H. (2013). A state-dependent model for inflation forecasting. *International Finance Discussion Papers*, *Broad of Governors of the Federal Reserve System* (*U. S.*) *No.* 1062.

153. Stern, D. I. (2004). The rise and fall of the environmental Kuznets

curve. World Development, 32 （8）, 1419 – 1439.

154. Stevens, G. (1999). Six Years of Inflation Targeting. *Reserve Bank of Australia Bulletin*, 5, 46 – 61.

155. Stock, J. H. , & Watson, M. W. (1996). Evidence on structural instability in macroeconomic time series relations. *Journal of Business and Economic Statistics*, 14, 11 – 30.

156. Stock, J. H. , & Watson, M. W. (1999) . Forecasting inflation. *Journal of Monetary Economics*, 44 （2）, 293 – 335.

157. Stock, J. H. , & Watson, M. W. (2002). Macroeconomic forecasting using diffusion indexes. *Journal of Business & Economic Statistics*, 20 （2）, 147 – 162.

158. Stock, J. H. , & Watson, M. W. (2004). Combination forecasts of output growth in a seven-country data set. *Journal of Forecasting*, 23 （6）, 405 – 430.

159. Stock, J. H. , & Watson, M. W. (2007). Why has U. S. inflation become harder to forecast? *Journal of Money Credit and Banking*, 39 （1）, 3 – 33.

160. Stock, J. H. , & Watson, M. W. (2016). Dynamic factor models, factor-augmented vector autoregressions, and structural vector autoregressions in macroeconomics. *Handbook of macroeconomics*, 2, 415 – 525.

161. Swanson, N. R. , & White, H. (1997). Forecasting economic time series using flexible versus fixed specification and linear versus nonlinear econometric models. *International Journal of Forecasting*, 13 （4）, 439 – 461.

162. Taylor, S. J. (1994). Modeling stochastic volatility: A review and comparative study. *Mathematical finance*, 4 （2）, 183 – 204.

163. Thomas, L. B. (1999) . Survey measures of expected US inflation. *Journal of Economic Perspectives*, 13 （4）, 125 – 144.

164. Tiwari, A. K. (2011). A structural VAR analysis of renewable energy consumption, real GDP and CO_2 emissions: Evidence from India. *Economics*

Bulletin, 31 (2), 1793 – 1806.

165. Trinh, K. , Zhang, B. , & Hou, C. (2024). Macroeconomic real-time forecasts of univariate models with flexible error structures. *Journal of Forecasting*. doi: 10. 1002/for. 3182.

166. Tsay, R. S. (1984). Regression models with time series errors. *Journal of the American Statistical Association*, 79 (385), 118 – 124.

167. Tsurumi, H. , & Wago, H. (1991). Mean squared errors of forecast for selecting nonnested linear models and comparison with other criteria. *Journal of Econometrics*, 48 (1 – 2), 215 – 240.

168. Tugcu, C. T. , Ozlturk, I. , & Aslan, A. (2012). Renewable and non-renewable energy consumption and economic growth relationship revisited: Evidence from G7 countries. *Energy Economics*, 34 (6), 1942 – 1950.

169. Verbruggen, A. , Fischedick, M. , Moomaw, M. , & Weir, T. (2010). Renewable energy costs, potentials, barriers: Conceptual issues. *Energy Policy*, 38 (2), 850 – 861.

170. Wu, R. , & Wang, Q. (2012). Shrinkage estimation for linear regression with {ARMA} errors. *Journal of Statistical Planning and Inference*, 142 (7), 2136 – 2148.

171. Yoo, S. H. , & Kim, Y. (2006). Electricity generation and economic growth in Indonesia. *Energy*, 31 (14), 2890 – 2899.

172. Zhang, B. (2018). *Time Variations in Models for Macrovariable Studies*. (doctoral thesis), The Australian National University.

173. Zhang, B. (2019). Real-time inflation forecast combination for time-varying coefficient models. *Journal of Forecasting*, 38 (3), 175 – 191.

174. Zhang, B. , Chan, J. C. , & Cross, J. L. (2020a). Stochastic volatility models with ARMA innovations: An application to G7 inflation forecasts. *International Journal of Forecasting*, 36 (4), 1318 – 1328.

175. Zhang, B. , Chan, J. C. C. , & Cross, J. L. (2020b). Stochastic volatility models with ARMA innovations: An application to G7 inflation fore-

casts. *International Journal of Forecasting*, 36（4）, 1318 – 1328.

176. Zhang, B. , Nguyen, B. H. , & Sun, C. （2024）. Forecasting oil prices: Can large BVARs help? *Energy Economics*, 137, 107805. doi: https: //doi. org/10. 1016/j. eneco. 2024. 107805.

177. Zhao, Y. , Kam, K. T. , & Wang, L. （2013）. Do renewable electricity policies promote renewable electricity generation? Evidence from panel data. *Energy Policy*, 62, 887 – 897.

致　　谢

作者在此要感谢 Joshua C. C. Chan 教授、Shaun P. Vahey 教授、Timothy Kam 副教授、Rodney W. Strachan 教授，以及孙传旺教授等专家对本书编写工作的启发、鼓励和指导；同时，也感谢 Jamie L. Cross 博士、侯成瀚博士、Bao H. Nguyen 博士、潘晶晶博士，以及 Kelly Trinh 博士等学者富有建设性的宝贵建议和学术探讨。在本书的编写过程中，温馨、吴家璐、邹小敏、王彤和李嘉明等同学对本书文献资料整理、文字梳理和数学表达式的修正付出了大量的时间和精力；同时，本书的编辑与出版也离不开出版社编辑老师的无私付出与真诚帮助，在此一并表示衷心的感谢！本书还要感谢国家自然科学基金（项目号：72250410372）的经费支持，以及温州大学碳中和技术创新研究院和温州大学碳金融与低碳经济研究中心的出版资助。

2024 年 9 月 22 日